JN067443

基点としての戦後

政治思想史と現代

苅部直
KARUBE Tadashi

千倉書房

基点としての戦後——政治思想史と現代

目次

第Ⅲ部　世界のなかの戦後日本

基点としての戦後——政治思想史と現代

凡例

一　資料の引用にさいしては原則として常用漢字体を用い、かなづかいは引用刊本のままとしたが、万葉仮名は平仮名に代え、「國體」などのように字体を改めた場合もある。ルビ・傍点などは、原文から取捨しつつ、場合によっては追加した。引用者による補足などを［　］内に示す。

二　外国文献の日本語訳からの引用については、特に断らずに訳文を改めた箇所がある。

三　暦年については、日本の太陽暦採用後の時代に関しては西暦を用い、元号を括弧内に添えたが、その前の時代では両者が厳密には対応しないため、年号・元号を主として、大きく重なる西暦年を括弧内に記している。

第Ⅰ部

政治とフィクション

第1章 政治と非政治

1 政治ぎらいへの誘惑

政治なんて、暗い、汚い、できれば関わりをもちたくない。そんな風に感じている人もきっと多いだろう。特に政治家の瀆職（とくしょく）の報道に接したときなど、同じことを思わない人は、むしろ珍しいのではないか。政治が人と人との間に展開される営みであり、必ずしも善人ばかりが世に生きているわけではない以上、政治への失望は、いつの世にもありふれたものではある。

だが、実際に目につく政治家のふるまいに対する嫌悪感のほかに、もう一段深い次元での政治ぎらいを表明する声も、古くから枚挙に暇（いとま）がない。とりわけ、戦争と革命がいくつもまきおこり、数えきれないほど多くの人が政治によって命を落とした、二十世紀から後の時代には、政治という営みそのものの意義に疑いをなげかける態度が、いっそうの説得力をもつようになっている。その一つの極限例として、戦後日本で活躍した文学者、埴谷雄高（はにやゆたか）による「権力について」と題された小文（『実存主義』一九五八年十二月号）の冒頭を引いてみよう。

> 政治の幅はつねに生活の幅より狭い。本来生活に支えられているところの政治が、にもかかわらず、屢々（しばしば）、生活を支配しているとひとびとから錯覚されるのは、それが黒い死をもたらす権力をもつているからにほかならない。一瞬の死が百年の生を脅（おびやか）し得る秘密を知つて以来、数千年にわたつて、嘗（かつ）て一度たりとも、政治がその掌のなかから死を手放したことはない。

埴谷雄高その人自身、昭和初期に共産主義の政治運動に関わったため、政府によって投獄された経験をもち、また、同じ党派の人間が陰惨な内部抗争に明け暮れるのを、若いころから目撃していた。政治権力がむきだしの暴力によって反対派を押しつぶす。そして反対派は弾圧に抗するという名目のもと、外に対しては過激な実力行使にむかいながら、自分たちの内部では、指導部が下位の者たちをきびしく支配する組織をつくりあげてゆく。そして、組織の内側では体制側のスパイとみなされた者や、指導部の方針に従わない者への苛酷な尋問、そして粛清という名での抹殺がはびこるようになる。

人間が人生の中で追い求めるものは厖大な種類にのぼり、無限の組み合わせがあるといってよいだろう。政治が人々に及ぼす影響は確かに大きいが、人間の生が目的とするものの総体に対しては、本来は小さな領域しか占めないはずである。

しかし政治によって、あまりにも多数の人間が命を落としている。しかも死者の多くは、戦争にまきこまれた一般国民や、指導者の命令で処刑された革命組織の党員に見られるように、みずから望んで死に至ったわけではない。埴谷が「人に死をもたらす」権力の作用に政治の本質を見て、その暗黒性を指摘した言葉は、いまでも生々しく迫ってくる。民族や宗教を異にする集団どうしが内戦を続けている地域や、デモクラシーの確立していない国家の例を思い出せばわかるだろう。

政治という営みは、常に権力の行使をともなう。決定の過程がどんなに開かれたものになっていたとしても、一つの結論を政策の形にしあげ、それを国家や地方自治体の全体に布き及ぼす過程では、何らかの形による強制が不可欠であろう。そうした政治権力の作用を裏側の究極のところで支えるのは、軍隊と警察が担う暴力である。この事実を手放しで是認するのは難しい。意味を認めるとしても、道徳の観点から考えるなら必要悪とわきまえてすますのが、せいぜいのところだろう。その点で、政治には常に要注意のレッテルが貼られることになる。政治ぎらいの声に人が惹かれてゆく、深い理由である。

ただし、政治権力の本質に関する洞察とはまた別に、一般に人と人との間に秩序が築かれてゆく営みの可能性に関して、埴谷がまったく絶望していたわけではない。別の文章では、一九五六（昭和三十一）年のハンガリー事件に際し、ソヴィエト連邦軍による抑圧に抵抗した労働者評議会や、日米安全保障条約をめぐる反対運動にたちあがった一九六〇（昭和三十五）年の日本の市民たちを見て、一般の人々の自発性に基づいた「自己権力」の創出にやがては至る可能性を指摘している（「六月の《革命なき革命》」、『群像』一九六〇年八月号）。果てしない遠くにある理想の秩序と、そこでも権力が黒々とした死をもたらすという警戒心と。そうした二重の態度は埴谷にかぎらず、現代において政治を考える際、いやおうなく求められるものだろう。

2　政治とその外──友情と経済

しかし視点を変えて考えてみよう。人間の営みにはさまざまなものがあり、政治はそれ以外の営みと違った質を備えているとみなす。政治についての意味づけはさまざまでありうるにせよ、そうした政治と非政治との区別は、「政治」の概念の本家本元である西洋の政治思想の伝統が、その出発点である古代ギリシア以来、強調してきた問題であった。

（なお、古典漢籍に由来する漢語である「政治」と、前近代日本の和語「まつりごと」と、西洋思想における

politicsの三者の意味内容が、はたしてぴったり重なるかどうかという厄介な問題も、実はある。しかし、西洋の政治思想の受容をへた、明治時代以降の日本人が「政治」と口にする場合は、politicsの訳語としての用法に基づいていると考えてよいだろう。その点で、西洋政治思想の伝統は、現代の日本人の思考の基盤に、すでに組み入れられているのである。継受のしかたがどれほど精確なものであったかは、議論すべき課題として残るにせよ。）

政治思想の古典とされる著作群のうち、最も古い部類に属する一冊、アリストテレスの『政治学（Politica）』（紀元前四世紀後半のアテナイで成立）が冒頭でとりあげるのは、国家すなわち政治共同体（polis）とほかの共同体との区別、言いかえればまさしく、政治と人間のほかの共同活動とがどのように異なるのかという問いにほかならない。

その説くところによれば、政治共同体は「すべての共同体のうちでも最も有力で、その他の共同体を包括するもの」（神崎繁訳、『アリストテレス全集』第十七巻、岩波書店、二〇一八年）であり、究極の善（目的）をめざすまとまりである。すなわち、制度体としての形を現実にもつ集団としては、政治共同体が最も広いものであり、全体の事柄をとり扱う営みとして政治は定義される。それは、部分の事柄をしか担当しない村落や家族の運営とは、まったく質の違った高次元の活動ということになる。

たとえば古代ギリシアにおいて、経済活動は家の経営に関わる営みとして、政治が担う公共活動とは異なる領域に属すると考えられていた。それは、家族内のもめごとに政治共同体が一切かかわらないのと同じように、公共の事柄の外にある私的活動とみなされる。家事や家産の実務を担っている女性や奴隷は、政治共同体の運営への参加を認められていなかったから、男性家長たちが共通の課題について相談し取り決める営みとして、政治が考えられていたと見てもよい。

現代アメリカの政治学者、シェルドン・S・ウォーリンは、その著書『政治とヴィジョン』（初版一九六〇年。尾形典男ほか訳、福村出版、二〇〇七年）で、こうした「政治的なるもの（the political）」に関する思考枠組が、古代から十七世紀までに至る西洋の思想史を支えてきたと論じている。その第九章「自由主義と政治哲学の凋落」で、トマス・ホッブズの思想を引き合いに出しながら、「政治的なるもの」は、以下の三点によって構成されるものだったと指摘するのである。

第一に、社会の全体を指導し、社会で働くその他の活動形式をじかに統御することを、自分だけの職務とする権力（authority）。次に、その社会の成員であることを受け入れた人々が担っている義務。そして最後に、すべての成員にとって共通に（原文では"publicly"）意義をもつ行動を規制する、共有された諸規則の体系。成員としての市民たちが、一定の法を守りながら一つの共同体をなし、その共同体の権威に基づいて、政府の権力が打ち立てられ全体を統御する。そうした古代ギリシア、ローマ以来の政治共同体の姿が、この「政治的なるもの」の背景をなしている。

したがってこの「政治」の古典定式が、その覆う空間からしても、どの範囲の人間をその主体として含むかという角度からしても、一定の境界の内での営みとして「政治」を考えていることは、あらためて確認しておいてよい。それはあくまでも、外の世界とは区別された、政治共同体の内部において、その全体を統御する営みであり、「政治」以外の人間活動が全体の秩序を動かすということはありえない。また、先に女性や奴隷が排除されていたことにふれたように、政治共同体の成員の資格は、自立できる財産と、政治に関わるために十分な教養を備えた男性に限られている。こうして政治とそれ以外の活動とを区別し、政治と非政治とがお互いの境界を越えないように按配する努力が、「政治的なるもの」の伝統においては、常に必要とされていたのである。

ここでいう古典的な「政治的なるもの」の外にある人間の活動は、もちろん数えあげていけばきりがない。先にふれたように、物の生産・売買・消費といった経済の営みは、その外にあるものとされている。夫婦関係や親子関係といった家庭内の事柄や、その人の一身のみに関わる問題は、まず政治がとりあげるべきものとは考えられない。あくまでも市民たち全員の生活に関係する事柄のみが「政治」の問題とされ、それ以外はすべて「非政治」の領域に置かれる。

だが、この「非政治」の領域を単に個人生活と理解してしまうと、誤解を導きかねない。半澤孝麿が『ヨーロッパ思想史における〈政治〉の位相』（岩波書店、二〇〇三年）で説くところによれば、「政治」だけでなく「非政治」もまた、別の形で人々の互いの連帯を実現すると考えるところに、西洋の政治思想の伝統の特徴があった。もし人々の生活から「政治」をとり払えば、とたんにばらばらな個人の集まりと化してしまうといった具合には、人間の営みを考えていなかったのである。政治とは異なった領域で人と人との間をつなぐ「非政治」の営みに関して、二つの思想伝統が大事な役割を果たし、そうした営みの意義について、時代の区別をこえた議論の系譜が長い時代にわたって続いてきた。そう半澤は論じている。一つはキリスト教が説く「愛」の原理であり、もう一つは、キケロとモンテーニュに代表される「友情」論の系譜である。

まず前者においては、キリスト教徒は出身地域や身分の区別をこえて、広く愛しあうべきであるという原理が、人どうしをつなぐものとして最も重要視されていた。この「愛」は個人の態度として説かれるだけでなく、独自の人間組織としての教会の実践をともなう。そこは国家の権力の働かない空間とされ、そのなかで人々は原則上、世俗の身分にかかわらず、自由人として対等の間柄にあると考えられたのである。

また、共和政期ローマの政治家、またストア派哲学者として活躍したキケロは、『友情について』(BC四四年。中務哲郎訳、岩波文庫、二〇〇四年)のなかで、非政治的な「友情」の意義をめぐる議論の原型といえるものを打ち出した。その議論によれば、人間にとって最も信頼すべき関係のあり方は、みずからの心に徳を磨きあげた者——ただしやはり、男性に限られるのではあるが——どうしのあいだの友情なのである。それは、親族関係も国への帰属もこえて、おたがいが純粋な心情によって交感しあう連帯関係であった。

非政治的な友情によって結ばれる連帯の原理が、国境を前提とし権力の行使をともなう政治と共存する形で、西洋の政治の伝統は持続してきたと半澤は指摘している。政治共同体の境界を越えるような、友情のつながりに対する信頼感があるがゆえに、政治が生み出す紐帯（ちゅうたい）が相対化され、批判の目にさらされる。そうした緊張関係が政治の営みを支えていた。友情論の系譜は、十九世紀以降になると衰弱してゆくが、その後もたとえば、二十世紀英国の作家、E・M・フォースターの「国家を裏切るか友を裏切るかと迫られたときには、国家を裏切る勇気をもちたいと思う」（「私の信条」一九三八年。小野寺健訳『フォースター評論集』岩波文庫、一九九六年）という言葉に生き続けているのである。

しかし他面で、古典的な意味での「政治的なるもの」が、人と人がともに生きる営みの中で、その全体をまとめあげる至高の位置にあるという信念は、十八世紀以降、大きくゆらぎ始めていた。先に挙げたウォーリンは『政治とヴィジョン』の第九、十章で、この問題を取り扱っている。

西欧においては近代に入ってから、商品生産が発展し、市場の働きが人類史上かつてないほどに拡大した。その結果、アダム・スミスに代表される古典派経済学に見られるように、政治による統御とは無関係に人々に物を分配する機構として、市場が大きく注目されるにいたる。そこでは、人々はまずみずからの利益の増大をめざして行動するものと考えられ、その自発的な競争行動が、市場での調整機構を通じて調和へとおのずから導かれる。したがって、「政治」が権力の行使を通じて全体をまとめあげようとすることは、きわめて複雑な調整の過程をねじまげる無理な作業であり、特権をもつ一部の集団による危険な野望の働きにほかならない。

ウォーリンによれば、いま述べたような経済中心の発想が、十八世紀以降の自由主義の思潮を支えた。その結果、経済活動の場としての「社会」が、人間の秩序を生み出す第一の統一体であり、政治秩序は、たかだかそこに生じた不便を改善する設備にすぎないという発想が、広く受け入れられる。もちろん市場中心の秩序像に対して、競争の不道徳性や、その結果としての不平等の拡大を指摘し、財の再分配を通じ人々の間の連帯を再建しようとする動向も見られた。それが社会主義の発想であるが、この構想もまた、主眼としたのは経営の専門家がもつ行政技術によって「社会」をまとめ直すことであった。いずれの発想に基づくにせよ、個別の技術をこえた知恵を働かせながら全体を見通し、権力を通じて統合を果たす作業としての「政治」について、その価値をそのまま認めるのはむずかしくなる。現代の先進国における、経済の自由放任の主張と、それに対する福祉国家再評価の主張との対立も、政治のこうした地位喪失の上に展開している。

3　日本の「政治と文学」論争から

以上見てきたように、さまざまな「非政治」にとりかこまれ、それと対抗しながらみずからの意義を主張する形で、「政治」の概念は生きのびてきた。ウォーリンが指摘するように、その権威は近代の経済社会の発展の中で大きく揺らぎ、社会の後景に退いているかのように、時には論じられる。だが他面で、政治家の責任を追及する声や、開かれた市民参加を求める声のなかに、「政治的なるもの」の人間生活における重要性を認める視点が、まだしっかりと生きているとも考えられる。

だが日本においては事情はやや微妙である。西洋の「政治」の概念を明治時代以降に摂取したうえで、日本人は国家や地方自治体の制度をしつらえ、そこで展開される「政治」をさまざまに論じてきた。それにもかかわらず、西洋の友情論の系譜に見られたような人間どうしの水平な連帯関係を、政治とは別の領域で秩序を織りなすものとして構想する想像力は、前近代以来、明らかに乏しい。個人がいやおうもなく政治の権力作用にまきこまれる。そんな暗黒像が、「政治」を考えるとき脳裏に素朴に浮かんでしまう一因である。

しかし「政治」の領域の外に、別種の連帯をつくりあげて対抗しようとする営みが、日本になかったわけではない。社会運動の歴史の中に、その可能性を発掘することもできるかもしれないが、ここでは「政治と文学」論争を、その問題提起をはらんだ営みとして、とりあげてみたい。

「政治と文学」は、昭和初期以来、戦後に至るまで、日本の文学界で何度も論争を引き起こした主題であった。それは、プロレタリア文学の陣営の中で、階級運動のなかにおいて文学の自律性をどのように認めるかという問題に始まり、運動家たちの弾圧と転向をへたのちに、政治の中に荒々しく人々をまきこむ国家と、その中で精神の自律を保とうとする個人との対立関係へ、議論が深められることになる。かつて丸山眞男が思想史の論文「近代日本の思想と文学」(一九五九年。のち『日本の思想』岩波新書、一九六一年に第Ⅱ章として再録)で論じたできごとである。戦後初期には、埴谷雄高も加わった雑誌『近代文学』のグループが、革命運動・民主化運動の中で、大いなる目的のために個人が犠牲にされてしまう弊害を指摘し、「政治と文学」の緊張関係を論じた。

冒頭に挙げた埴谷の考察も、そうした一連の経過をふまえて、人間と政治との関係という根本へと、問題を掘りさげたものと読むことができるだろう。「権力について」の中ではこういう風にも語っている。「私達は、偶然、この生のなかに投げこまれると、この生を吟味し、検討し、選択することもなく、ひたすらこの生のなかで何物かになろうとする。」「生のなかに占めている権力の位置は遙かに小さいにもかかわらず、生の陰画である死を保持しているその鋭さによつて、それはまさに生と拮抗したこのような大きさを仮装し得ているのである」。――人間の厖大で複雑な生のなかで、政治はどのような意義をもつのか。政治が働く領域と、ふみこんではならない領域との境界をどこに引くか。政治と非政治との関係は、いつの時代でも、何らかの形で問題にされてきたし、今後も常に論じなくてはいけない課題なのである。

第2章 フィクションと自由——伊藤整における「近代日本」への問い

1 出発点としての「越境」

日本思想史学会の二〇一三（平成二十五）年度の大会シンポジウムは「越境する日本思想史——思想と文学の垣根越え」と題して行なわれた。思想史と文学史の越境。これはもちろん魅力的な主題である。だが少なくとも日本研究に関するかぎり、学界における議論をとりかこむ「境」のあり方は、思想史と文学史とでかなり違うことを、まず念頭におくべきだろう。文学史研究は、一八八五（明治十八）年、東京大学文学部和漢文学科から「和文学科」（三年後に「国文学科」と改称）が独立し、独自の研究者養成課程と大学人事のための人脈を確立して以来、すでに百三十年近くがたっている。研究者養成の場も大学教員のポストも、個別の専門学会・研究会の数もきわめて多く、先行研究の蓄積は厖大である。また、それをどう評価するかはともかくとして、かつて「国文学」の名は、日本という国家の存在感と結びつく燦然たる輝きを放っていた。

これに対して思想史研究の方はどうか。「日本思想史」「日本○○思想史」という名の専任教員ポストをもつ大学は少なく、日本思想史学会も歴史学・倫理学・政治学といったさまざまな学問分野の訓練を受けた研究者が混在する状況にある。いわば諸学の相乗り状態であり、全体を囲む「境」は、文学史研究を守る分厚い壁に比べれば、細い点線のようなものにすぎない。「越境」の勇ましい宣言が、思想史研究ではなく、学問世界の強者たる(?)文学史研究の方面から登場するゆえんであろう。

しかし近代日本思想史の研究に関してみれば、諸学のあいだの「越境」の試みは、むしろその研究分野自体が始まった原点において、盛んに展開していた。日本の近代に関する思想史研究は、昭和戦前期・戦中期の講座派マルクス主義の哲学者・歴史家や、丸山眞男による政治思想史研究の試みを先駆とするが、本格的に始まったのは戦後のことである[1]。その最初期の達成をまとめた論集として、筑摩書房から出た『近代日本思想史講座』全八巻・別巻一冊(一九五九〜六一年。第二巻「正統と異端」と別巻は未刊)がある。

この論集は、十一名の編集責任者を中心に、五、六年のあいだ合計で九十回以上もの研究会を重ねて刊行されている。その最初の素案を作ったのは、編集責任者の一人である丸山眞男であった。

講座の内容見本に書いた「企画・編集にあたって」という文章で丸山は、「この講座が対象とするのはたんに思想家や学者の思想・学説だけでなく、そうした抽象を経ないいわばムードの次元にとどまるような時代の潮流や民衆の感覚、断片的な心情などが広く包含される」と説明し、執筆者には「狭義の思想史専門家や哲学者だけでなく、広く文学・歴史および諸専門科学の分野からの積極的参加を求め」たと記している[2]。実際に編集責任者の顔ぶれには、ここでとりあげる伊藤整（一九〇五年〜一九六九年）のほか、小田切秀雄、亀井勝一郎、竹内好といった文学者が加わっている。

　第一巻「歴史的概観」には、丸山や小田切を含む五人の共同討論を竹内がまとめた「講座をはじめるに当って」という文章が掲げられており、研究の対象となる「思想」の「内部構造」を、より詳しく説明している。その「内部構造」は三角形の比喩によって表現される。まず底辺にあたるのが「生活と未分離の、まだ思想化されないムードのようなもの、いわば下意識の領域」である。その上に「そこから昇華したバラバラの、相互に矛盾しあう観念の累積」が乗り、さらにその上に「いくらか整序された思考のカテゴリー、たとえば時代精神とか世界像とか階級意識とかよばれるもの」が位置を占め、頂点に来ると「思想の純粋結晶である学説や理論や教義があらわれる」という[3]。学説・理論・教義を直接に展開することの少ない文学テクストについては、時代精神・階級意識や、あるいは根柢をなす「思想化されないムード」を読みとるための資料と考えられているのだろう。

この思想の三角形モデルのうち、底辺の「思想化されないムード」「下意識」の領域に焦点をあてる試みとして重要なのは、この講座の第三巻「発想の諸様式」（一九六〇年）である。担当した編集責任者は伊藤整と清水幾太郎。二人の連名による「まえがき」では、この巻の編集方針として、「思惟が感情や意欲から身を解き放つに至っていない場所に見出される諸問題」をとりあげようとしたと語っている[4]。巻頭を飾るのは、人々の思想が大正大震災から受けた衝撃を再現しようとする、清水の「日本人の自然観——関東大震災」であり、巻末には伊藤による「文体と思考様式」が載っている。

伊藤の論文の副題は「明治の文体の変化」。主に、尾崎紅葉・森鷗外・二葉亭四迷・島崎藤村といった、明治時代後半の文学者の作品をとりあげたものであった[5]。そこでは作品を構成する文体と一般社会に広がった意識との関係を問題にしている。たとえば二葉亭四迷の試みに見られるように、近代日本の作家たちは、西洋由来の「小説」という藝術ジャンルがもっていた、「論理的具体的な表現方法」を日本語によって確立することに苦心していた。しかし、論理性を追求する試みは「文壇」以外から評価されることがなく、一般社会に受けるのは、尾崎紅葉や島崎藤村の例に見られる、文章を七五調のような前近代以来の韻律に乗せることで、一種の妥協を試みた作品であった。

西洋の「近代」の思考様式の所産として「小説」をとらえ、近代日本ではそれがなかなか純粋な形では実現されず、前近代以来の日本の思考様式によって歪められた、情緒過多な作品ばかりが横行すると見なす。広い意味でそうした近代日本文学批判は、あとでふれる丸山眞男も含め、終戦直後以来、多くの知識人が唱えていたものである。それは、戦後における民主化の実現をふまえ、制度面の改革にとどまらず「近代」の精神を確立しなくてはいけないという課題意識に即してもいた。伊藤の文体論もまた、一面ではそうした議論と共通する要素をもっている。

ただし伊藤整は、文学が情緒的な自己告白の要素を含むのは、ジェイムズ・ジョイスやマルセル・プルーストのような西洋文学と日本の私小説との両者を貫く、「二十世紀文学」の共通傾向であったとも見ており、ひたすら近代西洋の思考様式を礼賛し、「日本」の文学傾向を批判するような姿勢はとらない。しかしそれでも、論文「文体と思考様式」では明治文学だけでなく、第一次世界大戦後のヨーロッパでの表現主義やダダイズムの風潮に学び、新たな文体を創出しようとした新感覚派の試みもまた、「古き生活にある不合理なもの、曖昧なものへの復帰」へとむかうことになり、尾崎紅葉や泉鏡花と同様の「美文調」へ堕落していったと指摘している。

これは同時に、若き日の自分に対する伊藤の反省でもあるだろう。伊藤は一九三〇年代から横光利一ら新感覚派の一種の伴走者として、ジョイスやD・H・ロレンスによる新しい文学を紹介し、英国のモダニズムの文藝理論に立脚した小説を盛んに書いていた。戦後の伊藤が「近代日本思想史」の講座に文体論を発表したことは、一般社会に根づいた感覚の内にある「不合理なもの、曖昧なもの」の存在をあぶり出すとともに、みずからの戦前・戦中の仕事を振り返り、戦後に自分がその問題をいかに乗り越えてきたのかを確認する作業だったのである。

2 フィクションと「近代」

伊藤整は、その文学活動の初期から批評と小説の創作とを並行して行なってきた、近代日本では珍しい作家の一人である。その伊藤が戦後における再出発にさいして強調した論点の一つは、近代小説の「フィクション」としての性格であった。評論「内なる声と仮装」(一九四八年)における表現を引けば、小説はまず、作者の「エゴ」の表現として出発する。「内なる声による発想は近代小説の表現方法の基本である。そして小説の骨組みは、エゴと現実的社会との対立、戦い、調和、作者のエゴから言えば現実の秩序の征服を願うことにある」[6]。

ここに見える「エゴ」は、いわゆる近代的な、理性によってみずからを律する個人の自己ではない。大学時代からモダニズムの文藝理論と並行してマルクス主義やジークムント・フロイトの精神分析理論を学んでいた伊藤にとっては、そうした理想的な個人など幻想の産物である。「正確に見るほど人間は動物だ。潔白な人間ほど自分を容赦することができない。個人の解放は必然にエゴの偽装と抑圧とを必要とする。私はそれが近代精神自体にある違和の根本だと思う」(「環境と創作」一九四七年)[十六-40]。近代の人間は、実証科学の視線を身につけた結果として、みずからの心の奥底に欲望が荒々しく渦巻いており、それを完全に統御することなど不可能だと気づいてしまった。そうした「違和」を奥底に抱えながら、自分の「内なる声」を表現したいと考える作家は、「偽装と抑圧」によって、「内なる声」を他者にも理解できるものに変換し、社会との調和を保つことを強いられる。こうしてフィクションを意識的に操作する技法が、近代において登場した文藝ジャンルである「小説」の特質をなすことになった。

さらに「逃亡奴隷と仮面紳士」(一九四八年)においては、「フィクション」への注目が、西洋近代社会と日本とに関する文明論的考察に広がっている。

> 日本人は仮面を必要としない。フィクションなどは阿呆らしいのである。フィクションなどというのは、夕方に燕尾服を着て出かける連中のすることである。奴隷にていさいはいらない。凄味を利かせるために、ちょっとした細工がいるだけだ。それも上手にやらないと、あいつは贋物だ、と言われて仲間はずれにされる。／ヨオロッパではそうでないらしい。燕尾服も手袋も必要だ。[中略]贋物の苦悩、紳士の仮面をかぶりながら自分を卑しい動物だと考えること。偽善者の苦悩。自由な社会とは偽善的俗物の集りだと思いながら、どうしてもそこから脱出することの

できない、名士なる文学者。女どもの社交界の飾りもの。〔中略〕仮面舞踏会である。正直なものはいやになる。彼等にとっての現実とはフィクションである。紳士淑女がたの自由な社会の心理小説とはそういうものだ。［十六－291］

これは西洋の近代小説の特徴を述べた文章ではあるが、近代西洋の「自由な社会」の実像をシニカルに解剖した記述にもなっている。これに対して、伊藤の見るところ近代の日本社会には、フィクションとして「作為されたもの、抽出され観念化されたもの」をめでる風潮が欠如している。そこでは「実践された生活、常に事実として確かめられるもの」のみが「高い人間的感動」を呼ぶのであり、「貧弱な資源と悪質の社会制度の中で奪い合って生きる現世」や「現世の権力と必ず結びついている文化的社会」に密着した作品しか、尊ばれない。したがって日本の小説は、作者自身の「自由なエゴ」を純粋に保つ場所を確保するために、実社会から離脱してひたすら自分一人の生活報告を綴るだけの「逃亡奴隷」の文学になってしまう。――この評論は太宰治の死の直後に書かれている。太宰などはそうした「逃亡奴隷」の典型にほかならないときびしく批判するものでもあった。

フィクションの自覚的意識の有無によって西洋近代社会と日本社会を対比する議論としては、丸山眞男の論文「肉体文学から肉体政治まで」（一九四九年）におけるそれが有名である。そのなかで丸山も、西洋近代小説の本質を「フィクション」性に見て、ヨーロッパの社交生活を例に挙げながら、社会制度と政治秩序を人間が主体的に創るものと見なす「近代精神」とは、「「フィクション」の価値と効用を信じ、これを不断に再生産する精神」にほかならないと指摘した[7]。これは、丸山が戦前・戦中の荻生徂徠研究において近代精神の特質としての「作為」の論理を強調したことと関連する発想であろう。近代社会における社交生活をも視野に入れて、「フィクション」の精神を強調する視点は、もともとはゲオルク・ジンメルの著作に由来すると思われる。だがそれを戦後に改めて論じたとき、ほぼ一年前に発表された伊藤整の「逃亡奴隷と仮面紳士」を深く意識していたのではないだろうか。

また、伊藤整と丸山眞男とが名前を並べた書物としては、『近代日本思想史講座』の前に、『岩波講座　日本文学史』(岩波書店)がある。伊藤は「紅葉と露伴」(一九五八年)を第十二巻に、丸山は「近代日本の思想と文学」(一九五九年)を第十五巻にそれぞれ寄稿している。丸山の論文は、一九三〇年代のプロレタリア文学における論争を題材にしながら、政治と文学との関係を幅ひろく論じた仕事である。そのなかには、マルクス主義理解の浅さを批判する文脈ではあるが、伊藤の評論集『我が文学生活』(一九五〇年)に収められた「逃亡奴隷と仮面紳士」に見える回想[十六-288]を引いた箇所がある。

さらに丸山は、科学的・合理的思考の性質を論じた長い注の末尾で、「科学観と他者意識との、従って市民意識との連関を歴史的にたどる」という問題を、将来にむけた課題として提起している[8]。それは、伊藤整が雑誌『思想』に載せた論文「近代日本人の発想の諸形式」（一九五三年）で、日本社会では前近代以来、現代に至るまで「各職業はタテに階層的に区分され、横の社会人市民としての連絡がなかった」［十七－130］と指摘したことと呼応している。伊藤によればそこには、「社会的他者の認識による社会的組み合せ」［十七－126］、「他人を認識することによって始まる多元的な社会意識、市民意識」［十七－125］が成立する余地がない。――おたがいを「他者」として認識する「市民」どうしが平等な関係を結び、フィクションとしての制度を媒介にして、さまざまな相互交渉をくりひろげること。そうした「他者意識」に立脚した近代社会のイメージを、伊藤と丸山とは共有していた。それは、戦後初期にあった思想史研究と文学史研究との、一種の共同作業を通じて生まれた知見と見ることもできるだろう。

3　シニシズムと希望

しかし、近代社会に関するイメージは共有していたとしても、伊藤整がそれを眺める視線は、丸山よりもはるかにシニカルである。雑誌『近代文学』に集った文学者たちや、丸山や大塚久雄に代表されるような、終戦直後の知識人による「近代精神」礼賛に同調することはない。西洋の「近代社会」と日本社会とを比較する文章も、両者を対等に並べる性格のものである。「近代日本人の発想の諸形式」においても、他面では近代ヨーロッパの思考法が人間に要求する「倫理的仮面」に、しだいに藝術家が耐えられなくなり、狂気へと向かって破滅することも指摘している［十七‐117］。

さらに、「近代」や「自由」の理念を礼賛する主張に対して伊藤が発表したのは、T・E・ヒュームの近代ヒューマニズム批判、ファシズム礼賛すれすれの文章を引きながら、人間には「規律と戒律」［十六‐202］を求める本能のようなものが潜んでいると指摘する「中世への郷愁」（一九四七年）であり、さまざまな組織に人間が組みこまれた現代においては、「人間が自由であるという大まかな前提を疑う」［十七‐141］べきだと説く、「組織と人間」（一九五三年）であった［9］。後者の文章では、ヨシフ・スターリン死後のソヴィエト連邦で激しい権力抗争が巻き起こったことをふまえて、日本のマルクス主義知識人が、共産主義の理想社会において真の自由が実現すると説くのを、徹底的に批判している。伊藤によれば、組織の時代である二十世紀においては、歴史状況によってはスターリンのような恐怖政治も「避けられぬ悪」として了解しなくてはいけない場合が生じるのは当然なのである。

こうしたシニカルな視線の根柢には、典型的な近代社会とは異なる日本社会も含めて、すでに現代において人は、何らかの「仮面」を身につけ、自分をフィクションで飾らないかぎり生きられないという認識があるだろう。終戦直後に発表した長篇小説『鳴海仙吉』（一九五〇年に単行本化）は、伊藤自身をパロディ化したような作家を主人公にしたて、モダニズム文学の手法をとりいれた興味ぶかい作品であるが、そのエピグラムにはこうある。「鳴海仙吉とは誰か。作者自身にちがいないとあなたは思うでしょう。とんでもないことです。鳴海仙吉は君です、あなたです。／一つ気の利いたことを言ってやろうと思う時、君は鳴海仙吉です。／この急場を何とか切り抜けようとする時、君は鳴海仙吉です。（中略）彼は飴色縁の眼鏡をかけ、鼠色のダブルの洋服を着、革鞄を持って、智慧あり顔に街を歩いています。君のように、また作者のように」［五－8］。

現代の社会においては伊藤整自身も、無数の読者もまた、多かれ少なかれ「鳴海仙吉」である。しかもこの指摘自体が、「ボヴァリー夫人は私だ」というギュスターヴ・フローベールの言葉の本歌取りになっている。ここまでフィクションの網に幾重にも取り囲まれたとき、人間はみずからの「内なる声」の自立性に関する確信を、いかにして保つことができるのか。伊藤はあくまでも人間が置かれた条件を認識せよと説くのみで、「自由」になるべきだという理想を掲げることはない。

だが、「組織と人間」の末尾で語る文句が、そのなかでの残された希望を指し示しているようである。「我々がいかに自由でないかを知ること知らせること自体が、あるいは我々を真の自由に一歩でも半歩でも近づけるかもしれない」［十七－141］。どんなフィクションのなかに生き、いかなる仮面をかぶっているのかを、しっかりと自覚する。その姿勢を失なわずにいるならば、人間は「真の自由」に近づいてゆくことができる「かもしれない」」。伊藤が最後のところで示したのは、細々とはしているがぴんと張り詰めた糸のような、ひとすじの希望であった。

註

1——詳しくは、拙稿「総論　近代の思想」（苅部直・黒住真・佐藤弘夫・末木文美士・田尻祐一郎編『日本思想史講座4　近代』ぺりかん社、二〇一三年、所収）を参照。

2——『丸山眞男集』第十六巻（岩波書店、一九九六年）二三〇～二三一頁。

3——『近代日本思想史講座　第一巻　歴史的概観』（筑摩書房、一九五九年）八～九頁。思想の三角形モデルの発想を、一九四〇（昭和十五）年度の村岡典嗣（つねつぐ）による「東洋政治思想史」講義から丸山が得た可能性について、拙稿「村岡典嗣と丸山眞男」（東京女子大学丸山眞男記念比較思想研究センター編『20世紀日本における知識人と教養』二〇一七年。同大学ウェブサイトにて公開）において指摘した。

4——『近代日本思想史講座　第三巻　発想の諸様式』（一九六〇年）三頁。

5——前掲『近代日本思想史講座　第三巻　発想の諸様式』三二一～三四六頁。

6——『伊藤整全集』第十六巻（新潮社、一九七三年）三四頁。曾根博義の校訂・註による、伊藤整『小説の方法』（筑摩叢書、一九八九年）二四四頁によれば、この引用箇所は評論集『小説の方法』（一九四八年）に再録されたさいに増補されたものである。本章では以下、『伊藤整全集』全二十四巻（新潮社、一九七二～七四年）からの引用については、たとえば第十六巻三四頁を「十六－34」という具合に、巻数・頁数を本文中に略記する。

7——『丸山眞男集』第四巻（岩波書店、一九九五年）二一〇〜二一六頁。また、「福澤諭吉の哲学」（一九四七年）においては、ゲオルク・ジンメル『社会学の根本問題』（一九一七年）の第三章「社交」（Geselligkeit）を参照しながら、「フィクションこそは神も自然も借りない全く人間の産物である」と述べていた。『丸山眞男集』第三巻（一九九五年）二〇〇頁。丸山とジンメルとの関係については、西村稔『丸山眞男の教養思想——学問と政治のはざまで』（名古屋大学出版会、二〇一九年）三七九〜三八〇頁などに詳しい分析がある。『小尾俊人日誌　一九六五 - 一九八五』（中央公論新社、二〇一九年）二二二頁は、戦前にすでに『社会学の根本問題』を読んでいたという丸山の回想を記している。

8——『丸山眞男集』第八巻（一九九六年）一二二頁、一三五頁。

9——T・E・ヒュームに見えるファシズムへの志向については、石田圭子『美学から政治へ——モダニズムの詩人とファシズム』（慶應義塾大学出版会、二〇一三年）第三章に詳しい。また、「人格完成」の理想に対する伊藤の懐疑を、「大正期の教養主義」から丸山眞男に至る「知識人の系譜」と対極にあると位置づけた論考として、磯田光一「伊藤整論」（一九六八年初出、『磯田光一著作集』第二巻、小沢書店、一九九〇年、一六〇〜一六一頁）がある。

第3章　「遊び」とデモクラシー——南原繁と丸山眞男の大学教育論

1　教科書の丸山眞男

丸山眞男の文章に初めてふれたのは、高校の国語（現代国語・現代文）教科書に載っていたのを読んだときだった。そういう思い出をもつ人は少なくないだろう。実際に使用例を調べた結果によれば、丸山の文章は、講演記録「「である」ことと「する」こと」（一九五九年活字化。改訂のうえ『日本の思想』岩波新書、一九六一年に第Ⅳ章として再録）が一九六四（昭和三十九）年以来、実に十社の教科書（現在は掲載しなくなったものも含む）で、それぞれ中断期間もはさみながら使用され続けてきた。二〇一三（平成二十五）年検定・一四年使用開始の「現代文B」教科書では、九社すべてが採用し、全十八点のうち十四点に載っている。また、講演記録「現代における態度決定」（一九六〇年）

も、一九八六（昭和六十一）年からしばらく、二社が載せていた時期があった[1]。

なぜ丸山だったのか。そして、なぜ「「である」ことと「する」こと」なのか。最初にこの文章を収録したのは、三省堂『現代国語　二』（高校二年生用）の一九六三（昭和三十八）年検定・六四年使用開始の版である。「編修委員代表」として名前が載っている四名のうちに、中国文学者、松枝茂夫（当時、東京都立大学教授）がいる。松枝は竹内好や武田泰淳の古くからの友人であり、終戦直後の短いあいだ（一九四七〜四八年）は東京大学文学部助教授でもあったから、丸山とも面識があった可能性がある。もしかすると松枝の意向が働いた作品選定であったかもしれない。文章に小見出しがついているので、初出紙の毎日新聞ではなく、『日本の思想』からの引用であるとわかる。

教科書に記された、この文章に関する指導のねらいには、「論説文を読み、思索と行動の指針を得る」「抽象的な思考の方法を身につける」「社会科学的な文章を読んで、論旨の展開を正確にとらえる」（二三九頁）といった言葉が見える。第一には、「抽象的な思考の方法」を展開した「社会科学的な文章」を読む訓練のために使ってほしいという意図なのだろう。なお、筆者としての丸山の紹介文には「法律学者。長野県の生まれ」とあり、二箇所もまちがえている。長野県松代は本籍地で、実際に生まれた場所は大阪であった。

しかし同時に、高校生がこの丸山の文章から「思索と行動の指針」を手に入れることを、教科書の編集陣は期待している。その趣旨は、この文章を含む第四章「思索と行動」の冒頭（八八頁）で、以下のように述べられている。

　封建社会は、身分とか家がらとかを優先させる「である」社会であり、近代社会は、機能を中心とした「する」社会であると考えられますが、その間には、徹底的な価値基準の変革がなされなくてはなりません。それが不十分なところに、今日の社会の混乱があるのです。／思索は行動を生み、行動は思索を求めます。両者の正しい結びつけが、今日ほど要求されている時代は、かつてなかったと言えるでしょう。

封建社会から近代社会へ離陸するための、「徹底的な価値基準の変革」。これはたしかに、丸山がこの講演で「である」論理と「する」論理との違いを論じた意図に即するものではあるだろう。実際に、社会に対する積極的な働きかけをめざす「する」論理の意義を述べた講演の前半部分に、重きを置いた引用のしかたになっている。いまから振り返れば、すでに経済の高度成長が始まり、生活様式の合理化が進んでいた一九六〇年代の前半に、近代社会の確立のための「価値基準の変革」を説くのは、時期はずれのように見えるかもしれない。

しかしそのように説明しながら「「である」ことと「する」こと」を収録したことの背景には、やはり一九六〇（昭和三十五）年の日米安全保障条約反対運動における、丸山の活躍があったに違いない。このとき丸山は、岸信介内閣による衆議院での強行採決に対して、民主主義をふみにじるものだとして批判し、市民たちの反対運動の先頭にたった。

「「である」ことと「する」こと」それ自体は、一九五八（昭和三十三）年十月、札幌市で開かれた岩波文化講演会での講演をもとにしたものであり、安保条約問題と直接の関係はない。だが、そのなかで「民主主義というものは、人民が本来、制度の自己目的化――物神化――を不断に警戒し、制度の現実の働き方を絶えず監視し批判する姿勢によって、はじめて生きたものとなり得るのです」[2]と説いている箇所などに、教科書の編集陣や、それを用いて授業を行なう教師は、六〇年安保の知識人というイメージを重ねていたことだろう。のちに、「現代における態度決定」も国語教科書に使われることになるが、この作品はまさしく、一九六〇年五月三日の憲法記念講演会で話した内容であり、岸内閣の改憲の方針に抗して、憲法擁護のための日々の「行動」を呼びかけたものであった。

三省堂の教科書の翌年には、明治書院と筑摩書房も「「である」ことと「する」こと」を載せ、合計三社がこの文章を掲載するようになった。やがて大学紛争のさいに、丸山はアカデミズムの権威秩序の擁護者として、全共闘の学生から激しく攻撃されることになる。そのとき丸山を糾弾する学生のうちには、高校時代に教科書で「「である」ことと「する」こと」にふれた者も少なくなかったはずである。彼らがぶつける反感には、教科書に載っている旧来の知の権威とか、道徳的な説教の材料といった印象が強く働いていたのではないだろうか。

高校の国語教育の教材として丸山眞男の文章が用いられたのは、一種のシティズンシップ教育としての側面をもっていたと言うこともできる。よく知られているように、一九六〇年代の当時、文部省は、学生が左翼的な政治運動へむかうのを警戒して、中等教育が政治的な中立性を保つよう、学校にきびしく要請していた。国語の教材に丸山眞男を登場させるのは、そうした制限のもとで、デモクラシーを主体的に支える市民になるように、高校生を導く回路として考えられたのかもしれない。

ただ、学校教育に関する丸山眞男の発言は、あまり多くない[3]。それどころか、終戦直後に教育学者、宮原誠一と行なった対談「教育の反省」（一九四八年）には、「どうも教育学というものはつまらなくてつい敬遠したくなる」という発言まで見える[4]。これは、丸山の師であった南原繁が、終戦直後の教育制度改革をみずから主導し、教育について積極的に論じていたこととは、まったく異なっている[5]。あるいは、そうした南原に対して抱いていた距離感が、教育に関する発言を控えさせたのかもしれない。

だが例外的に大学教育に関しては、丸山も南原と対照的な議論を展開していた。この二人の政治学者が、政治と教育との関係についてどのような構想を展開していたのかを検討してみよう。

2 南原繁と大学「一般教養科目」の誕生

大東亜戦争の終戦直後、占領軍による支配のもとで行なわれた教育制度改革については、六・三制の導入や高等教育機関の大学への一本化など、アメリカによる押しつけの産物のように語られてしまうことがある。しかし、近年は占領軍の関係文書の研究が進み、実際には日本側の意向が強く働いていたことが、明らかになっている。南原繁は、その日本側の関係者の中心人物にほかならなかった[6]。

大学に関しては、高等教育機関の一本化のほかに、学士課程教育において「一般教養科目」(のち「一般教育科目」と改称)という教科分類が新たに設けられたことが、大きな変化であった。そしてこの改革を主導したのが、東京大学総長であり、教育刷新委員会の副委員長・委員長を務めていた南原繁である。

実は高等教育に関しては、アメリカ側は日本の実状をよく知らず、構想をまったく持っていなかった。一九四六年三月、アメリカ政府が派遣した教育使節団第一次訪日団が改革構想の策定のため日本に到着するが、日本政府はそれに先手を打って日本側教育家委員会を発足させ、南原がその委員長になっていた。使節団の来日の直後に、南原は訪日団の団長であった教育学者G・D・ストッダードに面会し、三月二十五日には、占領軍の民間情報教育局で、日本側教育家委員会の公式意見としての講演を行なったのである。

土持ゲーリー法一の研究が紹介する占領関係文書によれば、この会談と講演のなかですでに、新制大学の制度としてやがて実現する内容が示されていた。四年制大学では、専門教育と同時に"General Culture"も重視する。これが、資料上で確認できる、大学の「教養」科目が生まれた原点である[7]。これに沿って一九四七年七月、大学基準で「一般教養科目」と専門科目の両方を教えることが定められ、二年後に新制国立大学が設置されることとなった。

大学での「教養」教育を構想したさい、南原が「教養」の中核にすえたのは「政治的教養」であった。すでに終戦直後の一九四五(昭和二十)年十一月、東大法学部での戦場からの帰還学生歓迎会で、法学部長として行なった講演「新日本の建設」に、「政治的教養」の語とともにこんな言葉が見える[8]。

戦に敗れたこと自体は必ずしも不幸ではない。なにゆえならば、およそ理想的な国家生活は最大の悲劇を通してから得られるものであるから。問題は国民がそれをいかに受取り、それにいかなる自覚をもって新たに立ち向うかにある。真の国民的試練と戦はこれからである。

もし、この戦において敗れたならば、日本国民は永久に外国の奴隷と化し終るであろう。それこそ日本国家の滅亡と日本民族の死でなくして何であろうか。正しい意味での「民族的なもの」は忘却されてはならぬ。否、むしろ強調されねばならぬ秋と思う。／しかも注意したいことは、その場合、国家にせよ、民族にせよ、およそ一切の超個性的な威力が歴史的に継続し、更新し、発展してゆくための究極の原動力は人間個性の力であるということである。人は国民たると同時に、あるいはその以前に、各自それぞれ一個の「人間」として自己の理性と良心とに従って判断し、行為するところの自主自律的な人格個性たることが根本である。

南原の考えでは、人が本当に自分の個性を自覚し発展させ、理性を育ててゆくことを通じて、理想の共同性を実現することができる。その共同性の単位は家族や地縁共同体や会社ではなく、「民族」に限られる。そして「民族」の紐帯をなすのは血統によるつながりではなく、あくまでも「文化」であり、これを「文化共同体」と南原は呼ぶ。そして、単にすでにある「文化」の同一性を確認するだけではなく、理想の「文化共同体」すなわち「民族」を作るために、人々が自分自身の個性を育て、理性を十分に発揮できるようにならなくてはいけない。

「デモクラシーの時代を迎えた若者たちが、そうした理想の政治共同体に参与するための「教養」の営みを積んでゆくこと。それを南原は大学教育の新しい役割として指定したのであった。アリストテレス『政治学』にならって、人間は「政治的動物」であると唱えた南原にとって、ポリスに見られたような、人と人とが結びあう政治共同体に関わり、共に生活することによってこそ、人は真に人間らしく、理性的かつ個性的に生きられるのであった。したがって大学における「政治的教養」の営みは、デモクラシーを支えるだけでなく、専門によって限定されない総合的な知性を育てることを通じ、人間の本質を十全に発揮させるものでもあった。

南原によれば、大学の学士課程教育を通じてその「高い教養」を身につけることが、「それぞれ職業人たる前に、おなじく善き人間、良き市民としての養成」となる[9]。かつて南原は、大学卒業後にいったん内務省の官僚となり、富山県射水(いみず)郡に郡長として赴任していたさい(一九一七～一九年)、「農業公民学校」の設立に力を注いだことがあった。それは中学校に相当する年齢の少年を教育し、「本当に郷土のためにつくす見識と教養をもった指導的人物を養成する」ことを目的としていた。それに日本で唯一の「公民」学校という名前をつけたのは、「人間としての教養をもった一個の市民」としてのシティズンを育てるという意識ゆえのことだったという[10]。そうしたシティズンシップの養成の機能を、戦後の南原は大学の「教養」教育に求めた。

しかし、南原が「政治的教養」や、大学での「教養」の教育を口にするとき、その指している内容は、きわめて曖昧である。ある時には「哲学」がすべての知を総合すると説き、ある時には哲学・教養・科学の総合と述べるなど、一つに定まっていない印象を受ける。おそらくは、大学教育のカリキュラム編成の問題として、「教養」教育の重点をどこに置くかについて、はっきりした構想を持っていなかったのであろう。

歴史の経緯としては、それまであった旧制高校や大学予科の教員を併合する形で、大学での一般教養課程が誕生することになる。それは当時の高等教育機関での人員配置を考えれば、最善の措置であったかもしれない。しかし、「教養教育」として何を教えるのかについて明確な方針がなければ、デモクラシーを支える市民の育成という目的も、単なる題目に終わってしまう。そして、旧制高校と大学予科——しばしば誤解されるが、その当初の教育方針は決して教養教育ではなく、制度上はあくまでも大学への予備教育であった——の教員にそれを担当させた結果、「一般教養科目」とは、専門教育のための入門授業の寄せ集めにすぎないという意識を、教員と学生の双方に定着させる結果になった。その後の時代における、大学での「教養教育」の迷走と形骸化は、発足当初のこうした事情に大きく由来するのではないだろうか。

3　丸山眞男の大学・学問論——「遊び」の意味

丸山眞男は、南原繁の指導のもとで日本政治思想史の研究者に育ち、やはり東大法学部の教授として活躍した。終戦直後には旧制第一高等学校でも、学生に社会科学の幅ひろい知識を与えるために設けられた特別講義を、一九四七（昭和二十二）年度後期に担当している[11]。この出講はあくまでも一高側の方針に基づくものであるが、広くとらえれば、南原が導入した「教養教育」を実際に担う、最初期の教育事業の一つと呼ぶことができるかもしれない。

のち、南原の追悼講演「南原先生を師として」（一九七五年）などで語っているように、丸山は南原の人格と学問を、終生深く尊敬し続けた。しかし、その師弟関係は複雑である。南原は明治生まれ、少年時代に朱子学を漢学塾で学び、長じてはイマヌエル・カントの説く人格の理想をみずからの立場とし、皇室に対する敬愛を戦後も保ち続けた。それに対して丸山は、一九三〇年代に高校・大学生活を送った世代に属する。青年時代にはマルクス主義思想の洗礼を受け、ドストエフスキーの流行に見られたようなニヒリズムの空気を吸いながら、人生を歩んでいた。戦後には南原とは異なり、「超国家主義の論理と心理」（一九四六年）をはじめとする著作で、「天皇制」に対する批判を展開するようになる。

丸山が南原に対して正面からの批判を展開することは、ついになかった。だがたとえば論文「人間と政治」（一九四八年）では、南原の政治観との鋭い対照を示している。南原がアリストテレスの語るポリスを政治の原像として描いたのに対し、丸山はそこで、ニッコロ・マキァヴェッリやトマス・ホッブズの著作を引いて、政治の本質は非理性的なものまでをも用いて人々を動員し、組織化する営みだと説いている[12]。また、二人の対談「戦後日本の精神革命」(一九六四年)では、日本神話の意義を高らかに説く南原に対して、それは「普遍者」には決してつながらないと丸山が厳しく批判している。おそらく実際の対話では、そうとうに激しいやりとりだったのだろう[13]。

そう考えてゆくと、丸山が南原とはまた違った大学教育の構想を抱いていたことを窺わせる資料の存在が気になってくる。没後に刊行された書物『自己内対話』で活字化された、自身の大学改革構想を記したメモである[14]。それは前後の記述から、一九六八(昭和四十三)年の十一月か十二月のころに書かれたと推測される。すでに東大紛争の渦中にあった時期であり、紛争が収拾したのちに実現されるべき、新しい大学の形として発想していたのであろう。ただしこれはおそらく、法学部研究室の封鎖や安田講堂の攻防戦にはまだ至っていない、その意味で紛争が極度に泥沼化する前の時期に書かれたものではあった。

そこで丸山は、日本の大学を、「大学」と「連合大学(大学校)」との二種類に分けることを唱える。旧帝国大学のように大規模な総合大学は「連合大学」にして別の制度にするというのだろう。具体的に東京大学に関しては、「東京大学校」を「フェデレーション」という組織に、つまり複数の「高等研究所」と「専門学校(カレッジ)」、そして「研究センター」の三つがゆるやかに結びあう形に再編成するというのである。

このうち「高等研究所」は研究機関で、大学院の博士課程もここに含まれる。「専門学校」は、学士課程とおそらくは修士課程の教育を担当する。「研究センター」は常勤の教授を置かず、シンポジウムの運営などを行なう機関。そして全般にわたり講座制は廃止する。丸山の記述には「一部の専門学校及び高等研究所は駒場に設置される」とあることからすると、東大の教養学部は廃止して、教養教育と専門教育の両方を担当するカレッジがいくつも、本郷と駒場の両方のキャンパス内に並立する。そういった組織改革を考えていたのだろう。

さらに同じメモのなかにある「大学は何を学ぶところか」という文章が興味ぶかい[15]。そこでは大学の学問には、「(イ)「遊び」としての学問、遊びに専念する場としての大学」「(ロ)専門化し、分化した知識の市場としての大学」と二種類のものがあるという。そして「(ロ)は問題解決の具としての学問であり、(イ)は「問題」を前提としない学問である。最悪の学問教育は、問題解決の具ともならない知識のつめこみ教育である」(傍点原文)。(ロ)はいわゆる実学系の学問、(イ)は理論系・歴史系の学問や基礎研究にあたると言えるだろう。

この(イ)について、丸山はさらに詳しく説明を加えている。「対象としてはどんなに切実な現代性をもつようなテーマについても、「アカデミックな」研究にはあそびの精神が必要であり、意味がある。問題解決の具としてではない学問、ただ無限の対話(自己内対話をふくむ)、ないしだべりとしての学問が、どこか分からぬ時と場所で「生きて」来るものなのだ。こういう「遊び」としての学問は紙一重でデカダンスになる。しかしデカダンスを賭さないで、スケールの大きな学問的業績は生まれない」。つまり（イ）は、「遊び」としての知的探求ということになるだろう。専門教育とは別に、こうした「遊び」の精神を培うものとしての教養教育・共通教育を、丸山はあるべき大学の像に求めていたのではないだろうか。

この当時、「遊び」についてヨーロッパの文化史を通観した、オランダの歴史家ヨハン・ホイジンガの著書『ホモ・ルーデンス』（一九三八年）の翻訳がすでに出ていた。丸山眞男の旧蔵書はいま、東京女子大学図書館の丸山眞男文庫が収蔵しており、その書目は図書館のウェブサイトから検索できる。『ホモ・ルーデンス』については高橋英夫訳の初版（中央公論社、一九六三年）と、それを改訂した中公文庫版（一九七三年）の両方が収められていて、関心の高さをうかがわせる。「遊び」と書きつけたとき、おそらく意識していたことだろう。たとえば、「遊戯は利害関係を離れたものである」「〈日常生活〉とは別のあるものとして、遊戯は必要や欲望の直接的満足という過程の外にある。いや、それはこの欲望の過程を一時的に中断する」[16]。そんなホイジンガの所説が、「遊び」としての学問のイメージの源になっていたのではないだろうか。

実は、『ホモ・ルーデンス』という本は、政治の問題とも大きく関係している。それは第十二章「現代文化における遊戯要素」のなかで、二十世紀の戦争を論じる箇所に現われている[17]。ホイジンガは「遊び」にはルールが必要だとして、ヨーロッパのかつての絶対君主どうしの戦争、そして外交は、一種の「遊び」の性格を持っていたと説く。「いったい、遊戯規則を遵守するということとが、諸民族、諸国家間の交渉の場合のように、不可欠なものであることはない。一たびそれが破られれば、社会は野蛮と混沌に陥ってしまう。しかしその反面われわれは、戦争というものは、威信を求めて行なわれる原始的な遊戯に形式と内容を与える闘技的精神へ回帰してゆくものでもある、と考えざるを得ないのである」。こうした意味で、交戦法規を守りながら戦う、「遊び」と似た性格を、初期近代ヨーロッパの主権国家どうしの戦争は持っていた。

しかし同時代の一九三〇年代においては、そうした性格を否定し、敵どうしの殲滅戦として戦争を高らかに謳いあげる傾向が擡頭してきた。それをホイジンガは痛烈に批判している。「現代ドイツの流行語では、戦争状態に入ったことを〈非常時〉になった、という」。「非常時」のドイツ語Ernstfallは言葉どおりにとれば「真面目な場合」であり、「遊び」とはまさに対極にある。「戦争への準備をも含めて、ただ戦争だけが真面目な政治というものである、と見なすこの理論の信奉者たちは、戦争にはいかなる競技の性格も認めることはできない、そこに遊戯の性格を認めることは拒否しなければならない、という思想を主張する」。したがって敵を遊びの相手としては見ず、ひたすらその存在を抹殺しようとめざす。

この箇所につけた注で、ホイジンガは、カール・シュミットの著書『政治的なものの概念』(一九三三年版)の名前を挙げている。『政治的なものの概念』は、先にふれた丸山眞男の「人間と政治」が下敷きにした書物の一つであった。そうした関連からしても、『ホモ・ルーデンス』は丸山の関心をそそったことだろう。全面戦争のイメージで戦争と外交をとらえることをホイジンガは拒否し、ルールにのっとった「遊び」としての側面を強調する。想像をたくましくすれば、政治についてもまた、敵との全面対決ではない、主体どうしの相互交渉の「遊び」として考えてゆく可能性を、丸山は『ホモ・ルーデンス』から読みとったのではないか。

東京大学における日本政治思想史の講義にも、ホイジンガと「遊び」に対する丸山の関心をうかがわせる箇所がある。一九六五年度の講義の「武士のエートスとその展開」という章では、鎌倉時代の武士たちがおたがいに騙し討ちをせず、正々堂々と闘っていたと言われることについて「戦闘はまさに互いに武者としての身分的等質性を意識しあったものが対等に、一定の手続きにしたがってフェアに行うところのゲーム――しかし、生命をかけた厳粛な遊戯であった」と説明している[18]。学問についても、またデモクラシーの政治過程における対立や競争にも、そのようにルールを守った「遊び」としての側面を強調したいと考えていたように思われる。

丸山は、鶴見俊輔との対談「普遍的原理の立場」(『思想の科学』一九六七年五月号)のなかで、徳川時代の日本社会で、「遊び」の世界にも生きていた「型」の意味を再評価していた。学問のトレーニング、剣道の修業、遊女の身ごなし、商家での奉公人のしつけ、家元が教える藝事。そんなさまざまなところで、徳川時代の日本人は、「型」を洗練させ、次の世代に伝えていた。そしてそうした「型」が近代化によって崩壊したあと、新しい時代に見あう「型」を再び確立できなかったところに、近代日本の抱えた大きな問題を見いだしている[19]。

この対談で丸山が強調するのは、博士論文の書き方といった、学問における「型へのシツケ」の必要性である。その言葉だけを見れば堅苦しい印象があるが、一定の形式をふまえて言葉を用いることで、むしろ自分の先入観を離れた発想を新たに展開できるという側面もあるだろう。その意味で、これもまた一種の「遊び」のルールと呼べるのではないか。政治と同じく学問についてもまた、かつて徳川時代にあった、柔軟な「遊び」の精神を復活させること。それを大学教育が果たすやり方を、紛争期の教師と学生との激しい対立のなかで、丸山眞男は考えていたのである。

＊本章は、旧稿「「教養」と「遊び」——南原繁と丸山眞男の大学教育論」(『政治思想学会会報』第三十三号、二〇一一年十二月)、および「政治のための教養——丸山眞男百歳」(東京女子大学『丸山眞男記念比較思想研究センター報告』第十号、二〇一五年)の内容をあわせ、改訂を加えたものである。

註

1——関口佳美「丸山真男『「である」ことと「する」こと』の教材史」(国語教育史学会『国語教育史研究』第三号、二〇〇四年)を参照。なお、関口の調査では漏れているが、光村図書『現代文』が、一九八二年検定・八三年使用開始の版で、講演記録「幕末における視座の変革——佐久間象山の場合」(『展望』一九六五年五月号に掲載）を使った例がある。これは、巻末の「近代のあけぼの」の章で「藤村詩集　序」などとともに、いわば文学史の学習資料として収められたもので、異例に属する。また先行研究として、栗原茂幸「丸山眞男と高校教科書」（『丸山眞男手帖』六十二号、七十号、二〇一二年七月、二〇一七年十一月）もある。

2——丸山眞男「「である」ことと「する」こと」（『丸山眞男集』第八巻、岩波書店、一九九六年、所収）二五頁。

3——清水靖久「政治学と教養」（同志社大学人文科学研究所『社会科学』四十巻三号、二〇一〇年十一月）に包括的な検討が見られる。

4——『丸山眞男座談』第一冊（岩波書店、一九九八年）一四二頁。

5——寺﨑昌男「教育改革者としての南原繁——真理・創造そして平和の探求者」（山口周三『資料で読み解く　南原繁と戦後教育改革』、東信堂、二〇〇九年、所収）を参照。

6——土持ゲーリー法一『戦後日本の高等教育改革政策——「教養教育」の構築』（玉川大学出版部、二〇〇六年）、および拙著『日本の〈現代〉五　移りゆく「教養」』（NTT出版、二〇〇七年）第五章を参照。

7——土持前掲書、一四八頁。

8——『南原繁著作集』第六巻（岩波書店、一九七二年）六一～六二頁。

9——南原繁「日本における教育改革」（一九五五年初出、『南原繁著作集』第八巻、岩波書店、一九七三年、所収）二一九頁。

10——丸山眞男・福田歓一編『聞き書　南原繁回顧録』（東京大学出版会、一九八九年）六〇～六四頁。

11——丸山眞男「旧制第一高等学校における政治学講義草稿（一部——法制経済）」（東京女子大学『丸山

眞男記念比較思想研究センター報告』第六号、二〇一一年）。坂本義和『人間と国家――ある政治学徒の回想』上巻（岩波新書、二〇一一年）八八～九〇頁に、この講義に関する回想が見える。

12――『丸山眞男集』第三巻（岩波書店、一九九五年）二〇七～二〇八頁。

13――『丸山眞男座談』第五冊（岩波書店、一九九八年）二八～三〇頁。

14――丸山眞男『自己内対話――三冊のノートから』（みすず書房、一九九八年）二〇二～二〇三頁。関連史料として、『丸山眞男集　別集』第三巻（岩波書店、二〇一五年）に収められた「大学問題シンポジウムにおける発言」（一九六九年）がある。

15――丸山『自己内対話』二一六～二一七頁。丸山の大学紛争との関わりについては、清水靖久『丸山真男と戦後民主主義』（北海道大学出版会、二〇一九年）第五章以降に詳しい。

16――ヨハン・ホイジンガ Johan Huizinga（高橋英夫訳）『ホモ・ルーデンス』（中央公論社、一九六三年）二四頁。

17――同上書、三四六～三四九頁。

18――『丸山眞男講義録』第五冊（東京大学出版会、一九九九年）七一頁。ただし西村稔『丸山眞男の教養思想――学問と政治のはざまで』（名古屋大学出版会、二〇一九年）四〇九頁が指摘するように、丸山がこの箇所で言及しているのは、ホイジンガではなく、マックス・ヴェーバー『経済と社会』である。「フェア・プレイ」で戦ったという武士のイメージが実際には疑わしいことについて、佐伯真一『戦場の精神史――武士道という幻影』（日本放送出版協会、二〇〇四年）第二章・第三章を参照。

19――『丸山眞男座談』第七冊（岩波書店、一九九八年）一二〇～一二三頁。

第4章 技術・美・政治——三木清と中井正一

1 一九三〇年代の技術論

テクノロジーと政治との関係をいかに考えるべきか。現在においても、環境保護、生命工学、情報技術、原子力エネルギーなどが社会で大きな問題としてとりあげられるさい、必ず浮かびあがってくる主題である。もちろん、制作（ポイエーシス）という人間活動の領域に関わる技術（テクネー）と、政治を代表とする実践（プラクシス）の活動領域で求められる思慮（フロネーシス）とを区別したアリストテレス以来、この主題は西洋政治思想史のなかでくりかえし論じられてきたと言えるだろう[1]。

しかし、自然科学の発展と、それによって支えられた工業生産技術と資本主義経済とが西洋諸国で飛躍的な発達をとげ、社会を大きく変えていった十九世紀から、この問題の重要性は一段と高まっていった。とりわけ、テクノロジーの進歩が軍事技術を高度なものにした結果、過去の戦争とは桁違いに多くの死者を生み出した第一次世界大戦は、技術のもつ倫理上・政治上の意味について、西洋の知識人に深い反省をうながすことになった。工業生産と都市社会の拡大に伴う、労働運動の激化や大衆の政治的急進化もまた、当時はしばしば、テクノロジーの高度化が生み出した弊害として論じられたのである。

この技術という問題について、日本でいち早く紹介を試みたのは、新カント派や田邊元からの影響を強く受けた立場から、マルクス主義へと方向を変えていた哲学者、戸坂潤である。論文「技術について」(『思想』一九三三年四月号初出、のち「技術の問題」と改題)の冒頭で、戸坂はこう問いかけていた。「わが国の言論界では、必ずしも技術の問題が最も重大な問題の一つになっているとは限らないように見える。その原因を見出すことは困難でないだろう。併し技術の問題が今日、様々な対立関係を通じてであるが、最も重大な国際問題の一つになっているという事実は注目を要する」。

日本ではまだ流行するまでに至っていないが、欧米諸国の思想界では関心の最先端に属している話題。戸坂はそういう形で「技術」に関わるさまざまな議論を概観している。まずとりあげるのは、フリードリヒ・デッサウアー『技術の哲学』(一九二七年)、オズヴァルト・シュペングラー『人間と技術――生の哲学のために』(一九三一年)といったドイツの思想家たちの著作である。世界恐慌に集約されて現われた資本主義の危機が、政治や文化の領域にも危機をもたらしている現在、近代社会を支える「物質文明」と根本的に結びついたものとして、彼らは「技術」に焦点をあてて考察した。だが技術の概念を「形式的・抽象的」に定義しようと試みるだけに終わっている。「一定の経済関係」のなかにはめこまれることを通じて、技術が初めて技術たりえることを見ていない。

そう批判した上で、ソヴィエト連邦で進行しつつある、資本主義を超えた新たな生産関係の確立のなかで、大幅な技術の発達が見られている――「ソヴェートに於けるトラクターはアメリカに於いてよりもより経済的に動かされるのを注意せよ」――と指摘するのである。先の引用に見える、技術が「重大な国際問題」になっているとは、当時のソ連で進んでいた第一次五か年計画による、急速な重工業の発展に注目した上での評価であった。共産主義国が、いまや工業生産力において帝国主義列強をしのごうとしている。そうした世界情勢理解を示しているのであろう[2]。

戸坂によれば、「独占資本制」によって経済発展が歪められ阻止されている、現在の資本主義社会に対して、社会主義社会においては技術が自由に発展し、その「本質」を十分に展開できるということになる。技術のあり方を論じることは、当時の政治と思想における左右の激しい対立と、密接に関係していたのであった。そこで戸坂が左のマルクス主義にくみしたのに対し、当時の「右」、すなわちナショナリズム・国家主義・帝国主義の立場に近い議論としては、戸坂もふれるシュペングラーの『人間と技術』を挙げることができるだろう。

この著作は、第一次世界大戦直後のドイツでベストセラーになった大著『西洋の没落』全二巻（一九一八〜一九二二年）の趣旨について、簡単な要約と発展を試みたものである。そこでシュペングラーは、自然界のすべてを人間の手で支配しようとする、近代西欧の「ファウスト的文化」が、技術と都市を発展させ、それが十九世紀以降における「機械文化」の膨脹とひたすらな技術信仰を生み出したと説く。しかしその結果、現代においては、深い精神性を欠いた技術のみにしか関心をもたない人々と、「ファウスト的思考」を純粋に保とうとして大都市と機械を嫌悪する人々との分裂が生じて、後者は没落の運命に瀕している。——前者をロシア人・日本人を含む「有色人種」、後者をドイツ人を代表とする「白人」にあてる含意は明らかであった[3]。この著作にこめられた意図は悲観的なものであったが、シュペングラーの議論はやがて、むしろ近代技術をのりこえるドイツ的な精神性と結びついた「ファウスト的技術」の賞賛として、ナチズムのイデオロギーの一環ともなってゆく[4]。

しかし、シュペングラーが『人間と技術』で示したペシミズムは、戸坂がソ連の例を引きながら期待したような、人間が合理的な精神を発揮してテクノロジーを再編成すれば、現代の「機械文化」の弊害は解決されるという見通しを、否定するものでもあった。もはや問題は一段と深まり、「機械文化」のなかで生きる人々にとって、そうした精神性を確立することなど、はじめから不可能ではないかという不安が広がっていたのである。一九三〇年代の日本においても、やがてはこんな議論が登場することになる。東京文理科大学助教授（のち京都帝国大学教授）を務めていた哲学者、高坂正顕（こうさかまさあき）による「現代の精神史的意義」と題した文章の一節である。

しかし現代文明は、そのあらゆる現象に於て、機械文明の行きづまりを示してゐるのである。現代文明の全体が巨大な機械として、もと自らのために機械を案出した人間を、却て自己に奉仕せしめつつ、いづこの方向に向かふとも定め難く、無意味な、しかし強力な運動をつづけつつあるのである。近代の人間中心主義、自由主義、合理主義は、自らの必然の論理に従つて、自己否定への道を辿るのである。もし欧州大戦以後の時代を特に現代として、近世一般から区別するならば、現代は人間中心主義の行きづまりから、新なる時代へ移らんとする過渡期として特色づけられよう。現代の政治上、経済上の苦悶も、この行きづまりと別のものではない。［5］

ここに言う西洋の「近世」すなわち近代について、古代において「自然」が真に存在するものとしての「実在」と考えられ、中世では「神」が「実在」とされたのに対し、「人間」がその位置にすえられた「人間中心主義」の時代として、高坂はとらえている。それはまた、人間が自然を一種の「機械」と見なして合理的に把握し、みずから造った「機械」によって自然を支配することを特徴とする。そこから合理主義と自由主義も生まれてきたとするのが、高坂の理解である。

しかし二十世紀の現在、都市社会においては、チャールズ・チャップリンの映画『モダン・タイムス』(一九三六年)や、カール・ヤスパースの著書『現代の精神史的考察』(一九三一年)が示すように、「機械文明」が肥大し、その単調な運動に人間が支配される時代が到来した。そこでは人間は「大都市と云ふ巨大な機械の一つの歯車にすぎない」ものとなり、メディアの伝える娯楽を消費するだけの、「自発性を奪はれ、自主性を喪失した人間」へと変化してしまい、そのことへの不安を深く抱えている。――こうした動向のなかで、「大衆」が「自らに於て失つた主体性を、指導者に於て見る」ことで安心を得ようとする。そこに高坂は、ナチズムによる暴力支配が成立した精神上の根拠を見いだしている。

ナチズムのような指導者の神格化、政治権力の神聖化への道を歩まずに、この「人間中心主義の行きづまり」を克服するにはどうしたらよいか。高坂が示す処方箋は、高山岩男(こうやま)・鈴木成高(しげたか)・西谷啓治といった「京都学派」のほかの哲学者・歴史学者と同じように、「無」を基盤とする「東洋の原理」に基づいて、近代西洋文明と東洋の伝統文化とを包含する、文明史の新たな段階をめざすことであった。こうした志向は、やがて大東亜戦争下での「京都学派」の政治との関わりを導いてゆく[6]。

いずれにせよ、一九三〇年代の日本においては、他面では厖大な農村社会がまだ存在していたとはいえ、工業の発展と、それにともなう都市化と大衆社会化の急速な進行が、深刻な問題としてとらえられるようになっていた。そのもとでのテクノロジーの肥大化や、人間の実存的不安といった病理に、いかにたちむかうか。そこで「技術」への問いを出発点として、人間生活における「政治」の位置づけを考え直そうとした営みとして、ここでは中井正一と三木清の思想を読み解くことにしよう。

2 機械美と構想力――中井正一と三木清

京都帝国大学文学部哲学科で美学美術史教室に属し、深田康算（やすかず）のもとで学んだ美学者、中井正一（まさかず）の一般読書界へのデビュー作は、岩波書店の雑誌『思想』の一九三〇年二月号（第九十三号）に載った論文「機械美の構造」である。さまざまな「機械」が都市の風景にあふれ、人々が大工場や労働組合や軍隊のような組織に属し、集団として行動するようになった現代。当時三十歳、新進の学者として活躍を始めていた中井はこの論文で、シュペングラーやヤスパースが示すペシミズムとは対照的に、機械の時代の到来を、視覚藝術において新たな美が発見されるきっかけとして評価した。

そこで中井はル＝コルビュジェによるモダニズム建築（合理主義建築）の理論、ベラ・バラージュとジガ・ヴェルトフによる映画理論にふれながら、一九二〇年代における「美的価値そのものの方向の鋭い転換」を指摘する。人の情緒を誘うような装飾を排した、「規律と関係と統一」を旨とする「機械」のすっきりとした美しさ。撮影者の感情に左右されないカメラのレンズがとらえる映像の、「精緻、冷厳、鋭利、正確」さが呼びおこす「胸のすくような切れた感じ」。しかもそれはしばしば、個人としての藝術家ではなく、建築事務所や映画の製作チームが集団として作りあげた作品である。ここに中井は、天才・独創・唯美主義を旨としたロマン派の藝術観が過去のものとなり、「技術」と「模倣」と「社会的普遍的実在」の三者と結びついた新たな美が生まれてきたと指摘する[7]。

では、なぜ機械は美しいのか。「機能」に純化した美だからというのが「機械美の構造」での説明であるが、どうして機能から美感が生まれるのか。そしてまた、機械と結びついた技術から生まれた、機能に集中したデザインは、およそ人間と自然界の生き生きとした生命感と無縁な、冷たい人工品にすぎないのではないか。——こうした疑問に対して答えるのが、同じ年に中井が、京都哲学会の『哲学研究』十一月号に発表した論文「機能概念の美学への寄与」である。

ここで中井は、イマヌエル・カントの『判断力批判』の序文第一稿を批判的に読解しながら、自然の生命現象のうちに内在している「自然の技巧」(Technik der Natur)が、人間の身体の運動における「内なる自然」においても働きだし、その「有機感覚」を自己反省によって把握することで美的感情が生まれると説明している。人間が自然に介入する「技術」が、自然全体の生命に根ざした

「機能」を新たな形で表現すること。そのことを通じて、初めて「技術美」「機能美」が可能になる。中井の考えを整理すれば以上のような趣旨になるだろう。

このように、自然の生命活動を生き生きと保つ目的に向かうのが本来の技術であり、生命感を萎縮させ破壊するような技術はその堕落形態にすぎないとする議論は、戸坂潤も言及し、中井もまた以上の二つの論文でとりあげる、フリードリヒ・デッサウアー『技術の哲学』から一面でヒントを得たものでもあろう。新カント派の価値哲学を基盤としながら、技術は本来は倫理と結びついたものであり、さらに究極には超越的な理念の実現に奉仕するものだとデッサウアーは説いていた[8]。だが、のちに三木清との関わりで重要なのは、「技術科学のもつべき機能的論理」を哲学史において示唆した原点として、中井がアリストテレスの技術（テクネー）観をとりあげていることである。アリストテレス哲学における、理論と実践との人間活動の区別にふれ、前者が「叡智」（テオーリア）すなわち「純粋に理性がおのれみずからを顧みるところの知的領域」であるとしたのちに、実践の領域のすべてを担当するのが「技術」すなわち「技能における理性」だと解するのである。

かくて彼［アリストテレス］では技術の概念は非常に大きな領域に展開して、倫理、社会、藝術などのいわゆる実践的なるもののほとんど全部を覆う。そしてそれは、素材と形相の連続において、一つの連続的力として、働きとして重要な任務を負えるものとなる。そして技術が倫理的領域であるかぎりにおいて、それは大変革の技術を含む社会科学（politikē）とよばれ、それが製作的技術に関連し、藝術的領域に関するかぎりにおいて、生産的創造（poiēsis）とよばれる。かかる意味でアリストテレスにおいて、内面的思惟の反省における静観の他のものは、すべてテクネー（技術）の領域にあったのである。［9］

このアリストテレス理解は、実践と制作との区別を無視し、社会生活における政治学（「社会科学」）をはじめとして、人間が内面から外へと働きかける活動のすべてを、広い意味での技術に含めてしまう点で、問題かもしれない。しかし、中井がすでに読み、影響を受けていたドイツの哲学者、マルティン・ハイデガーもまた、一九二〇年代からアリストテレスの技術概念に関心をもち、論文や講義で取り扱っていた［10］。もちろん、すべての存在物の根源に横たわる存在（あるということ）を、具体的な物として現われさせる人間の根源的な能力という、一九二〇年代のハイデガーの「技術（テクネー）」観と、実体的な自然の生命秩序を前提とし、その生命の働きを共有する人間が、秩序のうちの「機能」を意識的に担ってゆく、中井の「技術」とはぴったり一致するものではない。

だが、人間の欲望の道具と化し、自然をほしいままに改造するばかりのテクノロジーを批判し、人間を取り囲む環境世界の全体の維持につながる本来の技術のありようを、アリストテレスを手がかりにして導きだす点で、ハイデガーと中井は共通の関心を抱いていた。一九三二（昭和七）

年十一月、京都哲学会公開講演会で話した内容を戦後に活字化した「藝術に於ける媒介の問題」(一九四七年)には、以下のような言葉が見える。

人類が「目的」の言葉をもっていいあらわそうとしている行動は、直流的な「はるかな理想に向って」という意味のみではない。むしろ、かかる単に線的に流れる半自然的時間の残滓のある概念ではなくして、技術的時間は、いずれの瞬間もが、「謬(あやま)りをふみしめて」という実践を貫いて、無限の未来と、無限の過去が、交流的に回帰的に交わりうるところのいずれの瞬間もが発出点であるところの原生産的現在性をもっている。「目的の線」はかかる意味で、どの瞬間もが、常に新たなる積極と消極の二次元を獲得しているのである。／技術の世界で、人間が、みずから謬りうること、その謬りをふみしめて、みずからの行動をみずから対象として、その媒介によって、新たにみずからの行動を創造しなければならないこと、この構想力(アインビルドゥングスクラフト)こそ、人間の真の尊厳の意味にほかならない。[11]

ハイデガーに比べると、自然界と人間の精神とが、究極的には一つの「目的」を内在させた全体秩序にともに属しているという意味あいが強いにせよ、中井もまた、「理想」の追求を助けるとともに、ときには「謬りうる」という技術の両義性を見すえながら思考をめぐらしていた。そして、

「謬りうる」危険性をはらんだ個別の状況のなかで、現実に働きかけ、「目的」により近いものへと導くための「構想力」の意味を説いたのである。ただ「構想力」の語が一九三二年の講演においてすでに用いられていたかどうかは、厳密に言えば定かでない。

こうした技術のとらえ方と「構想力」との結びつきは、三木清が一九三〇年代後半に展開した議論にも現われてくる。戸坂潤もまた、一九三二（昭和七）年に発足した唯物論研究会において、マルクス主義の理論陣営のなかでの「技術」をめぐる論争に関わっていたが、京都帝大哲学科で中井の一年上の卒業であり、常に議論しあう仲間であったという。中井の五年上の三木は、二人にとっては学生としてその洋行を見送った、常に仰ぎ見ながら注目する先輩であった[12]。

三木は西欧留学中、一九二三年秋から一年間、マールブルクに滞在し、マールブルク大学助教授として赴任したばかりのハイデガーの講義に列席していた。ハイデガーの一九二四年夏学期の講義題目は『アリストテレス哲学の根本諸概念』であるが、そこで「技術」（テクネー）概念について重要な主題としていたわけではない。だが、アリストテレスの「技術」概念がハイデガーと三木との直接の会話で話題となり、一九二五（大正十四）年秋に帰国した三木が、京都で中井たちにそれを語ったことが、中井のアリストテレスへの関心をひきだした可能性も考えられるだろう。西欧における一種の技術論ブームと、アリストテレスを参照しながらそれを批判的にとらえ返すハイデガーの思考の営み。そうした動きをうけながら三木と中井は、そしてあるいは戸坂と高坂も、技術をめぐる考察を始めていた。直接の影響関係の経路を証拠づけるのはむずかしいが、全体としてはそう評価してよさそうである。

ただ三木の帰国後の歩みは、曲折に満ちたものとなった。波多野精一が教授であった京都帝大の宗教学講座に、助教授として着任することが、周囲から確実視されていたものの実現せず、中井や戸坂ら若手哲学者を落胆させることになる。そして東京に移り法政大学教授となるとともに、当時の流行思潮であったマルクス主義への接近を見せ、論文「人間学のマルクス的形態」(『思想』一九二七年八月号)を皮切りに、ジャーナリズムでの華やかな活躍を始めた。

だが一九三〇(昭和五)年に日本共産党への資金援助の容疑で検挙され、三か月ほど豊多摩刑務所で拘留生活を送っていたあいだに、服部之総、三枝博音、永田廣志といった共産党系のマルクス主義知識人グループは、三木に関して観念論的偏向と批判する声明を出し、プロレタリア科学研究所哲学研究部主任の職を解任してしまう[13]。投獄をきっかけに、三木は法政大学その他の教職をいっさい辞することとなり、筆一本で生計をたてる生活に入っていったのである。

三木清が「技術」について論じはじめるのは、一九三四(昭和九)年七月、『読売新聞』に掲載した評論「技術の精神と文学のリアリズム」においてである[14]。そこで三木は、「自然法則の遂行」すなわち「自然科学の単純の応用」という側面のみでは、技術の本質はとらえられないと説いている。技術はたしかに自然科学と深く結びついているが、それだけに尽きるものではなく、「技術家」自身による「創造」もしくは「発明」が、本来はその中心をなしているのである。科学法則の適用と、既存の知識をのりこえる創意との両面を技術に関して指摘する主張は、のちに『技術哲学』(一九四二年、単行本刊行)においても、近代技術は、客観的法則を認識する近代自然科学と「双生児」の関係にありながら、同時に「与へられたものの形を変じてこれに新しい形を与へる」営みとして、因果論をこえた目的論の要素を含むとする議論の形で、くりかえされることになる[15]。

「技術の精神と文学のリアリズム」において三木が主題にしているのは、文学におけるリアリズムの方法である。藝術家が、これまで目にしてきた世界をとらえ直し、「意想外のもの、ひとを驚かすやうなもの」を創造しようとする「デモーニッシュな意慾」。しかもそれは、単なる欲望の充足を求めるものではなく、「主体的実存の窮迫」を自覚し、それを何とかして克服しようとする強い意志に発するものでなくてはいけない。これに比べると「工学的技術」は、成功するどうかを念頭に置くだけのものであり、創造の純粋性を欠いた「発明」にすぎないと位置づけられるだろう。

個人の実存の根本から発する「デモーニッシュ」な創造への意志を、技術の重要な要素に位置づける点は、これ以後、三木清の技術論が強調し続けたところであり、中井正一とはやや異なっている。だが、「身をもって描く」というリアリズム文学の創作方法の基礎にあるものとして、技術を問題にしはじめたところは、美の創出に着目する中井と、出発点を共有していたと言ってよい。「技術の精神と文学のリアリズム」には「構想力」の語が見えないものの、「技術は屢々その目的設定において創造的である。それは人間がこれまで普通にして来たことを引受けて、その代りをするといふことに制限されることなく、屢々それを越えて創造的な目的を達しようとし、また達する」[16]といった、「技術における創造の性質」に関する説明には、すでに後年の三木の「構想力」論に通じる要素が現われている。

3 技術・レトリック・政治――『構想力の論理』の意味

「技術の精神と文学のリアリズム」を発表した前の年、一九三三(昭和八)年は、三木の思想にとって大きな転換点であった。京都帝大哲学科で三木の七年後輩であり、卒業後は文藝評論家として活躍しながら交流をもっていた唐木順三は、三木が終戦直後に獄死を迎えたあと、評伝『三木清』(一九四七年)で、この転換を、マルクス主義との関わりと同等、あるいはそれ以上に重要なものとして位置づけている[17]。

唐木によれば、ドイツを訪れ、ハイデガーから直接学んだ経験は、三木に「生涯の一エポックを画する」衝撃をもたらした。三木はハイデガーの哲学に、第一次世界大戦のあとの「戦後不安」の生々しい集約を見たのである。「三木さんはここに初めて具体的に近代の虚無と虚無の哲学の系列に接したのである。近代に於ける人間の解体と自己分裂。精神の秩序の崩壊から来る苦悶とニヒリズム。人間は大衆に、自然は原素になつてしまつた近代のアモルフ（無形態）に接して、三木さんのそれまでの教養が安定度を失つた」。この、二十世紀におけるニヒリズムとの出会いが、三木の哲学者としての出発点をなしていたが、ハイデガーに接してからちょうど十年後に、再び大きな転換を迫られたのである。

それは、ハイデガーが一九二八年からフライブルク大学教授へと転任し、五年後に総長となったことで生じた出来事をきっかけとしていた。一九三三年五月二十七日、総長職の継承式における演説「ドイツの大学の自己主張」は、ドイツ民族の「運命」を引き受ける「決断」（Entschlossenheit）を、大学共同体の課題として掲げ、ナチズムの政治運動への支持を露わにするものだったのである。

これを雑誌で読んだ三木は、論考「ハイデッガーと哲学の運命」（『セルパン』一九三三年十一月号）を発表し、ハイデガーは「血と地と運命」という「パトス的なもの」への非合理的な没入を宣言するに至ったときびしく批判することになった[18]。三木のハイデガー批判について唐木は、「三木さんにとってハイデッゲルとの訣別はひとの想像するより遙かに切ないものがあつたに違ひない」と記す。そして、三木がその後、『思想』に断続的に連載し続けた作品『構想力の論理』（一九三七年～一九四三年初出）を、ハイデガーの示した「近代の虚無」を出発点としながら、それを克服し、理性すなわち「ロゴス」の新たな回復をめざした仕事として位置づける。

血と民族の中へ没し去つた嘗ての指導教授の後姿をみて三木さんの叫んだのは、「ロゴスの力を、理性の権利を回復せよ」であつた。ここにパトス的一面に対して、他の一面、論理的理性的な面が意識的自覚的なものとして前面へ出て来たのである。自覚的意識的なものとしての悟性と感性、合理と非合理、ロゴスとパトスの、哲学的地盤の上に立つ綜合統一の問題がそれからの三木さんの課題となり、この課題は『構想力の論理』に於ける形の形成として、主体的にいへば技術として、即ちイデーと自然との結合行為としての技術に於て三木さんの独自の解決に達した。[19]

近代思想が前提とする理性的な個人が、「解体と自己分裂」を深め、「苦悶とニヒリズム」に蔽われた状況。このもとで、ナチズムの政治運動に見られるように、あるいは日本における「日本主義」哲学や「國體」のかけ声が示すように、ナショナリズムの熱狂に身を委ねることでその不安を解消するのではなく、あくまでも「合理」「ロゴス」に根ざした秩序を、人生観・世界観・社会観の全面にわたって再建すること。近代の合理主義に対する批判をへている以上、ここで考えられる理性は主観的・観念的なものではなく、人間の実践活動のうちに柔軟に働くとされる。唐木はそうした「無からの形成といふ倫理的要求」を、一九三三年以降、三木が追求した「構想力」の問題の背後に見いだしていた。
『構想力の論理』が主題としている「構想力」(Einbildungskraft)は、常に環境から働きかけられ、一定の条件のもとに生きている存在である人間が、精神の「自由」を発揮し、みずから環境に働きかけるさいに働く作用である。そのありようを、言語、神話、風俗、慣習、制度といったさまざまな枠組の形成過程に見るのが、この論考の課題であった。

ここでは唐木の言うように、「形の形成」が構想力の重要な役割とされているが、三木はヴィルヘルム・ディルタイの講演「詩人の構想力と狂気」(一八八六年)を引きながら、構想力は「型(タイプ)的なもの」を作り出すと述べている[20]。「形」も「かた」と音読すべきものとして、三木はとらえていたのであろう。人間が自然環境に対して、あるいは社会に対して何らかの創造を施すときに、対象との相互作用のなかで生まれてきて、その後の実践の準拠枠としながら、同時に試行錯誤を積み重ねることで更新してゆくもの。そのように「形」もしくは「型」をとらえる場合、「技術」は「型の形成」にじかに関わる媒介手段として、改めて重要なものと位置づけられる。

人間存在の超越性とは何等神秘的なものでなく、彼の自由に作り出すものが全く客観的なものであるといふ明白な事実のうちに人間存在の超越性がある。構想力は決して単に主観的なものではない、却つて構想力の自由な作用において主観的なものは形となつて主観から超出する。人間の技術的行為、意識の内部における現象に止まらないこの行為のうちにこそ、構想力の論理が認められるのである。[21]

人間が、環境によってあらかじめ規定されながら、それを超えるものを「自由」に作り出すという「超越性」。しかもその産物が、「主観的なもの」の内にとどまるのではなく、「形」として外界の現実へと定位すること。そうした営みの全体を「技術」が支えてゆく。人間の社会関係においては、それはフィクションすなわち「擬制的なもの」としての制度の創出に関わってくる。そこで、「科学的技術」とは区別された「制度の技術」が重要になるのであり、人間集団を主体的に組織するための「政治の科学性乃至技術性」が考えられなくてはいけない[22]。——こうして『構想力の論理』は、「技術」としての政治という課題へとふみこんでゆく。

この「政治」と「技術」との関係について、三木が考察を展開したのは、『技術哲学』においてである。そこで三木はヤスパースなどによる現代社会批判を引きながら、近代における「機械技術」の発達が工業の発展と資本主義の高度化を進めた結果、社会の分業が進み、人間は「全体的な人格的存在」を失なって、それぞれ断片的な作業に特化した「大衆」へと、矮小化してしまったと説明する。そうした疎外状況を克服するために必要なのは、社会の各部門に働く諸技術のあいだの「正しい連関」を把握し、「技術の計画化」を進めることである。そうした高次元の「社会技術」

の担い手として、三木は「政治」に期待し、アリストテレスを持ちだしながら、部分の利益や目的に支配されない全体の営みとしての「政治」の意義を説く。

アリストテレスは、馬具を作る技術は軍事技術に仕へ、軍事技術は政治に仕へると考へた。政治そのものも一つの技術である。このやうに種々の技術間に目的・手段の関係に基く階層的関係を考へることができるであらう。この場合、全体の技術を総企画的に支配する技術が考へられ、このものはアリストテレスに依ると政治である。言ひ換へると、あらゆる技術は政治にとつての手段であると考へられた。〔23〕

社会の各部門に働く機能を、全体の視点から吟味しなおし、それが人々の共生にとって望ましい方向に働くよう、「計画」を加える政治。一九三八（昭和十三）年から一九四〇年にかけて、三木が昭和研究会に重要な参加者として加わり、支那事変の遂行と解決にむけた、内政・外交の構想を積極的に提言していたことは、発言の背景として見落とせないだろう。この当時はまた、高度国防国家の建設に向けての産業の組織化が、技術の総合的再編成として盛んに論じられていた。

理研コンツェルンの大河内正敏が主宰していた雑誌『科学技術工業』一九三七年十一月号に、三木は論説「技術と文化」を発表しているが、同じ雑誌の翌年五月号に載った、蠟山政道による「技術と行政」は、社会におけるさまざまな技術を「国家目的」のもとに統合するための「技術と綜合した管理行政」の確立を説くものである。蠟山は同時に、議会制度と地方自治制度もまた、この「管理的経営行政」の進展に適合するように刷新すべきだと主張していた[24]。三木の『技術哲学』が説く「技術」としての政治もまた、こうした国家主導による諸産業の統制に関わるものとして考えられていたことは確かだろう[25]。

しかし、三木が『構想力の論理』の執筆と並行させていた仕事の一つとして、アリストテレス論を著わしていたことに、ここでは注目したい。三木はもともと留学前から、西田幾多郎や波多野精一から示唆を受け、アリストテレスに深い関心をもっており、岩波書店の『哲学古典叢書』の一冊として『形而上学』の翻訳を刊行することを、店主・岩波茂雄と約束していたという。そしてドイツでのハイデガーとの出会いをへて、帰国後は京都で若い哲学者たちと『形而上学』の講読会を開き、東京に移ったあとも、法政大学での講義と演習でアリストテレスをとりあげていた。その後の日本の哲学界におけるアリストテレス研究は、この三木の活動から刺戟を受けて始まったとも言われている[26]。その研究の一つの成果が著書『アリストテレス』であり、一九三八年十月に、岩波書店から叢書『大教育家文庫』の一冊として刊行された。

この著書で三木は、『政治学（Politica）』におけるアリストテレスの議論をおそらく参考にしながら、社会で営まれるさまざまな活動における「技術」を、全体の視点から統合するものとして、アリストテレスの政治像を意味づけている。「アリストテレスは凡ての有用技術を政治上社会上の奴隷制と関係させて考へた。自由な市民がより高い倫理的並びに知性的徳を害することなしに携はり得る限りに於てのみ、それ［有用技術］は国家の政治に分与するのである」。そして、『政治学』第八巻、ポリスにおける教育を論じた箇所におそらく基づいて、生活のために必要な技術とは異なる、「詩や音楽や絵画」の「技術」、また「国家経済の技術」「雄弁術」「統帥術」といった「実践的乃至政治的技術」を、「自由な市民」は身につけるべきだとアリストテレスが考えていたと解している[27]。

もちろんこれは、あくまでも古代ギリシアのポリスを念頭に置いて構想された、アリストテレスの政治観についての記述であり、三木自身の考えていた政治像がこれとまったく同じだと見ることはできないだろう。しかし他面で三木はまた、一九三三（昭和八）年ごろから書きはじめ、未完成のまま終わった草稿『哲学的人間学』の第四章「人間存在の表現性」（一九三六年の二月から翌月にかけて執筆）において、「人間存在の表現性と技術性とは密接に結び附いてゐる」と説きながら、「技術」論の直後にレトリック（「修辞学」）についての議論を展開していた。そこで紹介されるのも、「レトリックは政治学（倫理学）の孫と云ふべきものである」というアリストテレスの見解である[28]。

人々がおたがい対等に議論し、合意を作りあげる過程において働く、言葉の「技術」としてのレトリック。三木が『技術哲学』で「技術」としての政治を提起したとき、その構想のうちには、官僚や職業政治家による指導だけではなく、「自由な市民」たちによる相互討論の空間が考えられていなかっただろうか。それはまた、テクノロジーについて一般の人間が関わり、それを統御する回路として、「政治」が働きうる可能性をも示しているように思われる。

註

1——Aristoteles, *Ethica Nichomachea*, 1140a〜1140b（神崎繁訳「ニコマコス倫理学」、『アリストテレス全集』第十五巻、岩波書店、二〇一四年、二三五〜二三九頁）. また岩田靖夫『アリストテレスの倫理思想』（岩波書店、一九八五年）五八〜六一頁を参照。

2——『戸坂潤全集』第一巻（勁草書房、一九六六年）二三二〜二四五頁。

3——Oswalt Spengler, *Der Mensch und die Technik: Beitrag zu einer Philosophie des Lebens*, München, C. H. Beck'sche, 1931, S. 70-89（駒井義昭・尾崎恭一訳『人間と技術——生の哲学のために』富士書店、一九八六年、九七〜一二〇頁）.

4——小野紀明『現象学と政治——二十世紀ドイツ精神史研究』（行人社、一九九四年）二五七〜二五八頁を参照。また同時代の、エルンスト・ユンガー、マルティン・ハイデガーの「技術（テクネー）」をめぐる議論については、同書二五八〜二五九頁、小野紀明『ハイデガーの政治哲学』（岩波書店、二〇一〇年）第四章、Ernst Jünger, *Der Arbeiter: Herrschaft und Gestalt*, 1932（川合全弘訳『労働者——支配と形

態』月曜社、二〇一三年、一九六〜二二二頁）を参照。

5——高坂正顕『歴史哲学と政治哲学』（弘文堂、一九三九年）三五頁。

6——詳しくは、竹田篤司『物語「京都学派」』（中公叢書、二〇〇一年）一六六〜一八四頁、大橋良介『京都学派と日本海軍——新史料「大島メモ」をめぐって』（PHP新書、二〇〇一年）を参照。

7——『中井正一全集』第三巻（美術出版社、一九六四年）二三九〜二四五頁。同書で初出を『思想』一九二九年四月号としているのは誤り。中井の生涯については、馬場俊明『中井正一伝説——二十一の肖像による誘惑』（ポット出版、二〇〇九年）に詳しい。

8——Friedrich Dessauer, *Philosophie der Technik: Das Problem der Realisierung*, 3. Aufl., Frankfurt am Main, Verlag von Friedrich Cohen, 1933, S. 143-151（永田廣志訳『技術の哲学』科学主義工業社、一九四一年、二二〇〜二三一頁）.

9——『中井正一全集』第一巻（美術出版社、一九八一年）一七三頁。原文のギリシャ文字をローマン・アルファベットに改めた。

10——小野前掲『ハイデガーの政治哲学』三四八〜三五六頁。

11——『中井正一全集』第二巻（美術出版社、一九六五年）一二七〜一二八頁。

12——中井正一「三木君の個性」「戸坂君の追憶」（前掲『中井正一全集』第一巻所収、三三九、三四四頁）。日本の一九三〇年代から戦時期までに至る、マルクス主義の知識人を中心とした、技術論をめぐる論争については、中村静治『新版・技術論論争史』（創風社、一九九五年）第一章〜第四章を参照。

13——久野収『三〇年代の思想家たち』（岩波書店、一九七五年）九四頁。

14——『三木清全集』第十二巻（岩波書店、一九六七年）一七一〜一七八頁。

15——『三木清全集』第七巻（岩波書店、一九六七年）二四七〜二五六頁。

16――『三木清全集』前掲第十二巻、一七三頁。

17――『唐木順三全集』第八巻（筑摩書房、一九六八年）四七～五三頁。

18――『三木清全集』第十巻（岩波書店、一九六七年）三一〇～三二〇頁。ただしハイデガー自身の意図は、ナチズムの傘下にある学生団体の力を利用して大学改革を行ない、ナチズムの人種主義をも克服しようとするものであったことについて、轟孝夫「ハイデガーは本当に「反ユダヤ」だったか」（講談社現代新書ウェブサイト、二〇一九年十一月二日）を参照。

19――『唐木順三全集』前掲第八巻、五三頁。

20――『三木清全集』前掲第八巻、三五頁。

21――同上、二一九頁。松沢弘陽「自由主義論」（『岩波講座　日本通史　第十八巻　近代3』岩波書店、一九九四年、所収）は、「自由主義以後の自由主義」を模索した試みとして三木の「構想力」論を位置づけている。

22――同上、一七七頁。

23――『三木清全集』前掲第七巻、三一一頁。

24――蠟山政道「技術と行政」（『科学主義工業』一九三八年五月号）。三谷太一郎『学問は現実にいかに関わるか』（東京大学出版会、二〇一三年）一二一～一二六頁、田口富久治『日本政治学史の展開――今中政治学の形成と展開』（未來社、一九九〇年）三一二～三二〇頁も参照。支那事変期の科学技術政策をめぐる政治史については、鈴木淳『科学技術政策』（山川出版社・日本史リブレット100、二〇一〇年）六一～七三頁を参照。

25――岩崎稔「ポイエーシス的メタ主体の欲望――三木清の技術哲学」（山之内靖ほか編『総力戦と現代化』柏書房、一九九五年、所収）はこの点に着目して、三木は『技術哲学』において、「主体の異化」

をも含むような「発明」の要素を切り捨て、一方向的な「制作」にむかう人々の欲望を、「総力戦への動員」にふりむけようとしたと批判する。「技術の計画化」や「社会技術」といった概念を、昭和研究会などにおける議論のなかで三木が獲得していったことは、確かに想像できるが、蠟山とは異なって、議会と地方政府の権限の制限を積極的に説くことがなかった点に留意したい。なお岩崎論文では蠟山の「技術と行政」の発表が一九三七年となっているが、誤りである。昭和研究会を中心とする、三木清の「時局」との関わりについては、以下の研究に詳しい。塩崎弘明『国内新体制を求めて――両大戦後にわたる革新運動・思想の軌跡（イデオロギー）』（九州大学出版会、一九九八年）第五章、米谷匡史「三木清の「世界史の哲学」――日中戦争と「世界」」（『批評空間』第二期十九号、一九九八年十月）、大澤聡「「東亜協同体」論をめぐる思想連関――三木清と船山信一の〝転移する〈希望〉〟」（『情況』第三期六巻七号、二〇〇五年八月）。

26――『三木清全集』第九巻（岩波書店、一九六七年）に寄せられた桝田啓三郎「後記」による。

27――『三木清全集』前掲第九巻、二三六〜二三八頁。アリストテレスが、対象を特定せず、いかなる主題についても常識を通じて人々を説得する方法として、レトリック（三木の言う「雄弁術」「修辞学」）を特別な「技術」と位置づけていたことについては、廣川洋一『イソクラテスの修辞学校――西欧的教養の源泉』（講談社学術文庫、二〇〇五年）二三七〜二四一頁を参照。

28――『三木清全集』第十八巻（岩波書店、一九六八年）三一九〜三二四頁。『アリストテレス』の刊行と同じ一九三八年に、三木が波多野精一の還暦記念論文集に寄せたのも、レトリック論「解釈学と修辞学」（『三木清全集』第五巻、岩波書店、一九六七年、所収）であった。久野前掲書一一三〜一二〇頁は、レトリックに関する三木と中井正一（「言語」一九二七年〜一九二八年）の論考に、思想の抑圧を批判し、実践主体が水平的におたがいを説得しあうコミュニケーションを提唱する試みを見いだしている。

第Ⅱ部

思想史の空間

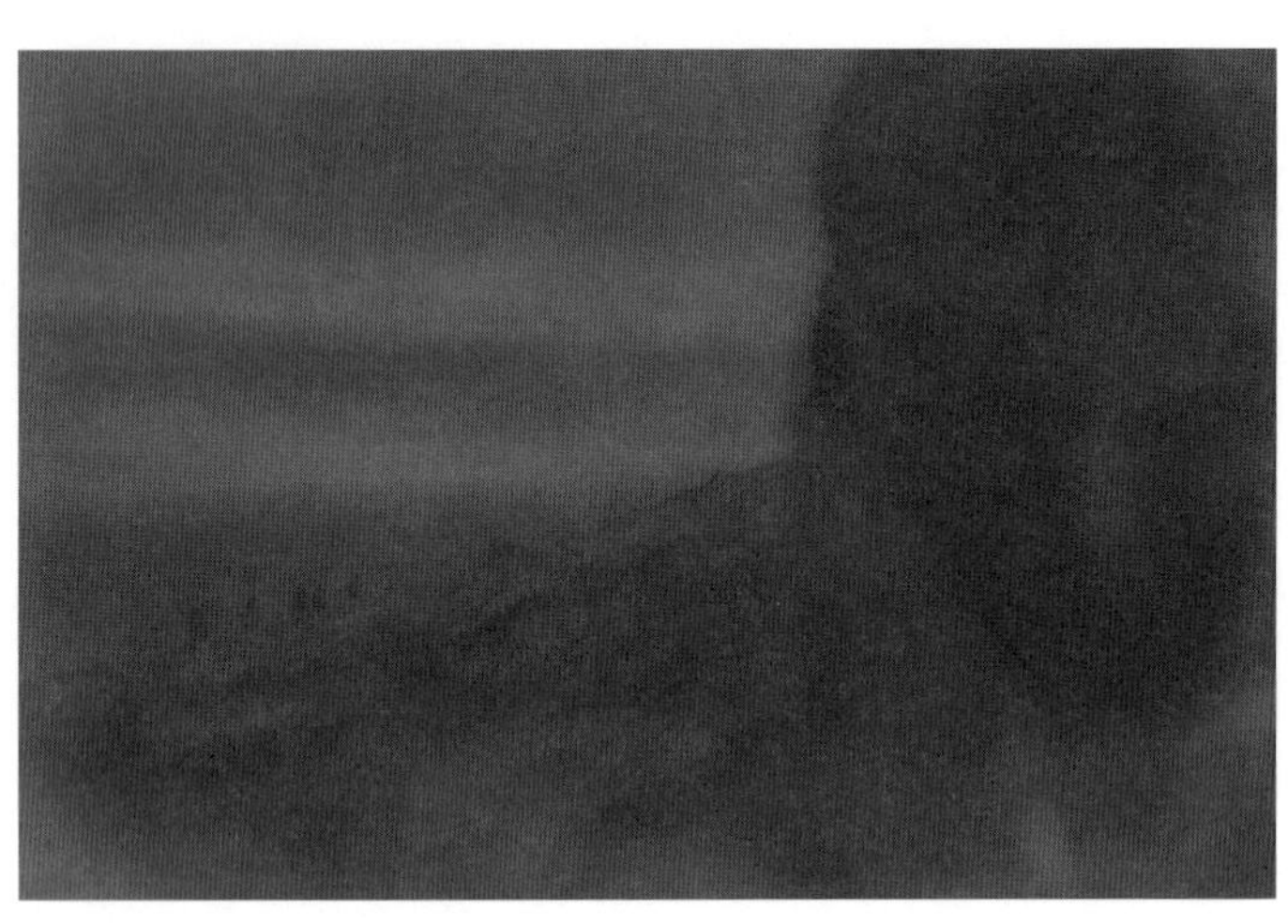

第5章　遊覧・もうひとつの現代史

1　観音像とカフェ——神奈川県鎌倉市大船周辺

　大船という場所には、失なわれたものの記憶がまとわりついている。そう言ってしまうと、そこに住んでいる方々は気を悪くするかもしれないが、過去の栄光ばかりを強調するつもりではない。いまも活気のある場所には違いないのだから。ただ、その地名を聞いて多くの人が思い出すのは、松竹大船撮影所だろう。『男はつらいよ』シリーズなどの撮影現場として有名だが、いまは鎌倉女子大学のキャンパスに変わっていて、跡形もない。

　昔の風情をそのまま残した街角でもなく、反対に再開発で風景ががらりと変わった地域でもない。その中間のような歴史の現場。古いものと新しいものとが、まだらのように入り混じるあいまから、忘れられた出来事の影が浮かびあがることもあるだろう。そんな場所を訪れるはじめに、大船を選んでみた。

ここはもともと、近代という時代が始まったせいで大きな変貌をとげた地域である。それまではのどかな農村だったところに、一八八八（明治二十一）年、大船駅が忽然と姿を現わし、田畑が町に変わりはじめた。ここに駅ができたのはまったく軍事上の要請によるもので、海軍の鎮守府がある横須賀へ、東海道線からむかう分岐点として場所が選ばれた。近代国家として日本が一人前になるには、精強な軍隊を作りあげなくてはならず、その副産物として大船の町も発展したのである。

駅の横を流れる柏尾川のほとりには、かつて花街だった場所があり、海軍の兵隊がたくさん訪れていたという。いまその跡地はまったく住宅街になり、白っぽい風景のなかを車が往来している。だがよく見れば、古い民家のうちに二階の窓がやたら広い建物があるのは、待合か料理屋のなごりだろうか。そう考えながら歩いていると、足下から昔のにぎわいが立ちのぼってくるような気がする。

昔もいまも変わらない存在感を放っているのは、駅のすぐ西側に鎮座する、高さ約二十五メートルの大船観音だろう。小高い丘の上にコンクリート製の白い胸像がそびえていて、地面からにゅっと半身をつきだしたかのように見える。東海道線でここを通ったことのある人には、おなじみの姿だろう。子供のころにその巨大さに驚いて以来、眼にするたびにかすかな畏怖を覚える。

この地に観音像を建てる計画は、一九二七（昭和二）年に始まったが、当初の名前は「護国観音」。発起人のなかに、国粋主義者として知られた頭山満も加わっている。左右の政治勢力が激しく対立する時代に、観音信仰を通じて国民の思想を「善導」し世相を「浄化」しようとする目的で、建立されたのである。

しかし工事はなかなか進まず、松竹の映画プロデューサーだった升本喜年の著書『大船物語――撮影所のある街』（一九八八年）によれば、右翼の青年たちが工事小屋にたむろし、五・一五事件の関係者が出入りしていたという噂さえあった。時代の変転をへて、ようやく一九六〇（昭和三十五）年に完成するが、そのさいには「世界の平和」が祈念の趣旨に加えられた。いまは出征兵士や原爆犠牲者の慰霊碑も並び、さながら昭和史の変転を圧縮したような祈りの空間になっている。

大船観音の丘をおりて、鯵の押し寿司の駅弁で知られる、大船軒の社屋に足をむけた。一九三一（昭和六）年に建った、モダンな意匠のコンクリート建築である。かつて事務室として使われた大部屋が、いまはカフェに改装されており、鎌倉散歩の客が訪れる。そこを出るさいにすれちがったのは若い男女の集団だった。紅葉の時期になれば、ずいぶんにぎわうだろう。

過去と現在とを混在させながら人々が暮らし、新しい人もやってくる場所。そんな町の風情は、外皮に層を重ねながら生き続ける、ふしぎな生き物のようである。永く変わらない姿勢で下界を見つめる観音像とあわせて、静と動とが交差する。

2　作家と窪地——東京都新宿区四谷周辺

三島由紀夫の自伝風小説『仮面の告白』（一九四九年）の冒頭に、自分が生まれたときに見た映像を憶えていると説くくだりがある。この作家の文才の特異さについて語るときに、よく引きあいに出される箇所である。

しかしこれに続いて、主人公の生まれ育った家についての記述があるのは、さほど注目されることがない。官僚であった祖父の失脚によって没落をはじめた一家が移り住んだ、「土地柄のあまりよくない町の一角にある古い借家」と語られている。そして「坂の上から見ると二階建であり坂の下から見ると三階建の、燻(くす)んだ暗い感じのする、何か錯雑した容子(ようす)の居丈高な家だった」と記述が続く。

作品の原型になった三島の生家の跡地は、いまの地名では四谷四丁目にある。のちの空襲で建物が失なわれ、宅地の区画も大きく変わった地域であるが、靖国通りから路地に入ったところに急な坂があるので、場所がわかる。そのあたりの住宅街をまず歩いてみた。新しいマンションやオフィスビルも並んでいるが、昭和三十年代を思わせる木造アパートがいくつも目につき、昔ながらの大屋根の銭湯も健在。古い町が点々と残っている。

『仮面の告白』にはこのあと、小学生時代に「夏祭」の神輿（みこし）が家の門になだれこんでくるという、鮮烈な印象を残す場面がある。四谷地区一帯の氏神である須賀神社の毎年六月の祭礼だろう。新宿通りをこえ、坂を下って若葉地区へ向かい、神社に足を運ぶ。

石段のふもとに社名を刻んだ立派な石柱があり、側面に皇紀二千六百年記念と記されている。一九三九（昭和十四）年に首相を務めた平沼騏一郎が建立したものであった。奉納された提灯には地域の企業の名がずらりと並ぶ。地図の上では目立たないが元気な雰囲気のお社なのである。

ここでは徳川時代から稲荷神と牛頭（ごず）天王の二つの神を祀っている。牛頭天王はスサノヲノミコトと重ねられる荒ぶる神だから、当然に神輿をかつぐ集団も荒っぽかったのだろうと想像していた。しかし須賀神社の神輿のかつぎ方は、ゆすらず水平に保ったまま、すり足で運ぶ「四谷かつぎ」として知られているとのこと。神輿が荒々しく飛びこんでくるのは、作家の少年時代の願望に基づく想像だったのだろうか。

須賀神社の石段下の一帯は、かつて鮫ケ橋と呼ばれ、昭和の戦前期まで貧民窟が広がっていた場所である。いまは普通の住宅や商店が並んでいて、昔の面影はない。ほとんど寺町を思わせるほどに、寺院と墓地が多い地域である。民家の間に小さな祠（ほこら）もちらほらと見える。明治時代までは江戸・東京の都市部のはずれで、外と接する辺界に位置していたことが、よくわかる。

この地区は、どちらの方角から歩いても下ってゆく位置にあり、大きな窪地のようになっている。かつては、大雨のたびごとに水害にあったことだろう。しかしそこから坂をだらだらと上がってゆき、中央線の線路をくぐると、とたんに別世界が広がる。学習院初等科と迎賓館、東宮御所が並ぶ、美しく整備された高台である。

貧民窟に暮らす人々は、この上層階級の世界をどんな目で遠望していたのだろうか。昨今はやりの格差の言葉など消し飛んでしまう、社会関係のなかでの距離の遠さ。それを思うと、足下の地面が急に取り払われたかのように感じ、めまいがしてきた。

四ツ谷駅の近くまで歩いて、四谷見附公園でひと休み。大きなプラタナスの木が中央に立っている。明治時代に東宮御所（赤坂離宮）が作られたとき、海外から移植されたものか、実にりっぱな大木である。こういうときは人間よりもずっと長く生きてきた木を眺めると安心する。

3　邸宅と団地——東京都杉並区荻窪周辺

武蔵野を曲がりくねって流れる善福寺川のほとり、荻（おぎ）の生い茂った窪地。荻窪という地名は、そういう由来を簡単に想像できる。井伏鱒二の回想録『荻窪風土記』（一九八二年）にも描かれているように、大正時代まではのどかな農村だった。

大正大震災で被害を受けた下町から、多くの人が移り住んだのをきっかけにして、街が発展しはじめたのである。昭和初期に開業した高級下宿が、いまも旅館として営業しているが、その名は「西郊」。当時、拡大する都市のへりに位置していたことがわかる。

住宅化の波が駅の近くからはじまり、戦後に入って善福寺川まで及ぼうとするころ、一九五〇年代後半に、川の近くに巨大な団地が忽然（こつぜん）と姿を現わした。日本住宅公団が最初期に手がけた事業の一つ、公団荻窪団地である。この団地はすでに、老朽化による建て替えが進行中である。現場へ足をむけると、敷地の西半分は新しく変わっていたが、東半分はまだ取り壊しの前で、柵に囲まれながら古い建物が残っていた。いま眺めれば、一つ一つの住戸がいかにも狭い。敷地の北端にある独身者用の棟などは牢獄のようにも見える。

だが現代の集合住宅と比べてはいけない。竣工のころは賃貸住宅の主流だった木造アパートに比べればずっと広かっただろう。棟と棟のあいだにはゆったりと距離をおき、木を植える工夫を施している。住み心地は現状から想像するものよりも、ずっとよかったはずである。当初の家賃は高く、戦後の経済成長で豊かになった人々が競って住んだ場所であった。外壁がぼろぼろになった現在の姿は、その夢の跡というところだろうか。

次にごく近くにある、首相近衛文麿の旧邸、荻外荘（てきがいそう）にむかう。その敷地だった一帯を眺めてみると、松の木が何本も茂った、実に広大な屋敷である。南に面した高台で、かつてはそこから富士山も眺められたという。近所には、音楽評論家として知られた大田黒元雄の屋敷跡である、大田黒公園もある。こちらも門をくぐると銀杏並木がずっと続き、秋の季節、奥の庭園では紅葉が目を楽しませる。

戦後に裕福になった人々が住まう団地の、いまの常識からすれば小ささと、戦前の上流階層が暮らした邸宅の大きさ。財閥解体や農地改革の結果、広大な邸宅を構えた人々がしだいに姿を消し、新たに登場した都市住民は集合住宅に住むようになった。かつては郊外の別荘地のような位置づけだったから、広いのも当たり前ではあるのだが、そんな時代の変化を感じさせる。戦後の自分たちは、戦前の人々に比べてどこかせせこましい。

そんなことを考えながら、近年にやはり区の施設として公開された角川庭園・幻戯山房に立ち寄ってみる。俳人で出版人だった角川源義が戦後に建てて暮らした邸宅である。大邸宅の部類に入るのはたしかであるが、近衛邸、大田黒邸に比べればずいぶん小さい。

だが、その決して広くない建物の中に入ってみると、ゆったりとした余裕を感じさせる。窓を広くとり、庭の起伏を生かした眺めを視界に入れることで、開放感を巧みに設計しているようである。今回、荻窪で訪れた場所のうちで、もっとも親しみを感じることができた。

戦前の大邸宅、戦後の団地、そして文学者の旧居。二十世紀の日本人の住まいのさまざまを一日で見て回り、目まぐるしい思いがする。その動揺を鎮めるために（?）、駅の北口、終戦直後には闇市が広がっていた一角にあるモツ焼き屋に立ち寄る。住宅探訪のあとは、人間の建築の原点と言うべき焼け跡のバラック。いまも粗末な建物が並んでいるわけではないのだが、そんな連想をしてしまうほどに、住宅変遷史に身をもってふれた、荻窪遊覧なのであった。

4　宰相と軍事遺跡――東京都北区王子周辺

ガタッという音に続き、テロップで「新元号は平成」。のちに首相になる小渕恵三が、内閣官房長官として元号を発表したときの映像である。「平成」と大書したパネルを取り出すさいに手間どって、一瞬の間があいた。いつもユーモラスな「凡人」宰相としてふるまっていた独特の人柄を、「平成」の文字を眼にしてふと思い出すときがある。

小渕は群馬出身であったが、中学時代から首相になるまで生活の大半をすごした家は、北区の王子にある。イメージ調査では「下町」「工場」「庶民的」という回答が多いとされる町であるが、現存する小渕邸に足を運ぶと、その近辺には立派な邸宅が多い。首相の取材につめかけた番記者を案内していたという、向かいの韓国料理屋も健在である。

実は当方にとっても、このあたりは子供のころ歩き回ったなじみの地域である。小渕邸の前にいつもガードマンが立っているのを、何度か見ていたが、大物政治家が住んでいるとは思いもよらなかった。首相になったときの報道で初めて知ったのだと思う。

そこから路地をほんの少し進むと、巨大な工事現場にぶつかった。老朽化した都営住宅の建て替え。その奥には、北区中央公園や自衛隊駐屯地からなる一帯が広がっている。明治の末から昭和の戦時中まで、陸軍の造兵廠（ぞうへいしょう）（兵器工場）として使われていた地区である。戦後しばらくの間は米軍に接収され、一九六八（昭和四十三）年に、ベトナム戦争に関連して野戦病院がここに移転したため、猛烈な反対運動がもりあがった。当時すでに若手議員であった小渕も、学生や地域住民によるデモの隊列を眺めたのだろうか。

自衛隊駐屯地のわきには、造兵廠の古い建物を改装した、北区立中央図書館がある。近年、防衛施設の再編によって赤煉瓦造りの倉庫が区に移管され、それを保存するとともに、建物を増設して図書館にしている。古い窓枠にあわせて上手にデザインされた閲覧席が並び、きれいなカフェもある。まるで横浜や小樽で観光名所になっている煉瓦倉庫のようで、軍施設だったという感じがしない。

しかし、ふと考えた。同じ造兵廠の跡地にあり、米軍野戦病院として使われた建物も、現在は区の文化センターとして使われているのだが、こちらはやや古びた暗い外観で、かつて軍事施設だったという説明がぴったりくる雰囲気であった。だがどちらの建物も、造られたときは当時の技術の粋を集め、欧米の流行の意匠をとりいれた、モダンな建造物だったはずである。それを再び輝かせる工夫を施せば、明るい雰囲気になるのはあたりまえだろう。むしろ、軍事と言えば暗い印象が伴ってしまうのが、戦後日本の風潮に由来する先入見なのかもしれない。

この一帯から東北本線の線路をこえて、もう一つの軍需工場と連絡する貨物列車の線路が、かつては走っていた。戦後に線路が撤去されたあとには、バラック小屋が建ち並ぶ地帯と化し、七〇年代までそんな状態だった。その写真を西井一夫・平嶋彰彦『昭和二十年東京地図』（筑摩書房、一九八六年）で見ることができるが、いまでは線路跡がそのまま幅ひろい自動車道路と化して、面影もない。

過去が完全に消えてしまう場所と、その空気が古びながら残っている場所と、過去を新しい形でよみがえらせる場所。それぞれに異なる変化のようすを見て回ったあと、やはり近所にある王子稲荷神社に立ち寄る。

関東地方の稲荷社の中心として参拝者を集める名所である。行ってみると正面の鳥居からは入れない。境内にある幼稚園の開園時間には、警備のためそこからの出入りを制限しているのであった。これも世の変化の表われだが、子供たちが大勢、古いお社に通っている姿に、町がこれからも生き続ける未来を感じる。

5　仏塔と監視カメラ——千葉県成田空港周辺

三里塚を訪れるなら、空港と駅がほとんど直結した電車ではなく、成田駅から路線バスに乗ることをおすすめしたい。——アメリカの政治学者デイヴィッド・E・アプターが、ユニセフ（国連児童基金）で活動する澤良世(ながよ)とともに著わした本、『三里塚——もうひとつの日本』（原著一九八四年）には、そう記されている。三里塚という現地ではいかなる暮らしが営まれ、それが空港の内側とどれほど異なった世界であるか。そのことが、ただ通り過ぎる利用客の視点ではわからないから。

まだ空港建設に対する反対運動が激しく展開し、周辺にはいくつもの団結小屋が建てられていて、第二滑走路の建設も行なえなかったころの記述である。いま訪れてみると、さすがにそこまでものものしい空気は漂っていないが、政府や成田国際空港株式会社（旧・空港公団）との和解を拒否するグループは、少数とはいえいまも残っている。

京成の東成田駅から一駅だけ伸びた私鉄、芝山鉄道を使って、空港のほぼ南端に隣接する芝山千代田駅で降りる。そこから空港の外壁に沿った道路を歩いているうちに、アプターと澤の著書を思い出した。もはやほかに歩く人もいない、トラックが往来するだけの道であるが、二重になったフェンスや、あちこちに見かける防犯カメラが、やはり緊張を誘った。もちろん国際空港である以上、警備がきびしいのは当たり前としても、それだけではない気配を強く感じさせる。

よく三里塚の「原野」とか「大地」とかいった言い回しを目にするが、現地を歩いていてそれを実感した。空港ができたことによる変化も一因なのだろうが、首都圏には珍しいような広大な平原に取り囲まれ、周囲を遠くまで見とおせる。まだ残る反対派施設らしきあたりには、機動隊員の姿が。

駅から十五分ほど歩いたところには、日本山妙法寺による巨大な「成田平和仏舎利塔」がある。かつて反対運動の象徴として第一滑走路の南端にあったものを、和解をきっかけに移したのだという。しかし、現在地での再建工事が始まるまで二十年を要し、完成したのはさらに九年後だったので、塔はまだ真新しい。反対運動が暴力化し複数の分派にわかれた状況のなかで、合意を実現するのはそれだけむずかしく、時間を要したのである。

そのそばにある航空科学博物館の構内には、空港株式会社の歴史伝承委員会が設立した「空と大地の歴史館」がある。一九九〇年代から、大規模な和解の動きと並行して、空港問題をめぐる資料の収集と保存が進められたのであった。

展示されているのは建設の経緯を示す公団側の文書だけではない。反対派農家が手作りしたビラや鉢巻き、さらには学生活動家のヘルメット、火炎瓶など、さまざまなものが展示されていて、むしろ反対運動の記念館のような印象も受ける。ヘルメットをかぶって並んだ少年行動隊の写真もあるが、この子供たちはいまどうしているのだろう。

おそらく和解に乗らない住民からは展示に異論もあるのだろうが、できるかぎり公平に事実を伝え残そうとしている印象を受けた。激しい闘争の記憶が、それだけ現在から遠ざかった結果でもあるのだろうが。

帰りにもう一度、東成田駅に戻る。かつては空港利用客の多くが使う駅だったのが、新しい駅ができたために、現在は半分が閉鎖され、ひとけがない。新しい駅へと抜ける地下道がえんえんと続き、監視カメラがたくさんこちらを見つめている。

空港が使われるようになってからも、それだけ多くの変化が積み重なっているのである。ふだん通りすぎている場所も迂回して眺めなおすと、さまざまな記憶の層が見えてくる。速度を旨とする空港という場所だけに、その対比がいっそうきわだつ。

6　戦争と学園――東京都三鷹市ICU周辺

村上春樹の長篇小説『羊をめぐる冒険』(一九八二年)の冒頭近くには、三鷹市大沢にある国際基督教大学（ＩＣＵ）のキャンパスが登場する。語り手の「僕」が二十一歳の大学生だったころ、近くに住んでいて、平日の昼間にＩＣＵの「ラウンジ」にあるテレビで、三島由紀夫事件の速報が映るのを目にしたという回想のくだり。

まだ学園紛争の余波で騒然とする都心の大学とは異なって、雑木林に囲まれた広いキャンパスのなか、ひとけの少ないラウンジでテレビがぼんやりと大事件を報じている。詳しい描写はないのに、その場の空気とけだるい気分が伝わってくる場面だった。

よく東京郊外の風景を評するときに、「武蔵野の空気が残っている」という言い回しが用いられるが、このキャンパスの近辺ほどその言葉がぴったり来る場所も少ないのではないだろうか。何しろ、周辺にはそのほかに調布飛行場や野川公園、東京外国語大学のキャンパスなど、戦後に新しく整備された空間がほとんどとはいえ、土地を広く切り開いて造った施設が多い。

ＪＲの武蔵境駅からそこへ向かう道ぞいには、一戸建ての住宅やマンションも建っているが、駅を離れるとすぐに畑が点在する地帯に入り、空が広く見えていた。早稲田大学におそらく通っている設定の『羊をめぐる冒険』の主人公は、二つの世界を往復するような気分だったのだろう。

しかしこの一帯は昭和の戦中期の歴史をたどれば、のどかな郊外というだけの場所では必ずしもない。ＩＣＵと野川公園、また隣接する富士重工業東京事業所を含む広大な敷地は、大東亜戦争が戦われた時期に、中島飛行機の三鷹研究所として使われていた。それは軍用機を研究・開発する施設であり、幻の超大型爆撃機「富嶽（ふがく）」のエンジン開発もここで行なわれたという。

終戦直後に、日米両国の知識人と実業家の尽力によってＩＣＵの発足が決まったとき、その跡地を購入して大学キャンパスにしたのである。現在は大学本館として使われている建物は、もとは三鷹研究所の研究本館であった。その建物の外枠の形をほぼ残したまま、正面から見た中心部に四階部分を増築して、大学の教室などに用いている。

ＩＣＵ高校で教諭を務め、『戦争の記憶を武蔵野にたずねて』（ぶんしん出版）という共著もある、高柳昌久さんに構内を案内していただいた。大学本館のなかに入ると、現在はたぶん配管の都合などで下げられている場所も多いが、天井をとても高くしつらえている。少人数教育を特徴とするＩＣＵのカリキュラムに合わせて、小さな教室に分けられている階も、かつては広い大部屋だったという。窓が広くとられているのは、広大な敷地の中心にあり、外からのぞかれる心配がないせいもあるだろう。多くの人数がチームを組んで仕事をするために、快適な空間として工夫されたのではないか。

大学構内には、中島飛行機の社長だった中島知久平の旧居、泰山荘も一部残っている。それ以前に現地に造られていた別荘を買い取ったものであるが、広大な庭園と立派な茶室を備えている。ちょうど野川にのぞむ国分寺崖線の斜面を利用した、深い山のなかの閑居という風情。これはまた、広々とした本館周辺とはまったく違った世界である。

一つの空間に、時代を異にするものがいくつも同居している。そんなふうに思わせる場所が、ICUの構内とその周辺には意外に多い。広い武蔵野という印象だけでは尽きない、歴史の複雑な相をまのあたりにさせる地域であった。

大学の周辺をしばらく歩き、ほかにも点在する軍事遺跡・跡地を見たあと、三鷹駅へむかう。駅前の中央通りに出たとたんに、それまでの武蔵野の空気が消え、郊外の街中というようすに変わる。それを見て、帰ってきたという気分になぜか襲われた。

7 スタジアムと都電——東京都荒川区東京球場跡周辺

ふと振り返ってみると、現代史の記憶をいまも示す建物や場所よりも、そうしたものが消滅してしまった跡を訪ねている場合が多い。かつてそびえていた大建築や、栄えていた花街が、世の移り変わりとともに姿を消してゆくのも、時間がすばやく流れ去る近代という時代の特徴なのだから、当然のことではあるだろうが。

しかし今回、荒川区南千住でまず訪れた場所は、消えたもののなかでも最大の規模と言えるだろう。何しろプロ野球の試合が行なわれ、二万人以上の観客を収容できた野球場である。一九六二

（昭和三十七）年から十年間、大毎オリオンズのフランチャイズとして使われた東京球場（スタジアム）。その間、オリオンズは七〇（昭和四十五）年にリーグ優勝を果たしている。憶えている人も多いだろう。

その跡の一部には小さな区営の野球場があり、行ってみると平日の昼間にもかかわらず、草野球のチームが練習をしていた。何とものどかな光景である。しかし周辺は、いまも小さな住宅ばかりだから、東京球場があったころは、さぞかし巨大に見えたことだろう。かつてナイターの試合中には、球場の照明が周囲の夜空を煌々と照らしていたという。

野球場の場所は、戦時中までは明治に造られた毛織物の官営工場が建っていたところであり、赤煉瓦の塀が一部残っている。日光への街道がそばを通り、荒川（現・隅田川）による水運の便もいいから、かつては多くの工場が建ち並び、その従業員相手の商売で賑わう地域であった。

近くに、見覚えのある巨大なマンションがあると思ったら、一九九五（平成七）年に起きた警察庁長官狙撃事件の現場。ここもまた、かつては日本で初めてボール紙を作った工場の跡地なのであった。周辺に建っているマンションや学校も、かつて工場だった区画なのであろう。

このあたりには商店街の通りがいくつもあるが、そうした大工場がほかの地域へと移転した結果、いまやシャッターをおろした店舗が目立つ。映画館もあったという過去の賑わいが夢のようである。新しいマンションの住人にとっては、旧来の小商店の使い勝手がよくないという事情もあるのかもしれない。

南千住駅の反対側、南の方に足を向けると、こちらでも様変わりの大きさに驚いた。かつて日雇いの労働者がいつもたむろしていた山谷(さんや)地区であるが、ほとんど人影がない。旅行鞄をひきずった外国人とすれちがうのは、以前の簡易宿泊所が観光客むけの安いホテルに商売替えしているのだろう。漫画『あしたのジョー』に出てきた「泪橋(なみだ)」も、もはや交差点にその名前を残すだけである。

しかし三ノ輪へと抜け、都電荒川線の駅の周辺にある商店街に足をふみいれると、こちらもシャッターが目立つものの、まだ元気な店ががんばっている。商店街の入り口には、一、二階にぽっかりとあいた穴がそのまま路地に連なる、古い写真館のビルが。球場跡のそばでも同じような建築を見かけたから、下町特有の、大きいビルと路地を共存させる工夫なのかもしれない。帰りは、かつての東京市電が唯一残った荒川線に乗車。町屋から荒川遊園地へとむかうにつれて、窓の外に見える人の数が多くなってゆく。

かつてあったものがなくなったのを寂しいと感じたりするのは、しょせん外来者の勝手な感想なのかもしれない。そこに住む人々の生活は、そんな思いこみとは別の世界で、形を変えながら続いている。

いまは、また新たな風景に街が変わってゆく過渡期なのだろうか。古びてきた商店街のアーケードを外から眺めながらそう思った。どんな具合になるにしても、これまでの南千住や三ノ輪の路地と同じくらいには、人間味のあるものであってほしいと思う。

8　侘び住まいと同潤会アパート——東京都台東区根岸周辺

九鬼周造の随筆に「根岸」と題したものがある。全集には未発表随筆として収められているから、思うがままに筆をとって記したが、発表の機会をえずに終わった作品なのだろう。おそらく一九三〇年代のなかばに、当時は京都に住んでいたこの哲学者が、ふと思いたって、思い出の地である根岸を訪れた。そのさいの思いを綴ったものである。

そのほぼ四十年前に、子供だった九鬼は、母と兄とともに根岸の家に住んでいた。両親の夫婦仲が悪く別居状態にあり、路地の奥にある屋敷に、親子三人がひっそりと暮らしていたのである。大正の大震災による火災を免れた地域だったので、記憶をたどりながら九鬼が道を進んでいくうちに、懐かしく、もの哀しい思い出が浮かんでくる。読み返すたびに、胸がしめつけられるように感じられる名作である。

いま実際に根岸へ足を運んでみると、九鬼がどのあたりを歩いたのかは、すぐにわかった。この一帯は、東京大空襲でも戦火に遭わなかったおかげで、道筋がほぼ昔のままであるし、ごくわずかになったとはいえ、いかにも戦前の造りの看板建築をちらほら見かける。「根岸の里の侘び住まい」の常套句に見られるように、大商店の主人の別宅や隠居場があり、また文人の住む町として、古くから知られたところであった。

九鬼がすごした家が近くにあったという、「御行（おぎょう）の松」は、松の木そのものは三代目に代わったものの、同じ場所に立っている。高齢の女性のグループが、タクシーの運転手もわからなかったと嘆いていたが、たしかに道が曲がりくねっており、案内板もないので、たどりつくのが少し難儀である。

しかしそのおかげで、遠回りしながら町の空気をゆっくりと吸うことができるのだから、悪いことでもない。いまはさすがに、九鬼の母子が住んでいたような屋敷は見あたらず、ふつうの住宅が建ち並んでいるが、それでもしっとりとした空気が漂っている気がするのは、かつて川が流れていた土地であるせいか、大正期から昭和二十年代まで花街もあったという歴史のせいか。

根岸のついでに、その近辺、二か所にあった同潤会アパートの場所にも足をのばしてみる。同潤会は、大正の大震災のあと急増する都市の中産階層むけに、鉄筋コンクリートによるモダンな集合住宅を、東京の各地に建てたことで知られている。そのうち「鶯谷（うぐいすだに）アパートメント」は根岸のすぐ近くにあったし、二十分ほど歩けば、唯一現存する「上野下アパートメント」の建物が、いまだ健在である（こののち二〇一三年に取り壊された）。

上野下アパートメントはその名のとおり上野の繁華街に近く、高架の高速道路もすぐそばを通っている。しかし大通りから路地を曲がり、アパートの正面に立つと、とたんにあたりが静かになる。訪れたのは平日の昼間であったが、がらんとした空き家の静けさではない。

入り口には入居者の表札がたくさん掲げられており、すでに竣工から八十年以上もたっているとはいえ、建物の補修もていねいになされていて、生活の気配を濃く帯びながらの静けさなのである。エアコンの室外機があまり目だたないのも、景観を保つための配慮だろうか。

これに対して、鶯谷アパートメントの方は、十年ほど前に取り壊されて跡形もない。建っているのは高層マンションに変わっており、敷地の面積は実感できるものの、かつてのようすは写真と引き比べながら想像するしかない。

しかしマンションの前で、建物を見あげるのをやめて、ふと足元を見ると「鶯橋（旧水鶏（くいな）橋）」という石碑が。ここもかつては川が流れていたのである。いまは車がゆきかう広い通りであるが、それを見たとたんに、静かに流れる水の音を耳にしているような気がした。

9　採掘場と庭園――東京都世田谷区多摩川周辺

一九九一（平成三）年に亡くなった評論家、山本七平が晩年に記した回想録『昭和東京ものがたり』（一九九〇年初刊。のち日経ビジネス人文庫、二〇一〇年）は、淡々とした語り口で戦前期の東京の空気を伝える名著である。参考文献としてふだん重宝しているのだが、そのなかに出てくる世田谷の多摩川べりに関する記述が、前から気になっていた。

おそらく一九二〇年代の後半、小学生だった山本七平は、休日に父親に連れられて電車に乗り、このあたりを訪れた。そのころは、大正の大震災からの復興事業と都市の拡大が続いており、多摩川はコンクリートを作るための砂利の採集場所だったのである。親子が乗った玉川電車も、砂利の運搬を大きな目的として開通したばかりであった。

中流階層の家庭に育った七平少年は、そこで砂利の採掘や運搬に従事する、貧しい人々の暮らしを目のあたりにする。当時、河原には朝鮮人が暮らす一種のスラムまであったのである。おそらく父親は、そうした世界があることを息子に教えようとしたのだろう。帰りは夕暮れの迫るなか、「砧(きぬた)の駅」へ向かおうとする親子の後ろ姿が浮かんでくるような挿話である。

「砧の駅」とは、一九六〇年代まで通っていた玉川電車の砧線の終点、のちの砧本村(ほんむら)駅のことだろうとあたりをつけて、その跡地へむかう。いまはバス停になっているが、広々とした空間があき、あたりには古びた店も点在して、いかにも終着駅付近の風情が残っている。かつての「玉電」を懐かしむ人が多いことを考えれば、それを示す説明板など、ここにあってもよさそうな気がするのだが。

そこから多摩川はすぐである。土手に登って眺めると、川べりにはラグビー場や公園が広がっていて、掘立小屋が並んでいた気配など、いまはもちろんない。しかし川の向こう側を眺めると、大きなセメント工場がいくつも並んでいることに気づく。あとで調べるとそのうちの一つは、業界最古参で最大手の会社が大正時代に始めた工場であった。砂利の採掘場だった歴史が、そんな形で続いている。

バス停と土手の間には、東京都水道局の砧下浄水所がある。それほど大きな浄水所ではないが、大正期・昭和初期に建てられた立派な洋風建築の姿を、入り口から見ることができる。やはり大正期に、人口が急に増えた渋谷周辺へ多摩川から水を運ぶために造られた施設である。同じ目的でできた建造物としては弦巻の駒沢給水塔がよく知られているが、この浄水所もなかなか美しい建物。

水道管はここから北東へ向かって伸び、国分寺崖線の高い崖に入りこむ。そのトンネルの上に広がっているのは、岡本静嘉堂緑地である。かつて、三菱財閥を率いた岩崎家の庭園だった場所であり、その旧蔵の古典籍と美術品を収める静嘉堂文庫の専門図書館・美術館が、現地で跡をとどめている。

ここは樹木が鬱蒼と繁り、東京二十三区内とは思えないほど自然に恵まれている。広い庭園のなかには、英国人の建築家、ジョサイア・コンドルの設計による、巨大な岩崎家廟（納骨堂）もある。廟は一九一〇年建立と記されているから、庭園が開かれたのもそのころだろう。こうした急な崖の上に庭をしつらえる趣向は、ほかの場所でも見かけるが、やはり財閥の創業家となると規模が違う。いまは樹木が伸びていて、廟のあたりから遠くを展望することはできない。だがこの高さからすれば、かつては崖下に田畑が広がるむこうに、多摩川の雄大な風景が見えたはずである。

まだ庭園だった時代、そこに立った人々は、どんな目で砂利の採掘場や、それを運ぶ船を眺めていたのだろうか。反対に、砂利を掘っている人々の目に高台の廟はどう映っていたのか。そんな思いにとらわれた。

10 古代遺跡と刑務所——東京都府中市・国分寺市

子供のころから、いっぺん府中刑務所に行ってみたいと思っていた。犯罪者に憧れていたわけではない。白バイに乗った警官を装った男が銀行の現金輸送車を奪い、積んであった現金をすべて盗み去った三億円強奪事件の現場が、この刑務所の塀の横だったからである。

事件のあった一九六八（昭和四十三）年十二月にはまだ小さかったから、同時代に報道に接したのではない。七年後に刑事事件としての時効を迎えたさい、盛んに出た関連記事や本を読んでいたのである。大胆な手口、多くの遺留品などが、小学生にも謎解きの意欲を強く誘うものだった。

府中という地名は、かつて古代の律令国家によって、武蔵国の国府が置かれていたことに由来する。そして隣は、やはり古代の巨大な官営寺院の跡地である国分寺。それだけ由緒の古い地域であるため、このあたりにはさまざまな時代のなごりが残っている。

まず国分寺駅から出発すると、駅の近くには国分寺崖線の崖地を利用した殿ケ谷戸庭園がある。大正期につくられた庭園であり、昭和初期には三菱財閥の岩崎彦弥太の別邸となった。湧き水が大きな池に流れ込むようにしつらえた、瀟洒な雰囲気のところである。モミジがたくさん植わっているので、秋に来たらもっと壮観だろう。

これを近代の跡とすれば、少し南に下ると、やはり国分寺崖線と湧水の流れに沿って続く「お鷹の道」がある。ここは徳川時代に尾張徳川家の御鷹場だった。古い農家の建物もあって、近代から近世の村の風景へ、時代をさかのぼったような気分。そしてさらに南には、まさしく古代を代表する国分寺の跡地がある。史跡として保存されているのだが、広い土地に木がまばらに植えてあるだけで、有名な場所のわりには地味な景観である。

実は三億円事件で、奪った現金輸送車を犯人が乗り捨てた現場も、この国分寺の跡地のなかにある。すぐ横に旧名主家のものらしい小さな墓地があるので、場所がわかる。事件当時はいまのように整備されておらず、笹やぶと栗林に囲まれていたという。

人目につかないという理由で選んだのだろうが、古代と近世が重なっている場所に、自動車がぽつんと乗り捨ててある構図が、そのまま歴史の変化を描きだしているかのようである。犯人は土地勘のある人間と想像されているが、歴史マニアでもあったかと不謹慎な冗談を思ってしまう。

犯行現場になった刑務所横の通りは、そこから歩いてすぐである。府中警察署発行の古い文献には「府中刑務所裏通り（通称学園通り）」とあるものの、いまでは通称の方が正式名称になっている。一九九〇年代から刑務所の建て替えが進み、塀も新しくなっているのだが、横の歩道は幅を広げ、自転車と歩行者の道を分ける大きな仕切りが設けられている。たぶん、車を横付けにして脱獄を助けるような犯罪を防ぐためなのだろう。三億円事件の記憶も、その警戒心を強めたかもしれない。

刑務所もある意味では近代の国家の象徴と言えるだろうが、もう一つ、国家の組織として存在感が大きいのは軍隊である。昭和の戦争期には刑務所の近くから線路が東にのび、陸軍燃料廠（しょう）につながっていた。戦後はその施設が米軍の府中基地となり、返還されたあと、現在は航空自衛隊の基地と都立府中の森公園とが、敷地を半分ずつ分けあっている。

基地と公園の境界をなしている通りの名前は「平和通り」。公園のなかは植栽や遊具が整っていて、のどかな空気がまさしく戦後の平和を謳歌している印象。この一帯を車やバイクで走り回った三億円事件犯人の足跡は、同時にさまざまな時代の地層を縫うように続いていたのであった。

11　追悼碑と記念碑――東京都江東区亀戸周辺

二〇一二（平成二十四）年の九月一日は、大正の大震災が起こってから八十九年となる日。ぞろ目の八十八と、切りのいい九十との地味な間合いではあるが、この震災で大きな被害を受けた亀戸近辺に行ってみようと思いついた。

それというのも、昭和の戦前から戦後にかけてジャーナリズムで活躍した社会学者、清水幾太郎の震災に関するいくつかの回想記を、前から興味ぶかく読んでいたからである。最近ちくま学芸文庫で刊行された『流言蜚語（りゅうげんひご）』（一九三七年初刊）にその一部が収められている。そのころ清水家が住んでいたのは柳島横川町。亀戸天神から横十間川をへだててすぐのあたりであった。

震災のとき、清水はまだ旧制の中学生である。その数年前に家業が傾き、日本橋区薬研堀（やげんぼり）町（現、東日本橋）から転居したのであった。商家が古くから並んでいた下町から「場末」への、都落ちのような気分だったという。柳島横川町は、明治時代以降、近辺に建ち並んだ工場を目あてにして、地方から流入した貧しい労働者が生活する場所であった。震災によって自宅が全壊したあと、清水一家は工場廃水のたまった泥沼を通り、天神橋を渡って川をこえ、亀戸の方へ避難している。

もしも橋が落ちていたら、大火にまきこまれて死んでいたと清水は述懐する。いまその近辺を歩いてみると、それほど車がたくさん通るわけでもないのに道幅がとても広い。大震災のあと、地区改正が徹底して行なわれた痕跡であろう。

また、どこでも道が上り坂になったあとで橋を渡り、川をこえると下り坂になる。もともと地面が低いので、橋は川面を跳びこえるような格好になるのである。大正の大震災のとき、大津波が来るというデマが流れたのも、現地に立ってみるとその不安を実感できる。

もう一つ、震災時にこの地域を襲ったデマは、朝鮮人や社会主義者が破壊活動を行なっているというものであった。そのせいで、この近辺でも多くのコリアンやチャイニーズが殺傷されているが、なかでも有名なのは、日本人の労働組合活動家十名が兵隊によって殺された亀戸事件である。付近にあった紡績工場は、大正時代にもりあがった労働運動の一大拠点でもあった。もちろん、パニック状態のなかでそうした人々を犠牲にしてしまう心理は、想像で追体験しようとも思わないのだが、当時の官憲や住民にとって、不穏な活動が渦まく新開地という印象があったことも、おそらく確かなのだろう。

亀戸事件の現場である亀戸警察署の跡地は、いまや古びた商店街であり、事件の跡を示す掲示などはない。代わりに近くの浄心寺の境内に「亀戸事件犠牲者之碑」がある。事件の追悼実行委員会が一九七〇（昭和四十五）年に建てたもので、いまでも毎年、追悼集会が開かれているそうであるが、その存在を示す説明板が外にないので、前もって知っていないとわからない。追悼碑それ自体はきれいに掃除され、ひっそりとたたずんでいる。

今回はさらにもう一つ、近代の石碑を訪ねてみた。藤の花で有名な亀戸天神の境内にある「中江兆民翁之碑」である。自由民権運動を担ったこの思想家の、おそらく七回忌を記念して、板垣退助や大隈重信らが建てた。大きな石碑で、みずからの葬儀も拒否する唯物論者だった兆民が見たら、苦笑するのではないか。

しかし当人は、自由と人権の普遍的な理念を日本に根づかせようと格闘し、差別された人々にも寄り添った人物である。その記念碑があるすぐそばで殺害事件が続発するとは、何ともいやな気分になる皮肉である。

兆民の碑は亀戸事件の追悼碑と同様に、現地に案内板があるわけでもなく、亀戸天神のウェブサイトにすら紹介されていない。しかし日本の近代の光と影をともに知るよすがとして、その存在がもっと知られていいと思う。

12　コリアンの歴史と教育塔——大阪市大阪城周辺

東京に生まれ育ったのでほとんど土地勘がないのだが、大阪の戦後史というと、真っ先に思い出すものがある。開高健の小説『日本三文オペラ』（一九五九年）に登場し、小松左京のＳＦ作品『日本アパッチ族』（六四年）のモデルにもなった、「アパッチ」と呼ばれた一群の人々である。

現在のＪＲ大阪城公園駅近くの一帯は、昭和の戦時期まで、巨大な軍需工場である大阪陸軍造兵廠（大阪砲兵工廠）があった。それが大空襲によって焼失し、跡地は占領軍に接収されたが、講和によって解除されたのちは、荒れ果てた広大な敷地から鉄屑や金銀を掘り出して儲けようとする人々が群がるようになった。それが「アパッチ」と名づけられたのである。

その集団はコリアンや沖縄出身者も多く含んでおり、彼らが出身地の言葉を符牒にして呼びあっていたので、それが西部劇映画に出てくるアメリカ先住民を思わせたのだともいう。一種の差別表現ではあるが、夜中に川や鉄道線路をこえて廃墟に忍びこみ、重い金属を抱えて逃げ去る活動力に対する畏怖の念も感じられるようである。

開高健の小説では、造兵廠跡地の近くには「ほぼ一〇〇軒、人数にして八〇〇人前後の人間が鶏小屋のような土の腫物のなかに住んでいる」といった、「アパッチ」の集落があったという。いまそのあたりは再開発が進み、マンションなどが建ち並んでいるが、一角だけそのなごりを残す住宅密集地がある。コリアン・マイノリティ研究を進めている藤井幸之助さん（猪飼野セッパラム文庫主宰）に案内していただいた。

行ってみると、川岸にへばりつくように小さな住宅が建ち並ぶ一角がある。遠くから見ただけではわからないのだが、そのなかには細い路地が入りくんで、玄関先にお婆さんがのんびりと座っていたりする。たしかに、アジアの異国を思わせるような空気がその一帯に漂っているのである。中心部に一軒、きれいな豪邸があるのは、何かの商売で成功した一家だろうか。

大阪に根づいている文化の多様性を、さらに濃厚に教えてくれる場所にも足を延ばすことができた。JR桜ノ宮駅のそば、大川（旧淀川）の岸辺にあった「龍王宮（きゅう）」の跡地である。二〇一〇（平成二十二）年に撤去されてしまったのだが、かつてはここにプレハブ建築の小屋が並び、済州島（チェジュド）出身者を中心とするコリアンの女性たちにより、神を祀る儀式が行なわれていた。儀式はシャーマンの女性を呼んで、読経や舞踊、占いなどを一日中続けるものであったという。

杓子定規に言えば不法占拠、違法建築であっただろうから、なくなってしまったのもやむをえないとは言える。しかし残った写真を見ると、豪華な祭壇が設けられ、一種の異世界のようである。仮に韓国在住のコリアンの人が見ても、独特のものに感じられるのではないだろうか。そのまま維持するのはむずかしかったにせよ、その跡をしのぶ手がかりが現地にあってもいい。

よくグローバル化とか多文化の共生とかいったかけ声を耳にするが、すでに大正期以降の日本社会は、コリアンなどマイノリティの文化を内に混在させていたのである。こうした場所に来ると、そのことが痛感される。

大阪城の近くでは、もう一つ興味深い歴史遺跡を見ることができた。一九三六（昭和十一）年に建立された「教育塔」。手元にあるガイドブックには載っていないが、実に巨大な建造物である。これは第一次室戸台風（三四年）での被害をきっかけに建てられ、それ以後、教育活動の関連で亡くなった教師を毎年合祀（「合葬」）している。日教組が維持と管理にあたり、十月に「教育祭」がしめやかに執り行なわれるという。巨大なモニュメントとして遺される記憶と、川辺の草むらに消えていった記憶。その二つがくっきりと岐れている。

13　大名屋敷と射撃場——東京都新宿区戸山公園周辺

江戸川乱歩が少年むけに書いた探偵小説、「少年探偵団シリーズ」を子供のころに愛読した人は多いだろう。いまでも現役で刊行されている定番の読み物である。その第一作『怪人二十面相』（一九三六年）のなかで、探偵明智小五郎の助手を務める小林少年が、盗賊の「二十面相」の隠れ家に閉じこめられる場面が、昔から妙に記憶に残っていた。

小林少年は、夜に経路が見えない状態で古い西洋館に連れこまれ、地下室に幽閉されるのだが、やがて夜が明けると、壁の上の方に明かり取りの小さな窓があいているのに気づく。探偵の常用道具である縄梯子を使って壁をよじのぼり、その窓から外を眺めた瞬間に、少年は幸運にも自分のいる場所を確認できたのである。「窓の外、広つぱの遙か向かふに、東京にたつた一箇所しかない、際立つて特徴のある建物が見えたのです。東京の読者諸君は、戸山ケ原にある、陸軍の射撃場を御存知でせう。あの大人国(だいじんこく)の蒲鉾を並べたやうな、コンクリートの大射撃場です」(引用は初刊本による)。

「蒲鉾を並べたやうな」姿の射撃場の建物が「戸山ケ原」につくられたのは一九二八(昭和三)年というから、小説が書かれた当時はまだ印象が新しかったことだろう。射撃場はいまの新宿区の早稲田大学理工学部キャンパスの一帯にあった。その周囲に広がっていた原っぱが「戸山ケ原」である。演習のない日は、一般の人々が散策しながら武蔵野の風景を楽しみ、子供が遊ぶ場所だったという。

現在は「戸山ケ原」の一部が戸山公園の大久保地区となっており、南の端に土手のように盛り上げられた、流れ弾を防ぐための築山が、かろうじて射撃場の記憶をとどめている。そこは子供の遊び場になっているが、かつて軍用施設だったことを、どれくらいの人が意識しているだろうか。『怪人二十面相』の本文も、戦後の改訂版では「陸軍の射撃場」という言葉を削っているため、子供時代に読んだとき、とても不思議な建築のように感じたことを憶えている。旧「戸山ケ原」から明治通りをはさんで東側には、戸山公園の箱根山地区がある。こちらの周辺一帯もやはりかつては軍用地で、陸軍病院、近衛騎兵連隊、陸軍戸山学校などがあった。

もともと徳川時代にはこの東西の地域が一体となって、尾張徳川家の下屋敷と庭園が広がっていた。全体としては新宿御苑よりも広い面積を占めていたことになる。いまでも東側にある、標高約四十メートルの「箱根山」の上から周囲を眺めると、公園の鬱蒼とした森が眼下に広がって、東京の真ん中とはとても思えない風景である。

この山のふもとには小さなキリスト教の教会があるが、その地下と土台は、実は陸軍戸山学校の将校集会所の石造りの建築をそのまま利用して建っている。この周辺では唯一残っている軍事建築であろう。訪れたときには教会の幼稚園の降園時間で、おおぜいの園児と母親の姿を目にして、意外な印象を受けたが、あとで調べると戸山学校は軍楽隊の養成所としても有名だったから、音楽を通じて教会・幼稚園とつながっていると言えるかもしれない。

その近くには、明らかに大名庭園のころからあったと思われる、古い大木が健在である。そこにラジオ体操の集合時間の掲示が。横に大きな団地も築かれているので、高齢者の住人が体操サークルを営んでいるのである。標語は「自分の健康は自分で守る」。

しかし、住民の多くが高齢化した団地によく見られる、荒廃した空気はそれほど感じられない。豊かな森に囲まれた環境が、雰囲気をおそらくやわらげているのだろう。軍事施設だった時代をこえ、大名庭園のころの風雅な趣向が空間のあちこちからにじみ出ている。

14　旧宮邸とソニー——東京都高輪・北品川周辺

品川駅（東京都港区）の西口（高輪口）を出たところに、小さな石碑が建っているのは、この駅をふだん使っている人もあまり気づかないのではないだろうか。駐車場と車道の間の細い歩道にあるので、わざわざ近づかないと文字を読めない。一九五三（昭和二十八）年に建てられた「品川駅創業記念碑」。

この駅が開業して八十年を迎えたことを記す記念碑で、裏面にその一八七二（明治五）年当時の時刻表と運賃表が彫ってあるのもおもしろいが、表面には「伴睦書」とある。自由党・自民党の党人政治家だった大野伴睦による書き文字なのである。大野がこのすぐ近く、高輪に住んでいた縁によるものであった。

大野邸は、徳川末期に英国公使館として使われたことで有名な東禅寺の前にあったという。そこに行ってみると、あたりはマンションの建設工事現場になっていて跡形もない。事情はいろいろあるのだろうが、政治家は財産を使いはたして没後には井戸と塀しか残らないと、昔は言われていたことを思う。代議士の激しい栄枯盛衰ぶりである。

しかし、空襲も地区改正も免れて残っている古い建物も、近辺にはいくつかある。もっとも有名なのは、明治の後半に創立された宮家、竹田宮の邸宅である。終戦直後の改革によって皇族から離脱したために売却され、いまはグランドプリンスホテル高輪の宴会場として使われている。明治時代の末に建てられた石造二階建て、ルネサンス様式の洋館。プリンスホテルの創業者、堤康次郎が旧皇族の邸宅地を好んで買収したことはよく知られているが、これもその一つである。

ホテルとして使われ、内部も簡単に見られるようになっているのは、幸運と呼ぶべきなのだろう。巨大なホテルの建物に比べると、どうしても外観は地味な印象になってしまうが、内部の装飾は階段の手すりに施された彫刻や、ステンドグラスなど、なかなか豪華である。壁のところどころには、宮家のものらしき菊の紋章が。

戦前の皇族の生活は、文字による回想録などから想像するしかないのだが、もっと身近な記憶を呼びおこす場所を、やはり品川一帯に見つけた。駅の南側、ソニー本社の関連施設がいくつも建ち並ぶ一角にある、ソニー歴史資料館である。かつて本社のあったあたりは高輪の高台とは異なって水はけの悪そうな窪地。終戦直後に創業し、ここにあった粗末な木造の倉庫を借りて本格的に事業を始めたのだという。その後の発展は周知のとおりである。

同資料館には、ソニーが生み出してきた代表的な製品が時代順に並んでいる。テープレコーダー、ラジカセ、ＣＤプレーヤー、ウォークマン……姿をすっかり忘れていたのに、現物を見ると、ああこんなものがうちにもあったと思い出せるから不思議である。戦後の生活史は、電気製品の移り変わりと密にからみあっているのであった。同じ時間に来ていた見学者は、平日のせいもあってか高齢の人が多い。やはり製品の歴史に重ねながら、人生の記憶をたどっているのだろう（のち二〇一八年末に閉館）。

もう一つ、旧宮邸とは対照的ながら、やはり自分とは縁遠い記憶の場所へ。京浜急行の北品川駅の周辺にある、旧東海道の商店街に足を運ぶ。

かつて徳川時代には宿場町として栄え、商店や遊郭など千六百軒が建ち並んでいたという。いまは都内の多くの商店街と同じく、新しいマンションなどに変わっていて、古い店は少ない。しかし、地元のまちづくり協議会の努力で街路が整備され、新しい飲食店も開業している。古い時代の記憶があるいは残り、あるいは姿を変え、あるいは消えている。

15　武蔵野とワシントンハイツ——東京都渋谷・代々木周辺

正月といえば初詣である。平山昇『鉄道が変えた社寺参詣』（交通新聞社新書、二〇一二年）によれば、初詣という習慣じたい、鉄道が発達して都市から郊外の大寺社に気軽に行けるようになった、明治二十年代から始まったのだという。たしかに考えてみれば、前近代の文献では見たことがないような気がする。

そこで今回は、東京都内における最大の初詣スポット、明治神宮へとむかうことにした。この大神社じたい、大正期に設立された経緯や昭和の空襲に見舞われたことなどがあり、現代史の現場と言えるのだが、その境内や、絵画館と神宮球場で知られる外苑を訪れるのでは藝がない。その西側をぐるりと回る、小田急線の参宮橋駅から代々木公園をへて渋谷に至る順路をたどることにした。

このあたりは、国木田独歩がかつて短篇小説『武蔵野』（一八九八年）の舞台に選んだところである。雑木林や畑だった場所に、しだいに人家ができ、独歩のような作家や詩人、画家たちも住むようになった。風景がそのように変わってゆく途中の姿を描いた絵として、岸田劉生の「切通之写生（道路と土手と塀）」は有名であるが、実はそのモデルになった坂が参宮橋駅のそばにある。

その場所に行ってみると、描かれた姿よりも坂の勾配がかなりゆるい。おそらく劉生が描いたあとに地面を削ったのだろう。現在、坂の両側はマンションばかりが目立ち、風景は一変している。だが坂道を下りきると、もう一度上り坂になる。谷底のような地点に画家が立って、風景を写生したのだと気づいた。モデルに選んだのは、この不思議な地形に惹かれたせいもあったのかもしれない。

そこから南下し、記念祭の寄附金一覧に近隣住人の安倍晋三首相の名前も見える、代々木八幡神社を訪れたあと、代々木公園へ。隣接する国立代々木競技場やＮＨＫ放送センターも含めて、かつては陸軍の広大な練兵場、戦後しばらくは米軍の家族宿舎、ワシントンハイツだったところである。練兵場の時代には土がむきだしで、強い風が吹くと土ぼこりがすさまじかったらしいのだが、いまは公園として芝が植えられているから、その面影はまったくない。しかし、旧軍時代の記憶をとどめる構築物がいくつかある。圧巻なのは、公園の隅、人がほとんど行かないような場所にある、巨大な「日本航空発始之地」の碑であろう。一九一〇（明治四十三）年に陸軍の二人の大尉が、ここで初めて飛行機を飛ばしたのであった。

碑はいかにも重厚なデザインの軍事モニュメントである。裏に回って設立の経緯を確かめると、「紀元二千六百年を記念して」一九四〇（昭和十五）年に建立されたとある。社会全体の軍事化が急速に進んでいた世相を、まさしく反映しているのであった。

広い意味での軍事関係の歴史を残すものとしては、ほかにも公園内には、大東亜戦争の終戦とともに自決した大東塾の塾生たちを弔う「十四烈士自刃之処」の石碑があり、またNHK放送センターの横に「二・二六事件慰霊像」がある。陸軍刑務所もここにあって、反乱将校が処刑された場所なのだった。どちらも重い空気が周辺に漂っているような風情である。

しかしそれに比べて、米軍のワシントンハイツだったことの面影がまったく消えているのが印象ぶかい。住宅を東京オリンピックでの選手宿舎に転用した建物が一つ、オリンピック記念宿舎として残っているのが唯一だろうか。

軍と昭和の戦争に関わる記憶は保存され、ときに回顧されるのに対して、占領された思い出は消えてゆくままにされる。もちろん、誰かが意図してそうなったわけでもないのだろうが、そんな心理が風景に刻まれているようであった。

16 監獄と住宅地——東京都中野周辺

近代史の研究をしていれば何度も名前に接しているのに、改めて考えると場所を知らない施設がいくつかある。豊多摩(とよたま)監獄（のち刑務所）もその一つである。戦後には中野刑務所と呼ばれているから、JR中野駅（東京都中野区）のそばだろうというくらいにしか思っていなかった。

大杉栄、河上肇、小林多喜二といった思想犯が多く囚われていた場所としても有名である。終戦直後に三木清が悲惨な獄死をとげたのもここであった。中野という名前に中途半端になじみがあったために、改めて所在地をたしかめようともしなかったのである。

刑務所それ自体は府中刑務所に引き継がれたため、いまはない。広大な敷地も平和の森公園・中野水再生センター・法務省矯正研修所に変わっているが、矯正研修所の北端に、刑務所のかつての門が保存されていて、外からその姿を見ることができる。

一九一五（大正四）年に建てられた豊多摩監獄の最初の建物は、監獄らしからぬ優美なデザインで注目を集めた作品であった。この門も、説明されなければ教会堂の一部かとも思ってしまうような、赤煉瓦のしゃれた造りである。見えるのは門の裏側なので、ちょうど収容者たちと同じ角度からこれを眺めていることになる。

刑務所といえば次は軍隊、と連想が働いてしまうのも不思議ではあるのだが、中野の名を冠した有名な施設としてはもう一つ、陸軍中野学校がある。後方勤務要員つまりはスパイの養成所として一九三八（昭和十三）年に設立されている。これも場所をよく知らなかったのだが、中野駅のすぐ北にある中野区役所の西に広がる一帯がその跡地であった。

ここはつい最近、大規模な再開発が行なわれている地帯であり、三つの大学が新たなキャンパスを開設準備中。とても軍関係の施設があった空間には見えないのだが、やはり新築された東京警察病院の敷地の隅に、「陸軍中野学校址（あと）」と刻まれた小さな石碑がある。よく整備された植え込みのなかに建っているので、かえって見落としてしまいそうであった。

このように刑務所や軍関係の施設は、建物がほかの用途に転用されないかぎり壊されて、それに伴いあたりの風景も一変してしまう。駅から刑務所へ向かう道ぞいも、かつてはにぎやかな商店街だった気配を感じさせるのだが、いまや店はまばら。刑務所跡が「平和の森公園」となり、中野学校跡に設けられた新しい公園も「中野四季の森公園」と、過去の記憶を努めて消そうとするかのような命名である。

これに対して駅の南側、中野三丁目のあたりには、かえって古い歴史を感じさせるたたずまいが残っている。かつては桃園町と呼ばれた一帯で、高台の高級住宅地として戦前に開発・分譲された地域であった。いまでも当時の区画をそのまま残しているような大邸宅や、古い屋敷がそこかしこに並んでいる。現在は社宅になっているが、二・二六事件に連座して処刑された北一輝が最後の半年間住んでいたのも、この地域の南端であった。

旧桃園町の高台から南へと下り、古い地名を残す桃園川緑道へ。すでに川それ自体は暗渠と化しているが、道路と交差する地点には古い橋の石造りの欄干が残っていて、橋の名前も刻まれている。その一つ、宮園橋は一九三二(昭和七)年に造られた古いもので、橋のアーチを模した欄干の形がかわいらしい。

小さな構造物であるし、再開発のしようもない、すきまのような空間だから、かえって古いものが残ったのだろう。こういう細部にだけ、かつての優雅な地名が残っているのは皮肉とも思えるのだが、変化の激しい東京では、むしろ保存されているのを多とすべきなのかもしれない。

17　吉田茂と新聞人――東京都千代田区皇居周辺

ついに最終回である。そこで原点に立ち戻って新たな出発への決意を……といった前向きな意図が特にあるわけではなく、ただ以前から興味があった、毎日新聞の東京本社が入っているビルを、まず訪れてみた。

皇居の濠にかけられた竹橋（たけばし）に臨むパレスサイドビル。戦後日本のモダニズム建築の代表例として、アントニン・レーモンドの設計によるリーダーズ・ダイジェスト東京支社の建物がよく挙げられるが、その跡地に建てられたもの。一九六六（昭和四十一）年に開館し、その後二十年間は日本リーダーズ・ダイジェスト社と毎日新聞社が同居していた。

そのせいで、写真で見たレーモンドの作品とこのパレスサイドビルとが、記憶のなかで混ざってしまうのだが、聞いてみると、やはり前のビルを意識しながら設計されたのだという。いまの建物も傑作と評価されているから、混同する理由もあったのである。

屋上にあがって眺めると、あたりまえだが皇居の森が手にとれるかのように近い。しかしその緑のまわりには、高層ビルがびっしりと建ち並んで、まるで皇居をとりかこむ防壁のようである。かつて一九七〇年代くらいまでは、あるいはバブルの時代でも、この屋上から見える景色には、もっと開けた空間が広がっていたことだろう。それだけ東京の風景は、ここ三十年ほどでも急速に変わった。

竹橋を渡り、北の丸公園へ。この一帯は昭和の戦中期までは近衛師団司令部があったところであり、その庁舎が東京国立近代美術館工芸館になって、いまも残っている。美しい煉瓦造りの建物であるが、正面玄関の上の壁面には、コンクリートで固めた円盤が。かつては皇室の紋章である菊花紋が飾られていたのが、終戦直後、占領軍による破壊を恐れて撤去され、そのまま行方知れずになったのだという。ミステリー小説の題材にもできそうな話である。

実は近衛師団司令部に比べるとあまり知られていないのだが、北の丸公園には吉田茂の銅像が建っている。生誕百年の記念事業の一つとして造られたもので、彫刻家、舟越保武による赤銅色の像。コートを着て、ステッキを手にした姿はおなじみのものであるが、映像で見る本人の姿に比べて、顔がどうも柔和な感じがする。あるいは親しい人にむけた表情を再現したのだろうか。

銅像の場所としてここが選ばれたのは、やはり「臣茂（しん）」と自称したほどに皇室への忠誠心が篤かった政治家だから、皇居の外苑に建てようという意図によるのだろう。だが、銅像が顔をむけているのは、たしかに皇居方面ではあるが、宮殿のあるあたりにはむかわず、視線を地図でたどると東御苑を通りぬけて東京駅に至っている。この、皇室に対して本当に敬意を表明しているのかどうかわからない曖昧さが、いかにも戦後という時代らしいと言ってしまうと、強引になるだろうか。

この近くにはもう一つ、視線のむきかたのおもしろい像がある。皇居の濠にそって西側に抜けた側、千鳥ケ淵公園にある「自由の群像」。新聞事業の功労者を顕彰するために、一九五五（昭和三十）年に建てられたという。三人の男性のブロンズ像で、それぞれが自由・自尊・進取を表わしているとされる。これは西から皇居を望む位置ということになるだろう。

ところがこの群像は、三人がおたがいに背をむけ、別の方角をむいているのである。さまざまな方面からの声に耳を傾ける新聞人という着想なのかもしれないが、全員がうつむいている姿勢からすると、どの方向に行ったらいいのかわからず迷っているようにも見える。これもまた、社会の行き先をはっきりと示せなくなった戦後という時代、そして現在のありさまを写しているかのように思えるのであった。

第6章 福澤諭吉における「公徳」――『文明論之概略』第六章をめぐって

1 〝非道徳家〟としての福澤諭吉像

明治天皇に侍講・侍補として仕え、儒学（朱子学）の立場からその教育にあたり、深い信頼を得ていた元田永孚（号は東野）。教育勅語の起草者としても知られるこの儒学者が、一八八一（明治十四）年十二月から五年間にわたって、『論語』の講義を行なった記録が、稿本として残っている。印刷局の職員など少数の官僚を相手に語ったものであり、西洋の制度・技術ばかりを偏重する文明開化の風潮に抗して、儒学の教育を通じて天皇と官僚、そして国民一般の心にしっかりした徳を養おうとする、その姿勢をよく示している。

この講義のなかで、「徳」をかえりみず、「知識文藝」――この場合の「文藝」は書物による学問という意味である——ばかりを偏重する「西洋学」者として名指しされているのは、福澤諭吉にほかならない。一八八二（明治十五）年五月二十二日、『論語』学而篇における孔子の言葉「行（おこな）うて余力あれば則ち以て文を学ぶ」をめぐる講釈にそれが見える。若者は、父母への孝、目上の人に対する弟（てい）（従順さ）をはじめとする徳を、他人と関わるなかでまずしっかりと身につけることが大事であり、その上で余暇ができたなら、経書の勉強をせよと説いた言葉である。

元田はこれを解釈して、「徳行」と「文藝」とをバランスよく身につけることを提唱する。徳の実践を書物による知識の習得よりも優先するというのでなく、両者が必要だという含意を『論語』の本文から読みとるところは、学問を通じてさまざまな「理」を知る手順を強調する、朱子学の傾向に忠実な解釈と言えるだろう。

だが元田によれば、「西洋学」者の議論は、さらに「知識」ばかりを重視する方向に偏っており、バランスを大きく崩すものであった。そうした議論が一世を風靡している現状を元田は批判し、その代表として福澤の議論をとりあげるのである。原文に句読点を補って、その箇所を引いてみよう。

文明論ノ中ニハ、智ト徳トヲ分チテ徳ノ区域ハ狭ク智ノ区域ハ広大ナルモノト迄説キ立テ、人ニ智識ヲ勧メタルナリ。元来智ハ徳ノ一部分ニテ、徳ハ仁義礼智ノ四ツヲ兼ネ備ヘ、又智仁勇ノ三ツヲ総ヘタル者ナルヲ、徳ヲ離レテ智ヲ説クハ誠ニ徳ノ理ヲ知ラサルノミナラス、智ノ理モ亦弁ヘサル説ニテ、徳ヲ離レテ智ヲ説ク故ニ、其害天下ニ及ヒシナリ。若シ徳ヲ離レテ智ノ区域ヲ大ニスルト云ヘハ、博突ノ上手モ智ノ働キナリ。盗賊ノ手段モ智ノ妙ナルナリ。狡黠ニテ人ヲ欺クモ智ノ業（ワザ）ナリ。道理ヲ拵ヘテ人ノ国ヲ奪ヒトルモ智ノ手際ナリ。是現今世界智ヲ尚フノ大弊害ニテ実ニ恐ルヘキノ甚シキナリ。[1]

元来、儒学の立場によれば、「仁義礼智」が人の心に内在している（『孟子』告子上篇）とか、「知仁勇」は天下のいずれの場所でも実践すべき徳である（『中庸』第二十章）と説かれるように、誰もが心のなかに本来備えている徳の、その一部分として「知」「智」（賢さ）があるにすぎない。しかし、「西洋学」における「文明論」は、「徳」と「智」を分離し、ひたすら「智」の働きばかりを伸長させようと努めるのである。この元田の議論が、最後には「現今世界」の国家の間に見られる戦争や植民地支配についてもふれ、一種の西洋文明批判にまで説き及ぶところも興味ぶかい。

ここで元田が「智ト徳トヲ分チテ徳ノ区域ハ狭ク智ノ区域ハ広大ナルモノト」説く「文明論」として念頭に置いているのは、明らかに福澤諭吉による『文明論之概略』（全六巻、一八七五年八月発売）の第六章「智徳の弁」である。同書の第三章「文明の本旨を論ず」に見える議論によれば、どこの国でも人類が目ざすべき「文明」とは、「人の智徳の進歩」を意味する。「智恵」と「徳」、その両者がともに洗練され、生活が「安楽」であるとともに「高尚」になってゆくのが、「文明」の進歩の内容なのである[2]。したがって福澤の言う「文明」の進歩とは、生活が外面上豊かで便利になるということだけを意味するのではない。それとともに、人間の精神が「智恵」と「徳」の両面にわたって向上してゆくことが「文明」の理想であり、その基準から見れば、現在の「文明」の先進国である西洋諸国も国家間の争闘という野蛮さを残しており、いまだ進歩の頂点にゆきついてはいない。

では、「智」「徳」は、それぞれどういう性質をもったものなのか。第六章は、いわば「文明」の本質を具体的に述べた章であり、『文明論之概略』全十章のうちでもっとも長い。この本の全体のなかで、福澤にとっての「文明」の内容を正面から述べた、要となる章と言ってよいだろう。

しかし元田が不満を覚えたように、この第六章には「私徳の功能は狭く智恵の働は広し」[四-91]という文言が見える。個人がいくら「徳行」を積んでいても、「智恵」によってその実践を広める工夫がなければ、社会の「悪風俗」を是正してゆくことができない。十八世紀の英国で監獄改良の主張を著書によって普及させた、ジョン・ハワードを例にあげてそう指摘した箇所である。

これは、福澤が『文明論之概略』執筆にあたって参考にした、ヘンリー・トマス・バックルの『イングランド文明史』（一八五七～六一年）が、道徳による善行は広い範囲に伝わりにくく、蓄積もなされないのだから、知性（intellect）の進歩の方が、道徳（moral）の進歩よりも永続的な効果をもつと述べた議論を下敷きにしている[3]。バックルはこのなかで、どんなに熱心な慈善家による活動も、知性の働きを通じてそれが広く伝達されることがなければ効果は短命にとどまると説き、たとえば宗教弾圧の例に見られるように、道徳上の意図が善良でも、無知によって害悪が引き起こされることもあると述べる。ヴィクトリア朝時代の英国社会における、キリスト教道徳による束縛の強さを批判した言葉でもあるだろう。

あとで述べるように、福澤がバックルの主張を援用した背景には、同時代の日本における「徳教」をめぐる議論に関する、強い警戒心があった。また、ここで福澤が言っているのは徳のなかでも「私徳」については、その及ぶ範囲が狭いということであり、本質論として道徳の価値を智恵よりも軽んじたわけではない。しかしこの第六章のとりわけ前半では、「私徳」について、大昔から現在に至るまで進歩していないとか、「以心伝心」に頼るばかりで他人に教えるのがむずかしいといった記述が続いている。

道徳の意義に対する、一見したところの福澤の冷淡さは、元田のような年長の儒学者だけでなく、福澤よりも若い世代の論者たちにとっても、そののち不満の種であり続けた。たとえば晩年の福澤による監修のもとで、慶應義塾の門下生たちが発表した「修身要領」(一九〇〇年二月)について、幸徳秋水が『萬朝報(よろずちょうほう)』の論説「修身要領を読む」(同年三月)できびしい批判を加えている。秋水によれば福澤の説く「独立自尊」は、「個人の社会に対する公道公徳」を欠き、「利己主義」に陥りやすい生き方にほかならない[4]。

明治天皇の側近であった元田と、のちに大逆事件で処刑される社会主義者であった秋水とは、政治上の立場がまったく対極にある。それだけ、〃非道徳家〃としての福澤の像を、同時代の論者が広く共有していたのである。『文明論之概略』第六章は、そうした福澤批判のいわば発火点をなす著作であった。

2 「公徳」とは何か

福澤が「徳」に対して冷淡だと見られてしまうのは、『文明論之概略』第六章の議論のすすめ方に由来するところも大きいだろう。そこでは、「智」と「徳」のそれぞれについて、「公」なるものと「私」なるものとに分類し、私徳・公徳・私智・公智の四つの違いを、まず提示している。

徳とは徳義と云ふことにて、西洋の語にて「モラル」と云ふ。「モラル」とは心の行儀と云ふことなり。一人の心の中に慊(こゝろよ)くして屋漏に愧(はぢ)ざるものなり。智とは智恵と云ふことにて、西洋の語にて「インテレクト」と云ふ。事物を考へ事物を解し事物を合点する働(はたらき)なり。又此徳義にも智恵にも各二様の別ありて、第一貞実、潔白、謙遜、律儀等の如き一心の内に属するものを私徳と

> 云ひ、第二廉恥、公平、正中、勇強等の如き外物に接して人間の交際上に見はるゝ所の働を公徳と名く。又第三に物の理を究めて之に応ずるの働を私智と名け、第四に人事の軽重大小を分別し軽小を後にして重大を先にし其時節と場所とを察するの働を公智と云ふ。故に私智或は之を工夫の小智と云ふも可なり。公智或は之を聡明の大智と云ふも可なり。〔四－83〕

このうち、「私智」と「公智」の区別の方は、どちらかと言えば理解しやすい。「私智」が個人の「工夫の小智」にすぎない、視野の狭い精神活動であるのに対し、「公智」は「事物の利害得失を察する」〔四－84〕ために重要な働きである。物事の「軽重大小」を判断し、「時節と場所」を吟味して、その実行の可否や、実現するための手段を考える能力。それは、福澤がこの『文明論之概略』の第一章で示した、「議論の本位を定る」という、この書物を書くにあたっての問題関心の提示のしかたと重なってくる。

第一章での福澤の議論によれば、「多く古今の論説を聞き、博く世界の事情を知り」、過去から未来にわたる長い歴史の流れのなかで、物事の「軽重是非」を考え、その結果として判明した「本位」に基づいて、「事物の利害得失」を判断すべきなのである〔四－15～16〕。日本の国民が進んで「文明」に向かうべきだという、この本全体の主張もまた、この思考方法を通じて導き出されている〔5〕。

この「公智」によって「私徳」は「公徳」に変わり、「私智」も社会と歴史を見わたす成熟した判断へと発展すると、第六章では説く［四－83～84］。福澤は「公智」を、この四者のなかでもっとも重要なものと位置づける。それは智・徳の両者を支配するのだから、「之を大徳と云ふも可なり」［四－85］と見なし、「聡明叡智の働」と呼びかえているが、「聡明叡智」とは、儒学においては道を体現した完全人間である聖人の資質を言い表わす言葉にほかならない。

しかし智恵の場合とは異なって、「私徳」と「公徳」との違いは、いささかわかりにくい。まず「私徳」については、先の引用に見える「一心の内に属する」という言い回し、さらに、「物に対して受身の姿と為り」「唯私心を放解する」「堪忍卑屈の旨を勧る」［四－85］、あるいは「五官肉体の情欲を去る」［四－100］といった表現から、人がみずからの内面で、感情や欲望の過剰な動きを抑え、適度な状態に保つ「働」のことと理解できる。「貞実、潔白、謙遜、律儀」や「温良恭謙譲」［四－85］を、「私徳」の具体例として挙げているのは、そうした内面の規律という側面に注目してのことであろう。

そして第六章の議論によれば、「私徳」は純粋な形では当人のみに関わる心の工夫である以上、それだけでは家庭生活や友人との交際すらままならない。

支那日本にて風俗正しき家の婦人に、温良恭謙の徳を備へて、言忠信、行篤敬、よく家事を理するの才ある者は珍らしからずと雖ども、此婦人を世間の公務に用ゆ可らざるは何ぞや。人間(じんかん)の事務を処するには私徳のみを以て足らざるの証なり。〔四－87〕

ここに見える福澤の言葉を分析すれば、「温良恭謙」「言忠信、行篤敬」という「私徳」に、「家事を理するの才」を加えることによって、女性は一家の関係を支えることができる。一家の運営に関わる判断能力として「公智」が働くからこそ、個人の「私徳」は一家の「人間の交際」を保つ「公徳」へと発展してゆく。ここでの「私」と「公」の区別は、より狭い領域へ集中する状態を「私」、より広い領域へ広がる状態を「公」と形容しているのだと考えられるだろう。したがって、個人から始まって、もっとも身近な「人間の交際」である家族の外には、さらに広い「世間の公務」が存在するのであり、そこでは家族におけるものとは異なった「公智」「公徳」の形が要求されることになる〔6〕。

つまり福澤が「公徳」と言うときに念頭にあるのは、人が自分一人の内面を統御するだけにはとどまらず、外の世界にある物や他人との関係のなかで、一定の秩序を保とうとする「働」ということになるだろう。この「公徳」という漢字熟語は、現在では日本でも中国でも「公徳心」などと普通に用いられているが、おそらく福澤自身による造語である。諸橋轍次(もろはしてつじ)『大漢和辞典』や、羅竹風主編『漢語大詞典』といった辞書には、前近代の漢籍の用例がない。小学館『日本国語大辞典』

（ウェブ版、二〇一九年十二月現在）は、『晋書』巻九十四「索襲伝」の用例を挙げるが、原文の該当箇所は北京・中華書局の校訂本（一九七四年）でも、徳川時代の和刻本でも、「公徳」でなく「碩徳」になっている。幸徳秋水は福澤における「公徳」の欠如を批判したが、その言葉自体が、もともとは『文明論之概略』によって広まったものかもしれない。

伝統的な儒学（朱子学）の考えに基づけば、天地の全体に広がり、それ自体が最上に「公」的なものと言える「理」が人の心に内在したものが、人間本性という意味での「性」であり、その具体的な細目が仁・義・礼・智・信、また知・仁・勇といった「徳」である。したがって徳について公・私を分けることは本来ありえない。

これに対して、あえて徳に公・私の区別をもちこむことに福澤のねらいがあった。文明化が進み、社会生活が多様で広い範囲にわたるようになった十九世紀において、儒学や仏教、そしてキリスト教に代表される伝統的な「徳」の教えは、「私徳」にばかり集中して「智恵」の意義をなおざりにした結果、「私徳」が「公徳」へと発展し、広く人間社会を支えるものとなる道を閉ざしてしまう。福澤による「徳」の二分法は、そうした批判意識に支えられていた[7]。

しかし福澤の議論において「貞実」が「私徳」で「廉恥」が「公徳」とされているように、具体的な徳目として挙げようとすると、「公徳」もまた従来の「徳教」で用いられてきた諸概念に頼らざるをえず、両者の区別は曖昧になってしまう。福澤は第六章で「私徳」を「徳義」と仮に呼びかえて、同時代の日本でこの「私徳」ばかりを重視するキリスト教・神道・儒教・仏教それぞれの「徳教」推進論への批判に議論を転じている。「公徳」の具体像については、第六章ではそうした「私徳」の対極にあるものとして暗示するのみにとどめたのである。

だが、第六章に始まる『文明論之概略』の後半は、その全体が「公徳」をめぐる議論であったと見ることもできるだろう。続く第七章「智徳の行はる可き時代と場所とを論ず」では、「文明」の進歩によって智・徳が成長し、「私徳」が「公徳」へ変わる過程が進んだ結果として、やがては全人類が調和する「太平の極度」に至るという展望が語られる〔四－123〜124〕。第八章「西洋文明の由来」と第九章「日本文明の由来」とは、西洋の「自由独立の気風」と、日本における「権力の偏重」の傾向とを比較して、両者の「人間交際(じんかん)」のあり方の違い、つまりは「公徳」の現状における差異を論じたものと見ることができる。

そして、第十章「自国の独立を論ず」もまた、「自国の独立」を中心に置いて、今後の日本国民が発展させるべき「公徳」のありようを示したものと読めるのではないか。この章では、「皇学者流の國體論」、「耶蘇の宗教」導入論、「漢学者」と、第六章でも取り上げられていた「徳教」論への批判がくりかえされ、二つの章の間にある強い関連を示している。明治維新によって生じたモラルの解体現象を解決するために「人心を維持する」こと。そのために「目的を定めて文明に進む」こと。その設定すべき目的として「我本国の独立を保つこと」〔四－207〕。この三者を、養うべき「公徳」の眼目として提示するのが第十章の意図であった。そのように読めば、『文明論之概略』の後半全体を、具体的な徳目の列挙ではなく、「人間交際」のあり方を総体として論じる形で、「公徳」論を展開した著作と位置づけることができる。

3　国教問題の影

しかしこのように『文明論之概略』を読みなおすと、神道・キリスト教・儒教による「徳教」導入論への批判を、第六章と第十章とでくりかえしていることが目につく。それは、先に挙げた「公徳」を暗示する論法という事情とともに、当時の政治情勢のなかで福澤が抱いていた危機感を反映しているように思われる。

この関連で重要なのは、第二章「西洋の文明を目的とする事」に見える、「古習」への「惑溺」に対する批判のくだりである。王室の「虚威」によって政府の「外形」を飾り、人々の崇敬を集めようとするのは、現在の世においては「却て益(ますます)人を痴愚に導」き、結果として国全体の「政治の力」を衰弱させる愚策だ［四-35］。そう福澤は説いているが、当該箇所の草稿では、その議論は同時代の日本の「神政府」論に対する批判として展開されていた。

今神政府ノ趣意ヲ主張シテ國體ノ外形ヲ飾ラントシ却テ益（ますます）人ヲ虚誕痴愚ニ導クハ惑ヘルノ甚シキナリ國體ヲ主張セント欲セバ下民ヲ愚ニシテ開闢ノ初ニ還ラシムルヲ上策トス［8］

「神政府」は、やはり第二章の少し前の箇所に登場する言葉で、テオクラシー（神政政治）の訳語である。「支那」の政府と、それを模倣した古代日本の律令国家とが、「天子」のもつ神秘的な力に対する崇拝によって統合を保つ「神政府」の例として挙げられている［四－25］。ところが、王室の「虚威」による統合を批判するくだりで福澤が「神政府」の具体例として挙げるのは、「支那」のものとともに、日本の神道を思わせる事例なのである。

或は無稽の不思議を唱へて、其君主は直に天の命を受たりと云ひ、其祖先は霊山に登て天神と言語を交へたりと云ひ、夢を語り神託を唱へ、恬として怪まざるものあり。所謂神政府なるもの是なり。［四－34］

最初に出てくる「天の命」と「霊山」とは、儒学・道教の教説を示すのであろう。しかし「神託」は漢籍の古典にはない言葉で、前近代の例では日本の神道文献に見えるものである。また、君主の「夢」についての議論は、第四章「一国人民の智徳を論ず」の割注で「後醍醐帝は南木の夢に感じて楠氏を得たりと云ひ」［四－54］という形で登場している。同時代の読者は「神政府」の議論に、神道との関連を強く感じとったのではないか。

刊本の議論の表面では、福澤の主張は、日本では「中古武家の代」から武家政権が政治の実権を握った結果として、皇室が体現する「至尊」と、武家政権の「至強」とが分離し、「自由の気風」が生じる可能性が大きくなったというものである［四－25］。だが明治維新によって、再び天皇のもとに「至尊」「至強」の両者が統合される体制ができあがった。そこに、「支那」よりも強力な「神政府」が登場し、「自由の気風」を封殺する危険性はないか。

おそらくここには、明治政府が発足直後にとった神道国教化政策に対する、一八七四～七五（明治七～八）年当時の福澤の不安が表われている。当初の廃仏毀釈運動に見られたような急進的な神道国教化政策は、仏教勢力からの反発を受け、明治五（一八七二）年に発足した教部省、さらに明治六年一月に発足した民衆教化機関としての大教院では、仏教・儒学との合同で国民を教化する方針が採られたが、大教院においてはしだいに神道中心の姿勢が強まっていた。しかしその結果、同年十月には浄土真宗が大教院からの分離を宣言し、福澤が『文明論之概略』を刊行する直前、一八七五（明治八）年の五月には、大教院は解散されることになる［9］。

もちろんその後の歴史からふりかえれば、このとき、明治政府による神道国教化の試みは挫折に終わったことになる。しかし、『文明論之概略』を執筆していた当時では、まだ明治政府に集う国学者たちの勢力は、無視できないものであったに違いない。大教院が置かれていたのは、三田の慶應義塾に近い増上寺である。第二章に見える「支那」の「神政府」に対する批判には、政府による言論統制を警戒しながら、神道国教化論の再興を封じようとする福澤の意図が隠されていた。

福澤は『文明論之概略』において、「公徳」を徳目として列挙することを避け、むしろ同時代の「徳教」論に対する批判を前面に押しだす論法をとった。その選択には、日本の「神政府」の復活をめぐる重い危機感が刻印されていたのではないだろうか。

註

1――『元田永孚文書』第三巻（元田文書研究会、一九七〇年）二七八頁。

2――『福澤諭吉全集』第四巻（岩波書店、一九五九年）四一頁。本章では以下、『福澤諭吉全集』からの引用に関しては、第四巻四一頁であれば［四－41］と、引用元の巻数・頁数を本文での引用のあとに略記して示す。

3――Henry Thomas Buckle, *History of Civilization in England, Vol. I*（New York, D. Appleton and Company, 1877）, pp.131-132. 丸山眞男『「文明論之概説」を読む』第十講（『丸山眞男集』第十三巻、岩波書店、一九九六年、所収、三九〇頁）、松沢弘陽校注『文明論之概略』（岩波文庫、一九九五年）の該当箇所の

注、三三三〜三三四頁も参照。

4——『幸徳秋水全集』第二巻（明治文献資料刊行会、一九八二年）三〇五〜三一〇頁。坂本多加雄『市場・道徳・秩序』（創文社、一九九一年）一三九〜一四三頁も参照。

5——「本位」の語が、「金本位制」という表現に見られるように、判断や行動のための基準という意味で一般に使われるようになったのは、福澤以後のことではないか。『文明論之概略』ではむしろ、〃もとの位。以前の官位〃（小学館『日本国語大辞典』ウェブ版による）という、この漢語の原意を用いて、ある「利害得失」の主張がよって立つ論拠は何かと探ってゆけば、その主張の背後にある原理が見えてくるという、動的な思考過程を表現したのだと思われる。福澤における「公智」の意義については、猪木武徳『公智と実学』（慶應義塾大学出版会、二〇一二年）一〇四〜一〇七頁を参照。

6——福澤の「私徳」「公徳」に関する理解については、中村敏子『福沢諭吉　文明と社会構想』（創文社、二〇〇〇年）一六〜一九頁を参考にした。また『文明論之概略』においては、第十章で「藩外に対しては私なれども、藩内に在ては公と云はざるを得ず」［四-204］と語られるように、立論のそのつど、より内的な領域を「私」、より開かれた領域を「公」と呼ぶ用法で「公」「私」が使われていることについて、松田宏一郎『江戸の知識から明治の政治へ』（ぺりかん社、二〇〇八年）一三二頁に指摘がある。

7——福澤の「私徳」「公徳」の区別は、ジョン・ステュアート・ミル『自由論』（一八五九年）の第四章「個人に対する社会の権威の限界について」に見える、「自己自身に関わる徳（the self-regarding virtues）」と「社会に関わる徳（the social [virtues]）」との区別を参考にした可能性がある。ミルはそこで、個人の自由に関するみずからの議論が「利己的で他者への顧慮を欠いた（selfish indifference）教説」と誤解されることを防ぐために、説得を通じた教育によって両者の徳を育成すべきだと説き、その二つのうちでは「社会に関わる徳」の方が重要だとしている（*Collected Workes of John Stuart Mill, Vol.XVIII*, University of Toronto Press, 1977, p.277, 山岡洋一訳『自由論』、日経BP社、一六七～一六八頁。松沢弘陽氏よりご教示を受けた）。『文明論之概略』においては、第九章の「精神の奴隷（メンタルスレーヴ）」や「独一個人の気象（インヂヴヰヂュアリチ）」に関する議論から、『自由論』の思想内容を咀嚼しながら福澤が執筆していた跡がうかがえる。松沢前掲校注書の注、三五四、三五六頁、および安西敏三『福澤諭吉と自由主義――個人・自治・国体』（慶應義塾大学出版会、二〇〇七年）三三～四〇頁を参照。

8――進藤咲子『『文明論之概略』草稿の考察』（福澤諭吉協会、二〇〇〇年）三四頁。

9――小川原正道『大教院の研究――明治初期宗教行政の展開と挫折』（慶應義塾大学出版会、二〇〇四年）第四章を参照。

第7章 「憲政の本義」の百年——吉野作造デモクラシー論集によせて

1 「民本主義」とは何か

文庫本のアンソロジー『憲政の本義——吉野作造デモクラシー論集』(中公文庫)が出た二〇一六(平成二十八)年は、冒頭に収める吉野作造の有名な論文「憲政の本義を説いて其有終の美を済すの途を論ず」が世に出てから、ちょうど百年にあたっている。吉野の日記(『吉野作造選集』第十四巻、岩波書店、一九九六年、所収)によれば、一九一五(大正四)年の十一月三十日から十二月六日まで、五回にわたって、雑誌『中央公論』の主幹であった瀧田樗陰(哲太郎)が口述筆記を行ない、その原稿に吉野が手を入れる形で完成した。掲載は一九一六(大正五)年の一月号。その直前、十二月二十六日の『東京朝日新聞』に広告が出ているので、年末には本屋の店頭に並んでいたのだろう。

吉野作造（一八七八年〜一九三三年）の生涯については、田澤晴子『吉野作造——人世に逆境はない』（ミネルヴァ書房・ミネルヴァ日本評伝選、二〇〇六年）、松本三之介『近代日本の思想家11 吉野作造』（東京大学出版会、二〇〇八年）といった評伝が出ている。近年の詳密な研究として、今野元『吉野作造と上杉愼吉——日独戦争から大正デモクラシーへ』（名古屋大学出版会、二〇一八年）もある。それぞれに有益な記述があるが、ここで強調しておきたいのは、吉野と『中央公論』との関係の深さである。吉野は東京帝国大学法科大学（のち法学部）の政治史担当の助教授として採用されたのち、三年間、ドイツ・英国・アメリカで留学生活を送り、一九一三（大正二）年に帰国して翌年には教授に昇任した。その帰国の直後に、さっそく瀧田樗陰が注目して会いに行き、執筆を依頼したのである。

それまでにも吉野は著書や雑誌論文を公刊していたが、『中央公論』の一九一四（大正三）年一月号に初めて載せた「学術上より観たる日米問題」が、実質上の論壇デビュー作と言ってよい。これ以後吉野は晩年に至るまで、ほとんど毎月、『中央公論』に論文を執筆するだけでなく、無署名や筆名の形で巻頭言や時評も書いている。二十年近くものあいだ、『中央公論』の看板執筆者として活躍していたわけである。

その『中央公論』の新年号の巻頭を飾ったのが、吉野の「憲政の本義」論文である。吉野が約十二年後に随筆「民本主義鼓吹時代の回顧」（一九二八年、『吉野作造選集』第十二巻、一九九五年、所収）

で回想してもいるように、この論文が出たのちに各雑誌で、その議論を批判しながらデモクラシー論を展開する論文が続出して、「爾来斯うした方面の政治評論は頓と隆盛を極むるに至つた」のである。言論界におけるデモクラシー論の隆盛を切り開いた、一つの事件であった。

しかし、その思想が正確に読みとられ、正当に評価されたかと言えば、必ずしもそうではなかった。吉野は同じ回想で、「憲政の本義」論文がデモクラシーの訳語として「民本主義」を用いたことについて、「民主主義と卒直に云つては其筋の忌諱に触れる恐がある、之を避けて斯んな曖昧な文字を使つたのかと非難されたことも稀でない」と語っている。たとえば、社会主義の立場をとる山川均による論文「吉野博士及北教授の民本主義を難ず――デモクラシーの煩悶」(『新日本』一九一八年四月号。『山川均全集』第一巻、勁草書房、二〇〇三年、所収)に代表されるような批判である。

彼ら左派の批判者は、論文の前半で論じられる「民主主義」と「民本主義」との区別に着目して、吉野は現行の体制に妥協した「民本主義」にとどまり、「民主主義」の本旨を徹底しなかったと攻撃したのである。山川の言葉を引くなら、ロシア革命によって登場した「新たなるデモクラシー」を、日本においても現実化させる革命運動が、社会主義者の言う「民主主義」のめざすところであった。「憲政の本義」論文に対するこうした左派からの批判は、いまでも中学・高校の歴史教科書での吉野に関する記述に引き継がれている。「民主主義」でなく「民本主義」にとどまった不十分なデモクラットという評価であり、政治思想史の専門家ではない歴史家の著作にも、そうした論じ方が散見される。

人民主権を意味する「民主主義」ではなく、「民本主義」の実現をめざすという吉野の論法は、一九一五年の六月から七月にかけて公表した論説「欧米に於ける憲政の発達及現状」（『国民講壇』創刊号〜第三号）、および同年の東京帝国大学法科大学における政治史講義（九月開講、吉野作造講義録研究会編『吉野作造政治史講義――矢内原忠雄・赤松克麿・岡義武ノート』岩波書店、二〇一六年、所収）にすでに見える。だがそもそも、「民主主義」とは異なる「民本主義」という論点は、吉野がみずからのデモクラシー論の新たな特徴として打ち出したものではない。先にふれた回想随筆で、この区別をひたすら攻撃するような批判を「そんな非難は敢て気に掛けるにも当らぬ」と一蹴しており、「憲政の本義」論文ののちには「民主主義」という表現もしばしば用いながら、日本におけるデモクラシーの可能性を論じている。

「民本主義」の言葉について、吉野は先にふれた回想随筆のなかで、自分が作ったのではなく、「当時既に之が多くの人から使はれて居つたから」採用したのにすぎないと述べ、先例としてジャーナリスト、茅原華山と、吉野の東京帝大法学部の同僚であった保守派の憲法学者、上杉愼吉との二人の名前を挙げている。そのうち「憲政の本義」論文の背景として重要なのは、上杉愼吉の論文「民本主義と民主主義」（『東亜之光』一九一三年五月号）であろう。

上杉は帝国憲法において「主権」の主体となっているのは天皇であると解する。しかし同時に、帝国憲法の発布のさいに付せられた明治天皇の勅語に「朕カ親愛スル所ノ臣民」の「康福ヲ増進」することを願うとある箇所に注目する。それは、人民を保護し、「人民の利益」の実現を目的として主権を行使することが、日本の歴代の天皇が継承してきた「治国の精神」であることを示すと上杉は解し、「君主の道徳の根本義」としての「民本主義」と呼んだのである。そして、デモクラシーの新たな思潮を日本の政治に導入する必要はないという文脈で、帝国憲法における「民本主義」の精神を強調し、それは一般論としてはどの国家でも、主権の所在とは無関係に統治者が実践できる方針だと説いた。

これに対して吉野は「憲政の本義」論文で、「近代各国の憲法」が共通の精神として立脚しているのが、デモクラシーすなわち「民本主義」にほかならないと説く。その内容は「主権者は須らく一般民衆の利福並に意嚮を重ずるを方針とすべし」(『吉野作造選集』第二巻、岩波書店、一九九六年、三〇頁)というものである。吉野が新たに打ち出したのは、政策の内容として民衆の「利福」を目的とするだけにとどまらず、さらに「政策の終局的決定を人民の意嚮に拠らしむべし」という原理であった。人民の「利福」が何であるかを一番よく知っているのは人民自身である。そして、教育が進歩した二十世紀においては、人民の「智見」も発達しており、政治を「少数の賢者に一任」しておく必要はなくなった。そこで吉野は、もはや少数者による「貴族政治」を維持することは、一部の特権階級の利益の偏重にしかつながらず、「民本主義」の精神に「有終の美」を飾らせるためには、普通選挙制と政党内閣制の確立が不可欠だと説いたのである。それを達成するには、山川均らが期待するような暴力革命による「主権者」の変更は必要ない。

2 明治史研究とデモクラシー

「憲政の本義」論文では、デモクラシーすなわち「民本主義」の確立が二十世紀における「世界の大勢」であると述べている。しかしその発想は、先進国の流行への追随に尽きるものではなかった。吉野はのち、一九二一（大正十）年の夏から明治時代の研究を始め、三年後に石井研堂や宮武外骨らとともに明治文化研究会を発足させて、アカデミズムにおける日本近代史研究の出発に、大きく貢献することになる。そこで吉野が見せる政治史理解によりそうなら、議会制度の導入は近代日本の出発点から始まっていた動きであり、大正期における政党政治の活発化もその延長線上にある。「憲政の本義」論文の執筆時にもすでに、そうした展望を抱いていたと考えることもできるのではないか。

明治文化研究の成果の一つである「維新より国会開設まで」（『明治文化研究』一九二八年七月、「国会」特集）という論文では、こう語っている。

日本の歴史に於て明治維新が劃期的大変革である如く、明治史に在て国会の創設は亦劃期的大変革である。何となれば維新の宏謨の大精神は国会の創設に由て確然不動の制度的実現を観たからである。（『吉野作造選集』第十一巻、一九九五年、三〇〇頁）

吉野は徳川政権が倒れて天皇中心の政府が成立したことに匹敵する大改革として、国会の開設を「劃期的大変革」と呼ぶ。そして引用するのは明治元年三月十四日（西暦一八六八年四月六日）に発布された五箇条の御誓文（発布のさいの名称は単に「御誓文」）である。明治新政府の基本方針を示したものであり、その第一条は「広ク会議ヲ興シ万機公論ニ決スヘシ」となっていた。論文の第二節の冒頭で吉野はこれにふれて「維新の大精神は何であるか。一言にして云へば「万機公論に決する」の主義である」と書いている。

「御誓文」を発布した新政府の現実的な意図について、吉野は講演「現代政局の史的背景」（一九二四年）で、政府が金と兵力の欠乏に悩んだ結果の「窮余」の策だったと指摘しており、その解釈が右翼からの攻撃をひきおこし、朝日新聞社の論説委員を辞職させられるきっかけにもなっていた。つまり、新政府を担った武士と公家たちが、広く天下の大名たちの意見を聞くつもりがあると示して、政権の正当性を認めてもらう。そうした戦略から発せられた文書ではあった。

だがそれ以後の政治史の展開において、「万機公論ニ決スヘシ」という文言は、政府を縛ってゆくことになる。藩閥政府が勝手なことをすれば、民間の側からは「万機公論ニ決スヘシ」ではなかったのかと、天皇の言葉を使って批判することができる。自由民権運動における国会開設の要求もまた「公論」という言葉や、御誓文そのものに、しばしば依拠していた。どういうタイミングで国会を開設するかについては、政府と民権派で大きく異なっていたが、「万機公論ニ決ス」るための場として国会が必要であることは、官民のあいだの同意事項だったのである。

万機公論の四字は五ヶ条の御誓文以来随分云ひ古された言葉だけに、人動もすればその包容する豊富多端なる意味を看却し又は少くとも之が維新当時如何に活用されしかを軽視するの嫌がある。併し詮じ詰むれば維新大改革の精神は之に尽き、之に依て始められた新日本の一貫せる国是も亦之に尽くるのである。(『吉野作造選集』前掲第十一巻、三〇〇〜三〇一頁)

ここに出てくる「新日本」とは明治期の流行語で、徳川時代までの「旧日本」に対比してそう呼んだものである。とりわけ、徳川政権の支配体制の残滓と言える藩閥を批判し、国会による政治を主張する論者が好んで用いていた。竹越與三郎(三叉)の『新日本史』(上中巻、一八九一年〜一八九二年)や、徳富蘇峰の著作にその表現が見える。国会の開設は、吉野によれば「新日本の一貫せる国是」にほかならなかった。

さらに吉野は国会開設の意義を、身分制の解体と結びつけて考えていた。

維新史の全体を外来勢力の刺戟に依て促された国民的覚醒の発動だとのみ観る立場からは、何故に明治新政府の当局者が断然郡県の制を採るに至りしかを釈くことは出来ない。徳川を戴く封建政治は事実頼むに足らざるの醜状を暴露した、之より更に一歩を進めて封建制度そのものを皆採るべからずとするには、思想的に之を支持する別の根拠がなくてはならぬ。之を私は「公議輿論」の精神に見出すと云ふのである。「公議輿論」と云ふ清新の醗酵素が注入せられてなかつたら、三百余年の永い訓練の下に出来上つた封建的イデオロギーはさう易々と片付けられる道理はない。「万機公論」の思想が如何にして幕末に流行するに至りしかは別の機会に説くとして、この思想の一面の発現が幕勢の頽廃と云ふ事実と一緒になつて遂に封建制度そのものを壊滅せしめたことは争ふべからざる事実である。（前掲書三〇一頁）

「断然郡県の制を採る」とは、一八七一（明治四）年の廃藩置県のことである。「尊王倒幕」の運動は支配身分であった武士たちが主導したものであり、新政権発足の当初は、天皇の下に大名が横並びになった秩序が構想されていた。しかしそうして成立した新政府が、自分たちの立脚していた武士という身分を、廃藩置県によって解体してしまう。この矛盾するような展開をどう説明するかについては、今日の歴史研究でも議論されている。吉野もまた「維新変革の前駆を為す尊王倒幕の運動はそれ自身必しも封建制度の否定ではない」と語り、一八六八年の「尊王倒幕」と、「封建制度」の廃止としての七一年の廃藩置県とを区別している。「尊王倒幕」によって新しい国家が作られたという通常の明治維新史観に対して、根本から疑問を呈するのである。

封建制度はなぜ悪いか。特殊の固定的階級に生殺与奪の全権を託するからである。之は先頭に立つて号令する人、これは唯々諸々その命に服従する人と先天的に区切りがついて居れば、天下これ程治め易いことはない。けれども考へて見れば、治者必しも賢ならず時に暴虐の将軍の輩出することもある。［中略］少くとも何人に我々の生命財産を託するかの問題に付ては我々の意見を聞いて貰ひたいものだ。斯う云ふ考が起れば徳川政府が倒れた丈けでは足りぬ、進んで封建制度そのものを排斥するに至るは理の当然であらう。さて斯う云ふ理由で封建制度を倒したとすれば、その廃墟の上に新に如何なる制度を建つべきやは問はずして明(あきらか)である。博く群言を天下に採るの制度即ち公会制度の主張せらるゝ所以である。封建制度の崩壊を以て「万機公論」思想の発現の消極的方面とすれば、公会制度の主張は正にその積極的方面に於ける発現と謂ていゝ。（前掲書三〇一～三〇二頁）

吉野はこのように、「封建制度」すなわち身分制の廃止に明治維新の重要な意義を見て、その思想上の背景に「公議輿論」の精神があったと論じる。そして、「「公議輿論」とか「公会政治」とかいふ観念は早く既に幕末から発達して居つた」（三〇五頁）と指摘する。それは「尊王倒幕」を主導力とみなす明治維新観に対する正面からの批判であった。明治新国家の建設は、たとえば横井小楠にみられるような徳川末期の政治構想から連続する、「万機公論」の思想の発展によって可能になったのである。

そして明治の国会開設、さらには吉野自身が大正期に説いたデモクラシー論も、こうした歴史のなかに位置づけられる。

> 政治上の主義として所謂「公議輿論」は、封建制度の根拠たる精神と正反対の地位に在るものである。後者は政治方針の決定を特殊の固定した階級におくに反し、前者は一般の輿論の嚮ふ所に依らんとする。［中略］所謂専制政治と立憲政治との利害得失の論はこれまで我々の余りにも聞き古した事柄であるから茲には説くまい。（前掲書三〇二頁）

「公議輿論」を「一般の輿論の嚮ふ所に依らんとする」ものだと解する議論、あるいは先の引用にあった「何人に我々の生命財産を託するか」を国民が自身が決めるべきだという議論は、吉野の「憲政の本義」論文における主張とも、まさしく重なる。こうした近代史の長い展望の上に、デモクラシーの確立にむけたみずからの提言をすえていた。

同じ論文では、「斯う云ふ実際上の経過如何を問題とすると、専制の政体から立憲の政体に移ると云ふことは爾く単純な事柄ではない」（前掲書三〇三頁）、「以上の様な着眼点からすると、我国の立憲政治は今日猶ほ完成の域に達しない。否、ホンの発展の端緒に入つたばかりだと謂はなければならぬ」（同三〇四頁）と、「立憲の政体に移る」という課題が、現在も継続中だという吉野の認識を示してもいる。歴史研究もまたその必要に応じたものであり、「之を完全の域に進ましむるには如何すればいゝか。之は我々の将来の政治的活動の上に課せられた大問題であつて、私共も及ばず乍ら政治評論家として今日現に尽力しつゝある所である」（同右）。明治史研究についてもまた、広い意味では「専制政治」から「立憲政治」への移行という未完の課題の一部としてとりくんでいたのである。

3　ポピュリズムとの対決

「憲政の本義」論文の後半で吉野は、政党内閣制の確立と二大政党による政権交代が必要だと説き、元老が官僚内閣を組織する「少数政治」や、「挙国一致内閣」の構想をきびしく批判している。それは当時の野党、立憲政友会を率いる原敬がねらっていたような、藩閥官僚の勢力と、衆議院の多数を占める大政党とが提携して安定した権力を作ろうとする構想に対する批判にもなっているだろう。吉野はのちに、政友会内閣による権力の独占に対して否定的な目をむけ、複数の政党が競争しあい、政権交代が行なわれる体制の実現を唱えることになるが、その主張の萌芽はこの論文でもすでに現われている。

「憲政の本義」論文で吉野が使う論法は、憲法の「規定の裏面に潜む精神」としての「民本主義」を理解せよと強調し、それは「政治上の主義であつて法律上の説明ではない」(『吉野作造選集』前掲第二巻、四四頁)というものである。帝国憲法の個々の条項との適合性にこだわるだけならば、議会に基盤をもたない「超然内閣制」も可能であろう。しかし憲法の精神に即した「運用」という観点からすれば、それは許してはならない「非立憲的」制度なのである。「政治上の主義」として憲法を柔軟に「運用」することを通じて、統治の内容を決める意志の主体を、民衆へと移すのが吉野の戦略であった。

坂野潤治『日本政治「失敗」の研究』(講談社学術文庫、二〇一〇年)がすでに強調したことであるが、文庫本『憲政の本義』が収める「帷幄上奏論」(一九二二年)は、こうしたいわば解釈改憲の姿勢から、美濃部達吉によるリベラルな帝国憲法解釈の限界をもこえて、現行憲法のもとでの政党内閣の主導性を、軍の統帥権にまで及ぼそうとした試みであった。同じような姿勢は、同書所収の「憲法と憲政の矛盾」（一九二九年）にも読みとれる。

また、「憲政の本義」論文が左派からの憤激を買った原因は、社会主義者の直接行動論を批判し、英国における人民投票の導入にも冷淡な態度をとったからであった。吉野によれば、「衆愚の盲動」に支配されたポピュリズムの政治は健全なデモクラシーとは言えない。「多数支配」が原則ではあっても「多数専制」に陥ってはならないのであり、選挙を通じた民衆の政治参加と、指導する政治家による「貴族主義」「英雄主義」との双方が「融和」することで「憲政」は確立する。

代議制という制度に限界はあると知りつつも、それをあくまでも維持し改良することが、現代のデモクラシーの原則だと吉野は考えた。「護憲運動批判」（一九二四年）では、衆議院選挙にむけて三政党が清浦奎吾内閣を批判する護憲運動のさなかに、あえてその運動を批判し、選挙民にはむしろ「運動員のうるさい勧誘には耳を傾け給ふな」「これを聴いてゐる遑（いとま）がある位なら昼寝でもした方がましだ」とシニカルな提案をしている。これもまた、党利党略しか考えていない政党が宣伝や買収を通じて世論を誘導し、社会の多数派の感情と直結した形で権力を握ることを警戒したものだろう。「多数専制」に対する吉野の懐疑には、政府権力による抑圧に対する批判にとどまらず、それ以前に、社会の多数意見によって個人の自由が封殺されることがあってはならないとする信念が働いている。「憲政の本義」論文で吉野は、「思想言論の自由」に対する抑圧の例として、乃木希典の自刃に疑問を表明した者を国民が罵倒し迫害した事件を挙げている。そこでの論法はジョン・ステュアート・ミルの『自由論』そのままである。また、「事実国家が国民に多少の度を超えたる犠牲を要求する場合に、これに応ずべきや否やは、国民の道徳的判断に一任する」(『吉野作造選集』前掲第二巻、三九頁)と、政府の不当な命令に対しては、個人がその「道徳的判断」に基づいて拒否することも正当だと指摘している。

吉野のデモクラシーへのまなざしは、それをこえて、より根本にある「自由」の原理へとむかっている。それは文庫本『憲政の本義』に附録として収められた、政治学者、蠟山政道(一八九五年〜一九八〇年)による回想「わが師吉野作造先生」(初出は社会思想研究会編『わが師を語る――近代日本文化の一側面』社会思想研究会出版部、一九五一年)も指摘するところである。実際に、先にふれた一九一五年度の政治史講義の第二編の冒頭では、「自由の開展、又開〔解〕放の要求」としての「自由主義」が、「近代政治の思想上の根柢」にほかならず、それが政治の表面に表われたものがデモクラシーだという理解を示している。吉野の諸論文は、日本のデモクラシーだけではなく、リベラリズムの古典としても重要な意味をもっているのである。

第8章　二十世紀の『論語』——和辻哲郎『孔子』をめぐる考察

1　「人間の学」としての儒学

和辻哲郎の著作のなかで、『孔子』（岩波書店、一九三八年十一月刊）は独特の位置を占めている。それまでの和辻が、特定の人物の評伝という形で一冊の書物を書いた例としては、最初の著書である『ニイチェ研究』（一九一四年）と、二冊目の『ゼエレン・キエルケゴオル』（一九一五年）がある。前者の刊行時、和辻はまだ数えで二十六歳であった。

この両著を出版したころの和辻は、大学を卒業したのち、フリーの文筆家として活躍していた。白樺派と交流をもち、夏目漱石邸に門下生として出入りする、広い意味での青年作家の一人であったと言ってもよい。そうした若い知識人として、人格主義を基調とする人生論・藝術論を盛んに発表し、旧来の学界と文壇を支配する勢力に挑戦する。

その意気ごみを、先人であるフリードリヒ・ニーチェ、ゼーレン・キルケゴールの人生に投影しながら著わした著作として、青年期の和辻の二作は読むことができる。人間の欲望を赤裸々に描いて事たれりとする、自然主義文学や耽美派文学に対しては、理性と感情とが調和した「理想」の追求を。国家の共同性への没入によって人は人生をまっとうできると説く、アカデミズムの哲学・倫理学に対しては、個人それぞれの「人格」の完成を。旧来の儒学風の道徳をふりかざす風潮に対しては、西洋を中心とする幅ひろい文化作品の摂取を通じた「教養」を。そうした立場を宣言するために、和辻は最初の二冊を世に問うたのであった。

しかし、『孔子』を刊行したとき、和辻はちょうど五十歳。すでにその思想も、社会における地位も、二十代のころとは大きく変わっていた。一九二三（大正十二）年に大正大震災を身をもって体験し、その二年後に、京都帝国大学文学部に倫理学担当の講師（のち助教授・教授）として招聘され、初めて官学アカデミズムのなかに地位を得たこと。そして一九二七（昭和二）年から翌年にかけての西欧での在外研究をへて、その思想は後年「和辻倫理学」と呼ばれるような、独自の哲学体系へと転じた。『孔子』を刊行する四年前には、東京帝国大学文学部の教授に転任している。つまりこの本は、学界の最先端に立つ倫理学者となった和辻が、初めて著わした先人の評伝であった。

しかも、この本の主題が西洋哲学ではなく、東アジアの伝統思想である儒学という点が、和辻のそれまでの歩みを考えれば斬新である。和辻は一八八九（明治二十二）年、兵庫県生まれ。すでに明治国家によって整備された学校教育制度のもとで、小学校から教育を受けて育った世代である。それよりも前の世代の知識人とは異なって、幼時に漢学塾で漢文を学ぶという経験をもっていない。同じ年に香川県に生まれた南原繁は、学校と並行して漢学塾に通っているので、ちょうど彼らが、漢籍の素読を経験した世代と、学校教育のみによって学び続ける世代との交代期にあたっていたと言えるだろう。

実際、晩年に『中央公論』に連載し未完に終わった回想記、『自叙伝の試み』のなかで和辻は言う。「わたくしは自分が幼時からシナの古典の素読といふことをしないで育つて来た関係で、漢文や漢詩への関心が薄く、またその方の力もない。わたくしはそれが自分たちの時代のものの普通の状態だらうと考へてゐた[1]」。実際、大正時代に、全人類のすぐれた哲学や藝術を広く摂取する「教養」を説く論者の代表として、和辻は活躍していたが、そのさいに儒学や老荘思想の古典をとりあげたことは、まったくない。

ただ一応、旧制第一高等学校（一高）で受けた授業を回想するなかでは、「あまり生徒には笑顔を見せず、たゞ淡々と教科書を講義してゐるだけでありながら、背後に実に深い学識の控へてゐることを何となくわれ〳〵に感じさせる先生」[十八－424]の一人として、漢文を担当した教授、安井小太郎——徳川末期の朱子学者、安井息軒の孫にあたる漢学者——の名前を挙げている。だが、古川哲史が伝えるところによれば、和辻は東京帝国大学文学部哲学科に進学したが、支那哲学科の教授、服部宇之吉の講義には出席しなかったという。支那哲学を専攻しようとする学生に対し、まず『論語』の暗唱を求める服部の姿勢に、縁遠いものを感じていたのである[2]。おそらくそこには、漢学になじみがないという事情だけでなく、当時の哲学科の主任教授、井上哲次郎の著作に見られるような、儒学風の徳目を掲げる国民道徳論の潮流に対する反発も働いていたことだろう。

しかし、『孔子』を著わした五十歳の和辻は、すでに儒学に違和感を覚える青年ではない。西欧から帰国し、京都帝大で一九三一(昭和六)年度から満を持して「倫理学概論」の講義を担当するようになった和辻は、独自の人間観に立脚した倫理学の体系を講じていた。それはまず、マルティン・ハイデガー『存在と時間』(一九二七年)における、人々とともにあること(Mitsein)の分析を土台にし、マルクス―エンゲルス「フォイエルバッハに関するテーゼ」の「社会的関係の総体」という人間観を参照した上で、両者を批判しながら、人間の本質を人と人との「間柄」に見る。そういった形で、ばらばらに孤立した存在として人間をとらえ、道徳の場を個人の内面の意識に求める、西洋近代哲学の立場をのりこえようとしたのである。

したがって、この新しい倫理学の構想をはじめて活字にした論文「倫理学」(一九三一年)で和辻は、ポリスの共同生活の内に人間の本質を見た、アリストテレスの『政治学(Politica)』における議論を、「我々の目ざすところの倫理学のイデー」として高く評価するに至った。そして人と人との「間柄」のうちに働く「不変なる道」として、「倫理」を再定義することを提唱する。そうした文脈で『礼記』『論語』『孟子』を注で引用しながら、儒学における「人倫五常」の概念について、「人間関係に存してしかもその関係を可能ならしめてゐる秩序」に倫理の本質を見いだす点を、高く評価したのである[3]。その立場を体系化して述べた著書、『倫理学』上巻（岩波書店、一九三七年）でも、同じく「倫理」の概念規定にさいして儒学の五倫に言及し、「信頼と真実」について述べた節では『中庸』における「誠」を、「良心」をめぐる議論にさいしては『孟子』に見えるその語を、それぞれ取り上げて論じている[4][十－13、288、318]。

こうした和辻の、いわば儒学との新たな出会いは、同時に一九三四（昭和九）年度から四年間にわたり、京大と東大の双方でG・W・F・ヘーゲル『法哲学要綱』を演習で講読して、社会のなかで人々がともに践み行なう「人倫」（Sittlichkeit）に、倫理のより高次な現われを見いだす発想を学んでゆく過程と並行していた。したがって、儒学古典の再読だけが、和辻の倫理学体系の形成に基礎を与えたわけではない。

そのころは、一九三一年がヘーゲルの没後百年にあたったことや、マルクス主義に関心のある哲学者がヘーゲル研究にむかったこともあって、西欧と日本の双方で、ヘーゲル研究の一種のブームが生まれていた。『法哲学要綱』についても、グロックナー版全集（一九二七年）とゲオルク・ラッソン編集による哲学文庫版（一九三〇年）があいついで刊行され、その両方のテクストを和辻は精読していたのである[5]。

儒学とヘーゲル哲学とを並行して研究することを通じて和辻は、人と人とが「間柄」のなかで生きるうちに共有している「行為の仕方」として倫理をとらえる発想を成熟させていった。その立場は、やがて『倫理学』中巻（岩波書店、一九四二年）の第三章「人倫的組織」に見られるように、家族における「親愛」、親族における「相互扶助」、地縁共同体における「親しみ」、経済的組織における「職分の自覚」という具合に、人間関係の類型に応じて実践すべき「行為の仕方」を規定する、儒学の五倫の発想に近いものに結実してゆく。そうした思想の形成過程を考えれば、『倫理学』の上巻を書きあげ、中巻を構想しつつある途上で書かれた『孔子』は、著書として重要な位置にある。

2 「五十にして天命を知る」

一九三〇年代は、和辻にとって、儒学、とりわけ『論語』の研究にとりくむために、機の熟した時であった。のちに『ホメーロス批判』（要書房、一九四六年）の「序言」で語っているように、その文化史家としての仕事は、一九二〇年代からウルリッヒ・フォン・ヴィラモーヴィッツ＝メーレンドルフやギルバート・マレーの著作、すなわち「ヨーロッパの古典フィロロギー」[六―43]と和辻が呼ぶ学問潮流から方法を学んだものである。同じ「序言」によれば、一九二三（大正十二）年に没した恩師、哲学者ラファエル・ケーベルから、その晩年に近いころに「Philologie（文学）は何も約束してはゐないが、今となつてみれば自分は実に多くのものをそこから学ぶことができた」［六-43］と聞かされ、深く同感したのだという。

小松英雄の説明によれば、このヨーロッパの文献学とは次のような学問である。「伝存する文献をあらゆる角度から徹底的に解析し、可能なかぎりの情報をその文献から引き出すことによって、その文献の本質を明らかにするとともに、時代や民族の精神にまで迫ろうという指導原理に基づく研究領域」。とりわけ、ヴィラモーヴィッツ＝メーレンドルフに代表される、十九世紀後半からのドイツの古典文献学は、一種の哲学として古代の精神を追体験しながら明らかにし、その時代のすべてに関する百科全書的な知識をめざす学にまでみずからを高めていたのである[6]。実際に、一九二〇年代の大学講義を元にした『ホメーロス批判』をはじめ、「枕草子に就いて」（一九二二年）、『原始基督教の文化史的意義』（一九二六年）、『原始仏教の実践哲学』（一九二七年）といった、和辻の一九二〇年代の著作には、そうした研究方法の影響をはっきり見てとることができる。

しかも、和辻は西欧から京都へ帰って五か月後に、『論語』に関する綿密な文献学的考証の仕事に接することになった。一九二八（昭和三）年十二月に、京都帝国大学文学部で教授を務めた支那哲学者、高瀬武次郎（醒軒）の還暦を祝う支那学会大会が開かれ、そこで行なわれた講演が、和辻を深く感動させる〔六-352〕。高瀬と狩野直喜・内藤湖南のもとで学び、当時は東北帝国大学法文学部の教授に着任していた武内義雄による「論語原始」である。その内容は、『論語』の本文の綿密な検討を通じて、その成立過程を考え、『漢書』藝文志に言う「古論語」「斉論語」「魯論語」、また王充『論衡』正説篇に見える「河間七篇」（武内は原文の「九篇」を誤りとする）といった諸写本の前後関係について考察し、現行本の諸篇がそれぞれどの写本に由来するかを比定したものであった〔7〕。

もともと和辻の文献学的な研究は、たとえば「枕草子に就いて」によく現われているように、さまざまな系統の写本どうしを比較し、前後関係を見定めることによって、作者の自筆による原型を推測しようとする考証に集中する傾向がある。それは、そもそも不可能な作業に執心していると現代の書誌学者が批判するようなものでもあった〔8〕。現行の『論語』の諸篇のうち、どれが古い層に属し、どれが後世に付け加わった部分であるかを選り分ける武内の研究態度は、和辻の共感を強く誘ったのであろう。

あるいは想像をたくましくすれば、武内の講演を聴いたことが、論文「倫理学」で儒学の経典をとりあげ、高く評価する姿勢へと導いたのかもしれない。和辻はすでに、『原始基督教の文化史的意義』でキリスト教について、『原始仏教の実践哲学』で仏教について、それぞれに文献学の手法を用いながら、そうした思想が生まれ育った過程をたどりなおす作業を試みていた。しかし儒学経典、とくに『論語』のように簡明な書物については、古くから確定したテクストであり、現行本と異なる本文の写本がほとんど現存しない以上、同じ手法で研究することはできないと思っていたのではないか。そのときに、現行本の諸篇を複数の成立年代の層に分類する武内の作業に出会ったのである。こうして和辻の探求が、儒学の古典にも向かうことになった。

和辻の『孔子』を含む、岩波書店の『大教育家文庫』全二十六巻は、一九三六（昭和十一）年三月から刊行が始まっている。当時、岩波書店を毎週一回訪れ、企画や広告について、店主、岩波茂雄に助言をしていた三木清の発案に基づく出版であった。当時、会社の経営は順調であり、前年から出ていた『大思想文庫』全二十六巻の勢いに乗った、後続企画でもあったのだろう[9]。本の形は両者とも同じような小冊である。『大教育家文庫』でとりあげられているチャイナの思想家は、孔子のほか孟子・荀子・朱熹・王陽明であるが、このうち『朱子・陽明』（一九三六年十月刊行）は、武内義雄の執筆による。

体系書『倫理学』の上巻を完成させ、文化史家としても東西にわたる世界宗教について研究の幅を広げるとともに、大学教授の職にあって多くの学生を育てている。和辻にとっては、そんな人生の充実期に手がけた仕事が、この『孔子』なのであった。これを刊行した年に、和辻は数えで五十歳。次に見るように、この著書では『論語』為政篇が伝える孔子の言葉、「五十にして天命を知る」について比較的に長く解説し、独自の考察を加えている。それを書いていたとき、自分自身もまた、学者として腰をすえて仕事にとりくめる年齢になったという感慨にふけっていたのではないか。

3 「天命」と政治

和辻哲郎『孔子』第一章の表題は「人類の教師」である。そこで和辻は、「多分明治時代の我国の学者が云ひ出したことであらうと思ふが」と断った上で、釈迦、孔子、ソクラテス、イエスの四人を、「人類の教師」としての「世界の四聖」に数えあげている。この四人は、それぞれに「印度文化」「支那文化」「ギリシア文化」「ヨーロッパを征服したユダヤ文化」と、「大きい文化潮流」を代表すると見なされている。そして、彼らが各文化の代表たりえたのは、それぞれの文化を基盤としながら「人類の教師」であったせいであると説く。

およそすべての「人類」に対して「普遍的な意義」をもつ思想は、特定の「文化の伝統」の地盤のなかからこそ生まれてくる。それは、大正期のコスモポリタニズムの色彩を帯びた人格主義の立場から、「人間の学」としての倫理学の体系に転じた和辻が、新たに基盤とした主張であった。「いづれかの文化の伝統によつて厳密に限定せられてゐるのでない人類の教師」などは存在しないし、「普遍的な意義」をまったく欠いた「特殊な文化」もありえない。したがってこうした「人類の教師」は、それぞれに属した社会で「人倫の道や法」を直接には説いたとしても、「何時如何なる社会の人々であつても、彼らから教へを受けることが出来る」ということになる［六－263～264］。

そして第三章で和辻は、「人類の教師としての孔子の意義」が、先にふれた「五十にして天命を知る」を含む、『論語』為政篇第四章――和辻は武内義雄訳注『論語』（岩波文庫、一九三三年）に基づいて章を分けている――の言葉に、明らかに現われていると論じる。その章の本文における孔子の言葉は次のとおりであった（和辻の読み下し文による）。

> 吾十有五にして学に志し、三十にして立ち、四十にして惑はず、五十にして天命を知る、六十にして耳順ふ、七十にして心の欲する所に従つて矩を踰えず。

この章は元来、解釈にあたって問題を含むとされてきた。たとえば朱熹の『論語集注』は、孔子は聖人の一人である以上、「生知安行」、すなわち生まれながらにして正しい道を知り尽くし、ふるまいのすべてがおのずから道に則っているはずだから、この言葉は本人の人生行路を回想して語ったものではないとする。したがって朱子学流の解釈によれば、これは後学の者に対して、学問を通じての道の習得が進んでゆく段階を示した教訓の言葉ということになる。そういう形で、聖人としての孔子の像と、この章の言葉との整合を図ったのであった。

こうした理解に対して、これは孔子自身の学問の進展の段階をふりかえった言葉だとする解釈も、古来存在する。たとえば、武内義雄は梁の皇侃（四八八年〜五四五年）による『論語義疏』の校訂本を、一九二四（大正十三）年に大阪の懐徳堂記念会から刊行しているが、古注の皇侃による疏には「此章明孔子隠聖同凡、学有時節、自少迄老、皆所以勧物也」という文句が見える[10]。孔子も聖人としての性質を若いころには発揮していなかったようすは普通の人と同じであり、その時々の年齢にしたがって学問を進めていた。この章の言葉は、若いころから老年に至るまで、順序をふみながら励んでいたようすを語ったものである。そんな意味であろう。

和辻がおそらくふれることのできた、近代日本の漢学者たちの理解もまた、この点では皇侃に近い立場をとっている。たとえば、和辻が旧制一高で漢文を習った師である安井小太郎は、朱熹の理解を「孔子を神様の様にした見方」であると批判する。その理解によれば、孔子は「学問の力によつて聖人となられた人で、生れつきの聖人と云ふのではない」。したがって、「自分もこんな風であつたから、お前方もこんな風にしてやつてゆけ」という教えとして、この章を読むのである[11]。

また、服部宇之吉の論文「孔子と知天命」（一九二七年）も、孔子は「生知安行の聖人」ではなく「学知利行の聖人」であったと説く。朱熹の解釈では、たとえば四十歳で「人の道」を知り惑わなくなってから、誰の心にも潜在する本性としての「理」すなわち「天命」を知るまでに十年もかかることになり、つじつまがあわない。服部はそう批判して、あくまでも孔子が自身の徳と人格の

「進歩発達の次第、実現の過程」を回顧した言葉だと解している［12］。

朱子学の説くように、孔子を天地全体を貫く理と完全に一体となった聖人と理解するのではなく、通常の人物とは「進歩発達」の段階が異なるだけの存在と見ようとする。安井と服部の『論語』理解には、そんな傾向がうかがえる。おそらくそこには、孔子を神秘な存在として「神様の様」に崇拝する傾向を遠ざけ、人間に普遍的な「人格」の発達をめざすものとして儒学を定義しようとする志向が横たわっているだろう。「孔子の徳は漸次発達進歩し、孔子の人格は漸次実現した」と説く服部の言葉には、儒学というよりも、西洋由来の人格発達論を思わせるような響きがある。

和辻の理解もまた、門人たちへの指南ではなく、自分自身についての回顧としてこの言葉を読む点に関しては、安井・服部と同様であった。この章については「もし真に孔子の語であるならば、明かに孔子の自伝に他ならぬ」と断言し、そうであるがゆえに「時と共に一般的な人生の段階として広い共鳴を受けるに至つた」と推定するのである［六－324〜325］。社会や時代の違いにかかわらず、誰もが共通に経験する年齢の進行に応じて、「人生の段階」の向上過程を述べる。それがまさしく、「人類の教師」にふさわしい言葉だと考えたのであろう。

しかし、「五十にして天命を知る」の語句を理解する段になると、和辻は安井・服部のような解釈をきびしく批判する。服部によれば、孔子は五十歳のとき、「天の使命」が自己に降っていることについて、熱烈な「自信」を抱くに至った。儒家にとって「天は絶対無限の人格であつて、其の意志は人間の測り知り得ざるものが有る」。その絶対的な天が、「政治教化に依つて道を明かにし太平を致すべきである」という使命を自分に与えた。そこで実際に、孔子は五十二歳のときに魯国の地方官となり、二年後には「中央政府の大官」として、数年のあいだ政治に携わったのである［13］。安井もまた、「天が己に降した所の命令」を孔子が自覚したため、「五十から六十位の中は主に政治に奔走をして諸方に遊説した」と解説している［14］。

こうした理解について和辻は、「孔子を聖人化する痕跡を含まない」この章について、それにもかかわらず「孔子を聖人化しようとする」解釈として、きびしく批判している。和辻によれば、孔子が魯の国の政治をみずから担当したのは、五十歳代前半の短い間にすぎず、そうした積極的な政治活動は、むしろ六十歳前後に諸国の為政者に道を説いて回るようになった時期に展開されている。その後に来る言葉は「六十にして耳順ふ」、すなわち他人の言行を非難したり否定したりする気持ちが消えて寛容になったというものである。この文脈から考えれば「五十にして天命を知る」とは、「四十代の理想主義的な焦燥を脱したからこそ、五十に至つて妥協を必要とする現実の政治にたづさはつた」ことを意味するのである［六－326］。

「五十にして天命を知る」に関するこの和辻の理解は、あるいはやはり、皇侃の疏に言う「人生未五十、則猶有横企無厓、及至五十始衰、則自審己分之可否也」（人は五十歳になる前には、がむしゃらにどこまでも理想を実現しようとするが、五十歳になると衰えてきて、天が与えた自分の職分として、何ができて何ができないかをわきまえるようになる）を参考にしたのかもしれない〔15〕。しかしこう解釈すると、今度は六十歳前後に積極的に諸侯に対して道を説いて回ったことと、いささか整合しなくなる。人間にとって測り知れない天の意志を悟り、その命令に基づいて政治に携わった聖人孔子。そういった孔子の描像を、和辻はことさらに否定しようとやっきになっているのである。

このことは、和辻が『孔子』第四章で、孔子が「死の問題」をまったくとりあげず、「魂の問題」についてもあまり語らなかったと強調するところと、深く関連しているだろう。たとえば先進篇に見える「未だ生を知らず、焉（いづくん）ぞ死を知らむ」という言葉に和辻は注目する。その理解するところでは、孔子とその弟子たちにとっては、「死の覚悟の問題」や「魂の不死」の問題をとりあげることすら、「恥づべきことであつた」。「神秘主義的な色彩が全然欠けてゐる」のが孔子の教説の特徴であり、「天」もまた「宇宙の主宰神」ではなく、単に「宇宙人生を支配する理法」としてのみ把握されていたと和辻は説く〔六－339～342〕。

このように、「神秘主義的な色彩」や「超越的なもの」や「主宰神」を排した、「人倫の道に絶対的な意義を認めた」思想として、和辻は「孔子の教説」を理解する〔六－344〕。その意味で、孔子の思想は釈迦やイエス、さらにソクラテスとも異なる、徹底して非宗教的な思想なのである。こうした儒学理解は、孔子よりも一世紀あと、紀元前四世紀の前半ごろになって、王朝の交替を「天命」によって説明する政治思想が生まれ、『詩経』『書経』はそののちに成立したとする、津田左右吉の所説を一つの根拠にしている〔16〕〔六－300、343〕。和辻によれば、「宇宙の主宰神」「宗教的な神」「人格神」として「天」を考える思想は、『詩経』『書経』に見られる新しいもので、それに近い「天」が登場する『論語』の諸篇は、後代に作られた写本の層に属するのであった〔六－342～343〕。

人格神に近い「天」が登場すると和辻が指摘するのは、泰伯・先進・憲問・陽貨の諸篇である。このうち後の三篇は、和辻にかぎらず往々にして成立時期が遅いと解されている、後半の十篇に属するし、泰伯篇について初期の層に属さないと和辻が説く根拠は「曾子の語が五章、誰の語かわからない議論が一章加わってゐる」〔六－323〕ということであるから、こうした諸篇が新しいとする理解にはいちおうの説得力がある。しかし、早い時期に編まれたと推定される諸篇と、後の時期の諸篇との間には、「天」の意味について断層があり、前者は宗教性・神秘性を欠いているとする想定は明確な根拠を欠く。和辻の議論から感じられるのは、本来の儒学を、超越的なものの存在を排除した「人間の学」として完結させようとする強い志向にほかならない。それは、和辻の倫理学そのものの性格とぴったり符合している。

『孔子』のなかで和辻は「学者によっては、この天を宇宙の主宰神と解釈し、孔子がこの主宰神から道を復興する使命を受けて活動したと説くものもある」〔六－341〕と述べる。東京帝大文学部の同僚教授であった支那哲学者、高田眞治（しんじ）の所説に対する批判である。高田は他面で支那事変下の当時、そうした儒学の「天命思想」が、「支那」よりも日本の「國體」においてこそ「純粋」に伝えられ、「君臣一体、忠孝一致」の「日本精神」に結実したと説明していた〔17〕。

しかし興味ぶかいのは、のちに著書『尊皇思想とその伝統』（一九四三年）で、平田篤胤の『鬼神新論』について和辻がふれているくだりである。孔子の言う「天」について、「理ではなくして天上の主宰神である」と篤胤が読みといた箇所を、そこでは紹介する。それは同時に、「赤県（からくに）」（チャイナ）の経書に言う「天」は、日本の「天つ神」の伝承が歪めて伝えられたものであり、「天上の主宰神」を意味すると説いたものであった。しかも篤胤によれば、本当の伝説が「赤県」に伝えられなかったがゆえに、孔子もようやく五十歳になって初めて「天命」を知ったのである〔十四－290〕。

篤胤のように、現世の秩序を、超越的な神々が支配する領域、死後の世界としての「幽冥」の道に従属させる国家神学の思想は、和辻にとって断固として受けいれがたいものであった。同じ危険性を、「天」に関する高田の解釈にも見たのであろう。そのことは、言論弾圧や宗教弾圧の進行する支那事変下において、「あらゆる世界宗教に対する自由寛容な受容性」〔十四－38〕を、日本神話に由来する倫理思想の伝統として強調する批判意識につながっている。

こうした思想の多様性についての寛容の思想は、すでに『孔子』にも見られたところであった。為政篇第十六章の孔子の言葉「攻乎異端、斯害也已」についての解釈が興味ぶかい。この章については、皇侃『論語義疏』も朱熹『論語集注』も、また安井小太郎・服部宇之吉の両者もみな「異端を攻（おさ）むるは斯（こ）れ害なるのみ」と理解し、儒学の「聖人の道」以外の教説を学ぶことを禁じた言葉とする[18]。

しかし和辻は、おそらく武内義雄校注による『論語』の訓みに基づいて、「異端を攻むるは……」と訓読している[19]。「己れと正反対に異なつた主張がある場合に、それをたゞ攻撃するだけでは学問の進歩にならない。それを機として自ら省みれば異説もまた益になる」[六‐327]。『孔子』が刊行された前年、一九三七（昭和十二）年には中井正一らの『世界文化』グループの知識人が治安維持法違反の疑いで検挙され、三八年三月には天野貞祐の著書『道理の感覚』が反軍的であるとして絶版に追いこまれるなど、和辻の知己にまで言論弾圧の手が伸びつつあった。そういう時代状況に抗する、リベラルな寛容の提唱もまた、『孔子』から読みとることができるのである。

註

1――和辻哲郎『自叙伝の試み』（中央公論社、一九六一年）四二八頁、『和辻哲郎全集』第十八巻（岩波書店、一九六三年）四二六頁。本章では以下、和辻の著作からの引用は初刊本により、検索の便のため、『和辻哲郎全集』全二十五巻、別巻二巻（一九六一～六三、一九九一～九二年）の該当する巻数・頁数を、第十八巻四二六頁であれば［十八‐426］と、本文中で引用のあとに示す。

2――『孔子』の角川文庫版に寄せた古川哲史「解説」（改版五版、一九七二年、一一九頁）。

3――和辻哲郎「倫理学」（『岩波講座哲学』第二回、岩波書店、一九三一年）四二～四五頁。同じ議論が

『人間の学としての倫理学』（岩波書店、一九三四年）第一節でも、より詳しい形で繰り返されている［九－8～11］。同書は、論文「倫理学」を原型としつつ、構成を大きく変えて書かれているため、この箇所が本全体の冒頭に来ることになり、和辻の倫理学と儒学との親近性が、大きく印象づけられるものとなっている。これが岩波全書の一冊として広く普及したために、ハイデガーやマルクス－エンゲルスの哲学ではなく、儒学思想に立脚して倫理学を構想したかのような印象を生み出したのであろう。論文「倫理学」は『和辻哲郎全集』には収められていないが、『初稿　倫理学』（ちくま学芸文庫、二〇一七年）で読むことができる。

4――熊野純彦は、『中庸』の「誠」をめぐる和辻の議論に付した注で、和辻の議論の「みちゆき」は、「誠」を「真実無偽」と解して朱熹の「誠」定義を批判した、伊藤仁斎『語孟字義』の主張と符合していると説く（『倫理学』第二巻、岩波文庫、二〇〇七年、四五五頁）。しかし和辻はここで、「真実無妄」という朱熹の「誠」の定義を引き、「漢語の『誠』は真実無妄の謂と註せられ、心術・言行などの純一にしていつはりなきことを意味した。さうすれば『誠』が虚妄いつはりに対する語であつて真実真事に当ることは明かである」［十－288］と語っている。また仁斎のように、漢字の意味の理解として「誠」の対義語は「偽」だと主張するわけでもない。むしろ、朱熹の「誠」定義の「無妄」の意味を独自に説明しなおしたものと見た方がいいのではないか。和辻が「間柄」「世間」という人間観を提起したときに参考にした［九－14］、大槻文彦の辞書『言海』（一八八九～一八九一年）が「まこと」の語義として最初に挙げるのも「偽ナラヌコト」である（一九〇四年小形版、ちくま学芸文庫、二〇〇四年、一〇八四頁）。

5――関口すみ子『国民道徳とジェンダー――福沢諭吉・井上哲次郎・和辻哲郎』（東京大学出版会、二〇〇七年）二一八頁。

6——小松英雄『徒然草抜書——表現解析の方法』（講談社学術文庫、一九九〇年）二六頁、および『岩波　哲学・思想事典』（岩波書店、一九九八年）の項目「文献学」（大貫隆・三島憲一執筆）を参照。

7——武内義雄「論語原始」（『支那学』五巻一号、一九二九年三月）。のちにこの内容が増補され、武内の主著の一つ『論語之研究』（一九三九年、『武内義雄全集』第一巻、角川書店、一九七八年、所収）に結実することになる。現行の『論語』本文の成立に関する近年の研究については、澤田多喜男『「論語」考策』（知泉書館、二〇〇九年）三〜二二頁、橋本秀美『「論語」——心の鏡〈書物誕生——あたらしい古典入門〉』（岩波書店、二〇〇九年）七〜二二頁を参照。

8——谷沢永一『本はこうして選ぶ買う』（東洋経済新報社、二〇〇四年）一二九〜一三二頁。橋本前掲書五九頁もまた、「一つの原本」を想定し、写本どうしの間でどちらがそれに近いかを細かく比較することにこだわる態度を批判する。

9——安倍能成『岩波茂雄伝』（岩波書店、一九五七年）二〇〇〜二〇五頁、小林勇『惜櫟荘主人——一つの岩波茂雄伝』（『小林勇文集』第三巻、筑摩書房、一九八三年、所収）一八一頁。

10——『武内義雄全集』前掲第一巻、二一三頁。

11——安井小太郎『論語講義』（大東文化協会、一九三五年）七七頁。ただしこれは一高ではなく二松学舎における講義をまとめた書物である。

12——服部宇之吉「孔子と知天命」（『斯文』九編九号、一九二七年九月）四〜八頁。

13——同前、七、一二〜一四頁。

14——安井前掲書、七九〜八〇頁。

15——『武内義雄全集』前掲第一巻、同頁。

16——津田左右吉「儒教の起源」（『儒教の実践道徳』岩波書店、一九三八年、所収）二〇四〜二〇六頁。

17——高田眞治「天に関する思想」(『論語講座　研究篇　孔子の思想・伝記及年譜』春陽堂書店、一九三七年、所収)九一〜九三頁、同『支那思想と現代』(大日本図書株式会社、一九四〇年)八〇〜八二頁。高田は日本主義を唱える団体「原理日本社」の周辺人物でもあった。和辻の高田批判については、本章の初出よりも前に、木村純二が『日本倫理思想史』に施した注で指摘している。和辻哲郎『日本倫理思想史』第四冊(岩波文庫、二〇一二年)三五九頁。

18——『武内義雄全集』前掲第一巻、二一六頁、安井前掲書、九八〜九九頁、服部宇之吉(公田連太郎増補)「国訳論語」(『国訳漢文大成』経子史部第一巻、東洋文化協会、一九二五年、所収)二五頁。

19——『武内義雄全集』第二巻(角川書店、一九七八年)一四六頁。

第9章　日本の思想と憲法――皇室制度をめぐって

1　「この国のかたち」？

✣「国のかたち」という言葉

「この国のかたち――日本の自己イメージ」と題したオムニバス講義（東京大学「学術俯瞰講義」二〇一三年）の第三回（十月二十四日）としてお話しします。題名だけを見て、司馬遼太郎ファンのつどいと勘違いして出席された方もおられるかもしれませんが、内容を見ればわかるように、そういう講義ではありません。

では、「この国のかたち」とはいったいどういう意味なのか。大学のウェブサイトには、連続講義の趣旨についてこう書いてありました。「人に人柄があるように、国にも国柄があります（そのイメージも人それぞれですが）。日本の国柄は過去、どのようなものだったのか。現在の日本の国柄はどのようなものか。それを考えるきっかけをこの講義から見つけて下さい」。英語版のページもあって、そこで「この国のかたち」は“The Form of Our State”となっています。最初の一文の訳は、“Just as a person has character, so too does a state.”です。「国柄」を、“state”の“character”と訳しているんですね。

何で「この国」が“Our State”なのか。日本語のとおりにそのまま“This State”としたら、タイトルとしては意味不明になってしまいます。そのことを考えると、「この国」という表現を選んだのも、「我が国」という表現がナショナリズムの熱い空気をまとってしまうのを避け、なるべく中立的に表現しようとした工夫だろうと思います。「かたち」とひらがなを用いているのも、同じく見た目での文字の印象を柔らかくしようとしたのでしょう。

もともと「この国のかたち」は、司馬遼太郎が雑誌『文藝春秋』に巻頭随筆を寄せていて、それを一九九〇（平成二）年に単行本として最初にまとめたさい、作ったタイトルです。「我が国の形」ですと、何だか『防衛白書』が日本の防衛力の現状について語っているようですが、「この国のかたち」とすれば、穏やかな自然に恵まれた里山の風景が広がっているように思える。そんな効果が生まれてきます。

「我が国」ではなく「この国」、「形」ではなく「かたち」。今回の講義にあたった教員たちの意図としては、柔らかい表現の方がいいという程度の選択にすぎません。しかし戦前に教育を受けた司馬たちの世代の人々にとっては、もっと重大な意味をもっていたと思われます。その年代の人が、もし「我が国の形」という言葉を目にしたら、まず思い浮かべるのは教育勅語のなかにある文句でしょう。「我カ國體ノ精華」。「國體」の言葉は常用漢字体の「国体」ですと、国民体育大会のようになってしまい、迫力がありませんよね。ここでは正字体（旧字体）のまま示しました。「國體」の「體」は全体の体型といった意味をもちますから、「形」に通じます。

❖教育勅語

教育勅語については、少し歴史の説明が必要かもしれません。一八八九（明治二十二）年に大日本帝国憲法（帝国憲法）が制定され、翌年に帝国議会を開くことが決まって、日本は近代西洋流の主権国家として本格的に歩み出しました。しかし他面で、急激な西洋化に伴って従来のモラルが見失なわれ、社会が混乱するのではないかという声も政府と民間の双方で高まります。それを防ぐために、天皇を中心とする帝国の「臣民」に求められる道徳を、学校教育を通じて教化しなくてはいけない。そうした目的に基づいて、明治天皇からの「臣民」に対する訓戒という形の文章として、一八九〇（明治二十三）年十月に発布されたのが教育勅語です。

「臣民」は、天皇が呼びかける対象として教育勅語のなかに登場する言葉ですが、すべての国民は天皇に支配される「民」であるとともに、それぞれの仕事を通じて国家を支え、天皇に忠実に尽くす「臣」でもあるという考え方をもとにした表現です。教育勅語は冒頭で、「我カ皇祖皇宗」すなわち代々の天皇が、大日本帝国の始まりを築くとともに、一定の徳を伝えてきたと説きます。

つまり、帝国憲法で代々この国を「統治」すると説かれている天皇の権威と権力は、「臣民」が徳を身につけることを要請するものであった。そして徳の重要な内容としてまず、皇室に対する「忠」と父母・祖先に対する「孝」とを挙げ、二つの徳の実践を通じて「臣民」の心が一体となり、国家の統一を保ってきたのは、「此レ我カ國體ノ精華ニシテ教育ノ淵源亦実ニ此ニ存ス」とまとめています。

帝国憲法の時代には、この教育勅語が学校における道徳教育の標準として指定されました。そうした国民道徳の中心をなす理念として強調されたのが「國體」です。「國體」という言葉それ自体は、「国を治める制度や規則」もしくは「国の体面」といった意味で、チャイナの古典で普通に使われる漢字の熟語です。教育勅語は漢文訓読調の日本語で書かれた正文のほかに、漢訳、英訳、仏訳、独訳が政府によって公式に定められています。アジアで早期の近代的憲法典である帝国憲法とともに、対外的にも国家の重要な方針を示すものと位置づけていたことがよくわかりますね。「國體」は独訳では“Staatsgebilde”、文字どおり「国家の形」ですが、英訳では“the fundamental character of Our Empire”となっています。勅語の表現それ自体は、教育は日本国の歴史や習慣にのっとって施すべきだと言っている程度のものにすぎません。

当初は、「國體」の具体的な意味内容について、政府が公式に定めるということは行なわれていませんでした。教育勅語そのものも、各学校の祝日儀式で校長が朗読するなど、学校の権威づけの道具としては使われましたが、その意味を生徒に解説したり、それを暗唱させたりといったことは、明治・大正期にはほとんどなかったようです。もちろん、忠・孝をはじめとする、教育勅語が「臣民」の身につけるべき徳として指定しているモラルについては、修身教育を通じて熱心に教えられていましたが。そのさい強調された「國體」という言葉の用法は、勅語そのものよりも内容を特定して、日本に独自な国家のあり方を語るものです。つまり、徳川末期に會澤正志斎が『新論』（文政八・一八二五年執筆）で示し、尊王論に大きな影響を与えた「國體」概念です。神々の子孫である天皇が永遠にこの国を統治し、忠孝の徳がしっかりと伝えられている。国民道徳論の著作などでは、そうした日本限定の美称として「國體」が使われることになります。

❖「國體」の威力

一九二〇年代に、急進的な社会運動が盛んになり、アナーキズムやマルクス主義など、国家の転覆や君主制の廃止を目標に掲げる運動が登場しはじめると、政府はその取り締まりを強化します。一九二五（大正十四）年四月に公布された治安維持法で、「國體」の「変革」を目的とする運動に参加した者に対する重罰を定めることとなりました。

ここでも「國體」の意味は公式には説明されていないのですが、やがてこの法律に基づく起訴の事例が生じて、大審院判決（一九二九年五月三十一日）によって、「我帝国ハ万世一系ノ天皇君臨シ統治権ヲ総覧シ給フコトヲ以テ其ノ國體ト為シ」（『大審院刑事判例集』第八巻、三一八頁）と、帝国憲法第一条と第四条の規定に即して明文化されるに至ります。それ以後、一九四五（昭和二十）年の終戦ののちに治安維持法は廃止、教育勅語も失効とされるまで、「國體」の破壊につながるという口実を用いて、さまざまな政府批判の運動や言論を封じこめる暴力が、政府によって行使されたのでした。

帝国憲法下で、憲法条文のリベラルな解釈を通じ、政党内閣制によるデモクラシーの実践を理論的に正当化した憲法学者として、美濃部達吉が有名です。美濃部もまた一九三〇年代なかばから終戦に至るまで、「國體」に反する学説の主唱者として、官民双方からの弾圧にさらされることになりました。大東亜戦争の終戦をへて、帝国憲法の改正手続によって日本国憲法が制定されることになりますが、その施行の直前に刊行した新憲法の概説書『新憲法概論』（一九四七年）で美濃部は、一九三〇年代から四〇年代にかけて、「國體」の尊厳を叫ぶ声の熱気がエスカレートしていったようすを、実感をこめて語っています。

> 従来の所謂國體学説の中には、動もすれば神話的伝説を以て歴史的の事実と為し、天皇は神意に基づき現人神として此の國に君臨したまふのであるといふ説が唱へられて居た。即ち中世の欧洲に行はれて居た神授君権説に類する説が、我が國體の解説として屢々主張せられて居たのであつた。戦時に至つては更に一歩を進めて我が皇位の尊栄は世界を光被し、天皇は神意に基づき世界を支配したまふ運命に在ますといふが如き説をすら為すに至つた。（美濃部　一九四七：五六頁）

「國體」の概念が、天皇が全世界を支配するのが正当であるという妄想にまで肥大してしまう。そういった戦時下の状況は、美濃部の世代の知識人だけでなく、明治期の教育勅語の起草者たちにとっても、予想をこえたものであったことでしょう。現代から見れば「國體」と言っても「国のかたち」と言っても、どちらでも大して変わらないように思えてしまいますが、戦前・戦中の社会に生きた人々にとっては、そうではありませんでした。ほかの物事とは比べものにならないほどの威厳と畏怖が、「國體」の語にはまとわりついていたのです。

2　国制論における皇室

✣「天皇象徴制」への転換

現在はもちろん、日本国憲法にも、また教育勅語に代わるものという性格ももっていた教育基本法にも、「國體」の語は見られません。帝国憲法の第一条には「大日本帝国ハ万世一系ノ天皇之ヲ統治ス」、第四条には「天皇ハ国ノ元首ニシテ統治権ヲ総攬シ」と定められており、これが先にふれた大審院による「國體」定義の根拠にもなっていました。これに対して、日本国憲法の第一条は、「主権」が「国民」の手にあると明記し、天皇の地位は、「日本国民の総意」に基づく「日本国の象徴」および「日本国民統合の象徴」であると規定しています。

国民の意志が憲法を定めたのであり、その憲法によって「象徴」としての天皇の地位が基礎づけられる。この規定に関して憲法学者、鵜飼信成（のぶしげ）は、以下のように明快に説明しています。「日本国憲法は、天皇から主権者たる地位を奪って、国民を主権者の地位においた。このことによって、天皇は単なる象徴に過ぎないものとなった」。すなわち日本国憲法の制定は、「天皇主権制」から国民主権に基づく「天皇象徴制」への転換であって、天皇の地位の廃立についても「全く国民の自由」という体制に変わった。これによって「國體」も「一般国家論上の概念」としては「君主政から共和政に変化した」と考えるべきであろうし、教育勅語に見られるような「倫理上の概念」としての「國體」もまた、この変化と連動して消滅した（鵜飼 一九五六：二六二〜二六七頁）。

しかしそもそも「主権」という語を使わない帝国憲法について、単に「天皇主権制」と呼んでしまってよいのかどうか。また、戦後にも残り続けている国民の皇室に対する親近感は、「倫理上の概念」としての「國體」と本当に無関係なのか。そういった疑問を投げかける余地はありますが、とりあえず鵜飼のような理解が、現在の学界での通説と言ってよいでしょう。

戦後においても、国民主権への転換を否定的にとらえる憲法学説は、少数ではありますが存在します。小森義峯『日本憲法大綱』（初版一九七四年、再改訂増補版一九八七年）は、「日本民族」の歴史を貫く事実として「國體法」が存続し続けているのであり、「わが国の伝統的な國體法は、神道を以てその精神的基盤とし、統治権の総攬者としての天皇制を以てその制度的基盤としている」と説いています。

したがって、日本国憲法への改正はこの「國體法」に反する以上、帝国憲法の改正の限界をこえており無効であるため、現行憲法は憲法ならぬ「暫定基本法」にすぎないと小森は解します。「象徴」としての天皇規定もまた、「日本民族の歴史的な伝統に基づく天皇制」とは異なっている。「統治権の総攬者」という規定がなくなったこと、そして政教分離が定められて、神道に基づく「祭政一致の体制」が不可能になったことに、皇室制度に関しては大きな転換を見ています（小

森　一九八七：三一〜三二、一八六〜一九〇頁）。

ここで興味ぶかいのは、鵜飼の言葉を借りれば、天皇が「単なる象徴に過ぎないものとなった」という点についてはいるということです。「統治権」をはじめ、さまざまな大権をはぎとられた存在としての、日本国憲法における天皇。第一条がその地位を「象徴」と規定することについては、その「無能力性・非権力性あるいは受動性」を説明したものにすぎないとするとらえ方が、憲法学ではやはり通説になっていると言ってよいでしょう（佐藤　一九六二：五九頁）。小森のような立場からすれば、それだからこそ現行憲法は「伝統的な國體法」に反しているという評価が生まれることになります。

❖天皇の「象徴性」

新旧二つの憲法を具体的に比較すると、大日本帝国憲法においては、天皇はいっさいの「統治権」を「総攬」すると定められていました。行政・司法の諸機関は、天皇からの委任を受けてその権限を実行するのであり、議会はそうした委任を受けない独立の機関ではありましたが、それは天皇の立法権に「協賛」するものという位置づけだったのです。また、憲法には定められていませんでしたが、天皇が神社神道の「最高祭主」の地位にあり、神宮・神社で「国家的式典」としての神道祭祀を行なう「祭祀大権」もまた、当然のものとされていたと美濃部達吉は説いています（美濃

部　一九四七：五八〜五九、六五〜六六頁）。

日本国憲法はこうした天皇の大権を否定し、第一条で「天皇は、日本国の象徴であり日本国民統合の象徴であつて」と規定し直して、第四条では儀礼的・形式的な国事行為のみを行なうのであり、「国政に関する権能」をもたないと定めたのです。「象徴」という新しい呼び名も、政治に関する権限をもたない君主の役割を表現する言葉として、英連合（Commonwealth of Nations）のウェストミンスター法（一九三一年）の規定をおそらく参考にしながら導入したものでした。鵜飼信成と同じく美濃部の門下で学んだ憲法学者、田上穣治はその趣旨をこう説明しています。文中、「イギリス連邦」とあるのは英連合のこと。連合王国（United Kingdom）と混同しかねない表現なので、注意が必要です。

ただ明治憲法では天皇の象徴性が、元首として統治権を総攬するものの中に含まれていたから、特別な規定をしないが、現行憲法は天皇に政治的権能がないと定めるから、特に象徴性を定めたのである。イギリスのウェストミンスター法（statute of Westminster, 1931）が、君主をイギリス連邦構成諸国の自由な結合の象徴とし、連邦構成諸国は君主に対する共同の忠誠によって結合するから、君主の地位の継承または称号に関する法律の変更は、本国の国会のほか自治領・植民地の議会の承認を要するとしているが、これはマッカーサー草案の起草にあたりイギリスを模範とした

ため、わが憲法に影響したといえる。（田上　一九八〇：五六～五七頁）

つまり、国家と国民統合の象徴としての君主の性質は、世襲君主制が一般に備えるものであって自明のものにほかならないが、日本国憲法は天皇から「政治的権能」を奪うという類例のない変更を行なったために、それでも残る君主の地位の意義を説明するために、「象徴」という言葉をウェストミンスター法から借りて明示したというのです。

英国（連合王国）と英連合については、二〇一三（平成二十五）年四月に、王位継承法の部分改正が行なわれました。これまで男子を優先するとしていた継承順位を、性別に関わらない長子優先に変えること、カトリック信徒と結婚しても継承資格を失なわないことなどが定められましたが、その手続は、オーストラリアのパースで開かれた英連合首脳会議で英国のデイヴィッド・キャメロン首相がまず提案し、英連合のうち英国王を共通の君主とする十六か国の合意をえた上で、英国の上下両院において審議するというものでした（河島　二〇一三）。日本国憲法第一条が、天皇の地位について「主権の存する日本国民の総意に基く」と規定しているのも、そのように国民の合意に基づいて皇室に関わる法制度を定めていく過程を念頭においていると思われます。

❖黒田覚の試み

しかし、単に「国政に関する権能」を失なったという消極的な意味づけを説くのみでは、「象徴」という天皇の地位について、その内実を理解するのには不十分でしょう。帝国憲法にあったような大権に関する規定がないことの説明にはなっても、日本国憲法第四条に見える国事行為がいったい何の意味をもつのか、示すことができません。

この「象徴」という規定について、戦後日本でもっとも真剣に考え、論じた憲法学者は、京都帝国大学法学部の教授であった黒田覚（さとる）でした。黒田は戦前・戦中の京都帝大で憲法学と政治学の両方を講義し、ハンス・ケルゼン、カール・シュミットなど当時の最先端の公法理論の受容に努めた学者ですが、戦前に同僚の刑法学者、瀧川幸辰（たきかわゆきとき）が政府の弾圧をうけ免職となった瀧川事件（一九三三年）の一種の後始末として、戦後に辞職するというドラマティックな経歴をもつ人物です。

黒田は戦後、日本国憲法の政府草案が公表される前から、皇室の今後の位置づけについてみずからの意見を公表していましたが、論文「天皇の憲法上の地位」（一九五四年）、および「象徴天皇制の意義と機能」（一九六三年）が、もっともまとまった形でその皇室制度論を示す著作と言ってよいでしょう。黒田は社会生活における「象徴」の機能についてこう説明します。

> 象徴的機能とは、われわれがその物をとおして、その「物」の示す意味内容の体験が強化されることである。例えば、国旗をとおして祖国が生き生きとした体験としてわれわれに現われるよ

うな場合がそれである。もちろん、同じ象徴であっても時と場合によって同じ程度の象徴的機能を持つとはいえないであろう。まったく持たない場合すらもある。しかし、少なくともこのような機能をもつ「チャンス」（chance）があるということ、これが象徴にとって本質的なことである。（黒田　一九六三：一七八頁）

黒田はドイツの公法学者、ルドルフ・スメントの理論を参考にして、君主制において君主は、その「背後の長い歴史的伝統性」によって支えられながら、国旗・紋章・国歌などと同様の「物的統合」（sachliche Integration）の機能をはたすと論じています。つまり、君主が儀式や祭典を主催し、それを人々が見るとき、「生き生きとした体験」として国民の統一性をそこに実感する。そうした形で人々の心理に「統合」をもたらすのが、君主の「象徴」としての機能であるとして、日本国憲法が規定する天皇の国事行為も、そうした意味をもつはずだと説いたのです。

❖日本国憲法の矛盾

しかし、日本国憲法それ自体に関する黒田の解釈は、アイロニーに満ちたものでした（黒田　一九五四：九〜一九頁）。黒田は、十九世紀以降の西欧諸国とブラジルで成立した、議会主義・国民主権と並存する立憲君主制においても、君主の「象徴的機能」は十分に働いてきたと考えています。

すなわち、「君主自身の決断が政治の方向を決定すること」はもはやありえず、「統治するが政治しない」新しい君主のあり方。ただしそれは、君主の「名目上有する権力」をいっさい奪うという性質のものではありませんでした。ブラジル（一八二四年）とポルトガル（一八二六年）の憲法が、立法権・司法権・行政権のあいだに対立が生じたときに、法律の裁可、議会の停会・解散などを通じてそれを調整する調整権を、君主が行使できると定めていることに、黒田は注意を促します。

つまり、たとえ政策の実質内容を決めるような権限でなくても、あるいは権限の行使を実際には国務大臣が代行するものであっても、「ある程度の権力的地位」が憲法上認められていることによって、君主の「象徴的機能」は有効となるのでした。英国についても、「名目上の諸権力」が規定されているがゆえに、「統治するが政治しない」体制が存在し続け、人々の心理のなかに「祖国や英連邦に対する忠誠」を生んでいると説きます。「象徴的機能は、君主の背後の伝統性と結合して生れる「非合理主義」的性格のものである。合理主義的に割切つてしまえば、その正体はつかめない」。君主が国民心理のあいだに「非合理」的に生みだす統合も、その君主に何らかの「権力」を与えておかなければ、定着しえないのです。

これに対して日本国憲法はどうか。その国事行為に関する規定は、英国王室の権限の場合よりも、はるかに「形式化儀礼化」が進められており、名目上の権力までも拒否するものになっていると黒田はとらえます。たとえば、第七条が天皇の国事行為を具体的に列挙するうちの第九号、「外国の大使及び公使を接受すること」は、天皇に「国の対外的代表権」を認めていない以上、「儀礼的行為」のみを担当する「大使公使の接受係」にすぎない役割しか期待していないと言える。

こうした憲法構造においては、君主の形式的な権限もまた疑わしいものとなっており、その「象徴的機能」が発生する「場」が保障されていない。そこでは「統治するが政治しない」と言う場合の「政治」どころか、君主の「統治」それ自体が成り立たなくなってしまうでしょう。「いまの憲法は、たしかに天皇制から毒牙を抜き取った。しかし、「手術はみごとに成功したが、患者は死んだ」というドイツの諺が想起されないではない」。黒田はそんな辛辣な言葉で、皇室制度に関する論文の一つを締めくくっています。

政治的には無力な立憲君主制をとるにしても、憲法機構のなかで「技術的な組織的要素」として位置づけられていないのでは、天皇は「象徴的機能」を十分に発揮できず、「存在の理由」をもちえない。日本国憲法に内在するこの欠陥を指摘した点で、黒田の皇室制度論は群を抜いていました。しかし他面で、そのアイロニカルな論理がほとんど理解されず、帝国憲法の天皇規定への復古論のように受けとめられてしまったのは、残念なことであったと思えます。

ただ、「いまの憲法の天皇の地位から生れ得る象徴的機能」の問題と、社会心理上の事実として「天皇が現実に象徴的機能をもつているかどうか」とは別だと黒田は説いています。一九五〇年代の時点では、戦前以来の天皇崇拝による「象徴的機能」がいわば惰性として残り、依然として国民心理に働き続けているというのが、その見立てでした。しかし、現実の国民心理における皇室に対する感情のあり方もまた、戦後の長い歴史のなかで、大きく変容してゆくことになります。制度上の欠陥を抱えた皇室制度を前提にした上で、変わってゆく社会の意識に対していかに対応し、「象徴的機能」を持続させてゆくか。戦後の皇室は、その課題にとりくみ続けてきたと言ってもいいかもしれません。

3　戦後の皇室と「平成流」

❖戦後の皇室と国民の意識

帝国憲法の「統治権」の「総攬」者から新憲法の「象徴」へと、その規定が大きく変わった皇室は、戦後史のなかで、国民に対するパフォーマンスをいかに変えていったのか。その過程については、ケネス・J・ルオフ『国民の天皇――戦後日本の民主主義と天皇制』（原著二〇〇一年）、河西秀哉編『戦後史のなかの象徴天皇制』（二〇一三年）をはじめとする、すぐれた研究がいくつも刊行されていますし、私も『歴史という皮膚』（二〇一一年）に収めた「浮遊する歴史――一九九〇年代の天皇論」という文章で簡単な展望を試みていますので、詳しくはそうした文献をご参照ください。

終戦後に初めて迎えた新年、一九四六（昭和二十一）年の元日に、天皇を「現御神（あきつみかみ）」とする思想を「架空ナル観念」として否定し、「文明ヲ平和ニ求ムル」ことと「人類愛ノ完成」を国民に呼びかけた詔書、いわゆる人間宣言が昭和天皇の名で発せられます。これは連合国軍最高司令官総司令部（GHQ）の指導に基づくものでしたが、続いての日本国憲法の制定とあわせて、戦後の新しい皇室制度の出発をもたらしました。

この一九四六年から昭和天皇は地方巡幸をはじめ、一九五四年までのあいだに沖縄県をのぞくすべての都道府県を回ります。かつての大元帥の軍服姿をスーツに改め、住民のあいだを歩き、言葉を交わしたのでした。皇室に関するメディアの報道も、なごやかな家庭生活を伝えるものが多くなり、庶民と同じ「人間」としての姿を流布させるようになります。そして、経済復興を通じて大衆社会化が進んでゆくと、国民が皇室に対して抱く意識も、戦前とはまったく異なるものに変わってゆきます。

そうした皇室をめぐる意識の変化をとらえて鮮やかに説明した仕事が、政治学者、松下圭一さんによる「大衆天皇制論」（『中央公論』一九五九年四月号に初出、『戦後政治の歴史と思想』所収）です。一九五八（昭和三十三）年、明仁皇太子（当時）の婚約発表をきっかけにして、御成婚ブーム、ミッチー・ブームが巻き起こります。その過程に松下さんは、皇室がかつての恐ろしげな「現御神」ではなく、庶民の憧れの「スター」として人気を得るようになったという変化を見いだしました。そこで国民の前に現われる皇室とは、親しみやすい「科学者家庭の団らん」を営んでいる、モダンな「家庭」の模範です。

一九五九年に松下さんが指摘した、皇室に関する国民の意識の特徴は、その後現在に至るまで、基本的には続いていると言ってよいでしょう。皇室報道がもっとももりあがるのは、皇族の結婚や、新しい子供の誕生にさいしてです。ネガティヴな内容の話題の場合でも、皇族女性の公務や子供の教育をめぐる問題が注目を集めるのは、人々が広く共有している家庭内の問題と重なるからでしょう。皇室報道を通じて、皇族一人ひとりの生き方が伝えられ、それに接する人々が、みずからの直面する問題と重ねあわせながら、自分の生き方について考えてゆく。社会の現実としては、こういう心理上の回路を通じて黒田覚の言う「象徴的機能」が生き続けている。そう理解することもできるかもしれません。

❖「平成流」と憲法

憲法との関連でふれておかなくてはいけないのは、昭和天皇から天皇明仁（のち上皇）への代替わりをへて、天皇・皇后の公的なパフォーマンスについては、「平成流」と言うべき新たな傾向が現われていることです。「平成流」は、朝日新聞の皇室担当記者であった岩井克己さんが、その論文で使われた名前です（岩井　一九九八）。そこでは、天皇・皇后の行幸啓が代替わりをへて飛躍的にふえ、実に熱心に多くの地方や、学会、大会、美術展や音楽会を訪れているようすが明らかになっています。また、官界・財界・学界の人々とじかに会う機会も多い。大災害が起きたとき、被災地の人々に温かく語りかけたようすについては、みなさんの記憶にも新しいでしょう。

しばしば指摘されることではありますが、平成時代の天皇・皇后は時にふれて、憲法とそれが体現する理念を堅く守る姿勢を明らかにしています。そもそも天皇の即位にあたって、即位後朝見の儀におけるお言葉（一九八九年一月九日）には、「皆さんとともに日本国憲法を守り、これに従って責務を果たすことを誓い」という文句が示されていました。改憲を主張するナショナリストたちをがっかりさせたことでも、当時話題になったと思います。

しかしこのお言葉に対しては、憲法学者から鋭い批判の声が上がりました。高橋和之「天皇の国事行為に思う」（『世界』一九八九年三月号）が、天皇が日本国憲法に言及したことは評価しながらも、「皆さんとともに」という表現が入っていることに疑問を投げかけました。主権者はあくまでも日本国民であり、その国民の定めた憲法によって天皇の地位が基礎づけられているのだから、天皇自身が憲法を守ると宣言するのは当然としても、「皆さんとともに」と、国民がそれを守ることを指示するような言葉が入っているのは問題だという趣旨です。たしかに日本国憲法は、天皇と公務員の憲法遵守義務は定めても、国民にはその義務を課さず、むしろ改正の権利を与えています。

この高橋論文の効果かどうかは確定できませんが、その後、天皇のお言葉に憲法への言及がある場合でも、「皆さんとともに」という文句が使われた例はないように思われます。天皇・皇后や補佐する人々が、きわめて慎重に配慮しながら憲法の理念の尊重を訴えている努力を、想像することができるでしょう。

また、二〇〇五（平成十七）年六月、戦後六十年を期してかつての激戦地であったサイパン島を訪問するさいには、「この度、海外の地において、改めて、先の大戦によって命を失ったすべての人々を追悼し、遺族の歩んできた苦難の道をしのび、世界の平和を祈りたいと思います」という天皇のお言葉が発表されました。政治史学者の御厨貴さんは、ここで「すべての人々」と語られ、大日本帝国の将兵と民間人に限っていないことに注意を促しています。それは、靖国問題や「慰安婦」問題をめぐって、中国や韓国と、日本の政治家・言論人とのあいだに、「歴史の政治化」とも言うべき争いが展開しているのとはまったく対照的に、それを超越する静かな「祈り」の姿勢を示すものでした（御厨　二〇〇六：二六三頁）。

憲法の尊重や、平和への祈り。憲法第一条に言う「国民統合の象徴」と「日本国の象徴」との二つの要素を区別して、前者は国民からの尊敬や憧れの対象になること、後者は国家の秩序や価値を体現することと解釈する議論があります（園部　二〇〇七：三〇〜三三頁）。その理解を敷衍するならば、国民一人一人の生活を気にかけ、その苦しみによりそうとともに、他面では日本国憲法のもつ理念を高らかに示してゆく。そうした二つの方向を、平成の皇室はめざしてきたと言えるかもしれません。

最後に、今年（二〇一三年）の十月二十日、皇后誕生日に宮内庁記者会に対し文書で示された回答（およびその英語版）から引用しておきましょう。基本的人権の尊重という原則を軽視するような憲法改正案が政府与党のうちで起草された現実に対して、鋭い問題提起を行なっているとも読めます。この講義のしめくくりに掲げるのにもふさわしいお言葉です（引用は宮内庁編『道――天皇陛下御即位三十年記念記録集』NHK出版、二〇一九年による）。

五月の憲法記念日をはさみ、今年は憲法をめぐり、例年に増して盛んな論議が取り交わされていたように感じます。主に新聞紙上でこうした論議に触れながら、かつて、あきる野市の五日市を訪れた時、郷土館で見せて頂いた「五日市憲法草案」のことをしきりに思い出しておりました。明治憲法の公布（明治二十二年）に先立ち、地域の小学校の教員、地主や農民が、寄り合い、討議を重ねて書き上げた民間の憲法草案で、基本的人権の尊重や教育の自由の保障及び教育を受ける義務、法の下の平等、さらに言論の自由、信教の自由など、二百四条が書かれており、地方自治権等についても記されています。当時これに類する民間の憲法草案が、日本各地の少なくとも四十数か所でつくられていたと聞きましたが、近代日本の黎明期に生きた人々の、政治参加への強い意欲や、自国の未来にかけた熱い願いに触れ、深い感銘を覚えたことでした。長い鎖国を経た十九世紀末の日本で、市井の人々の間にすでに育っていた民権意識（an awareness of civil rights）を記録するものとして、世界でも珍しい文化遺産ではないかと思います。

参考文献

岩井克己「平成流とは何か――宮中行事の定量的・定性的分析の一試み」（近代日本研究会編『年報・近代日本研究20　宮中・皇室と政治』山川出版社、一九九八年、所収）

鵜飼信成『憲法』（岩波全書、一九五六年）

片山清一編『資料・教育勅語――渙発時および関連諸資料』（高陵社書店、一九七四年）

河島太朗「［イギリス］二〇一三年王位継承法の制定」（国立国会図書館調査及び立法考査局『外国の立法』二〇一三年十月）

河西秀哉編『戦後史のなかの象徴天皇制』（吉田書店、二〇一三年）

苅部直『歴史という皮膚』（岩波書店、二〇一一年）

黒田覚「天皇の憲法上の地位」（『公法研究』十号、一九五四年）

――「象徴天皇制の意義と権能」（清宮四郎ほか編『憲法講座』第一巻、有斐閣、一九六三年、所収）

小森義峯『日本憲法大綱』再改訂増補版（嵯峨野書院、一九八七年）

佐藤功『憲法解釈の諸問題』第二巻（有斐閣、一九六二年）

園部逸夫『皇室法概論――皇室制度の法理と運用』（第一法規、二〇〇二年）

――――『皇室制度を考える』（中央公論新社、二〇〇七年）
田上穣治『日本国憲法原論』（青林書院新社、一九八〇年）
高橋和之「天皇の国事行為に思う」（『世界』五百二十五号、一九八九年三月）
中澤俊輔『治安維持法――なぜ政党政治は「悪法」を生んだか』（中公新書、二〇一二年）
松下圭一『戦後政治の歴史と思想』（ちくま学芸文庫、一九九四年）
御厨貴『天皇と政治――近代日本のダイナミズム』（藤原書店、二〇〇六年）
美濃部達吉『新憲法概論』（有斐閣、一九四七年）
Kenneth J. Ruoff *The People's Emperor: Democracy and the Japanese Monarchy, 1945-1995*, Harvard University Asia Center, 2001（ケネス・ルオフ『国民の天皇――戦後日本の民主主義と天皇制』木村剛久・福島睦男訳、岩波現代文庫、二〇〇九年）

第10章 「象徴」はどこへゆくのか

1 「象徴」の誕生

天皇はいつから「象徴」になったのか。まず戦後史をふりかえって、そこから考えてみよう。

法律論としてはもちろん、一九四六（昭和二十一）年十一月三日に公布され、翌年の五月三日に施行された日本国憲法が第一条で「天皇は、日本国の象徴であり日本国民統合の象徴であつて」と規定したときからである。それ以前、大日本帝国憲法においては「天皇ハ国ノ元首ニシテ統治権ヲ総攬シ」（第四条）と定められていた。

帝国憲法の時代には、その法典の解釈論として「統治権」は主権と同じなのかどうか、それを「総攬」するとはどういう意味かをめぐって、学者の理論が岐れていた。しかしこの点をどう解するにせよ、国家制度における天皇の位置づけがこのときに大きく変わったことは明らかである。天皇は、政治の実質に関わる権能をいっさい失ない、内閣の助言と承認によって、内閣総理大臣の任命や法律の公布など、儀礼的・形式的な行為を行なうのみの存在になった。また、その地位は『日本書紀』神代巻に記された神話ではなく、「主権の存する日本国民の総意に基く」ものとされた。条文からはさしあたりそのように、「象徴」という規定がもたらした変化を確認できる。

しかし他面で、政治の決定に実質上関わることがなく、儀礼や文化を職掌とし、王朝の権威を担う者という特質に関してみれば、前近代から長らく天皇はそういう存在だった。したがって、「象徴」としての天皇のあり方が、むしろ皇室の伝統に即しているという見解も生まれてくる。その立場をとるならば、実質的な主権者のように見立てたり、軍の頂点に位置づけたりするのは、むしろ明治政府の創った歪んだ天皇像にすぎないという結論になるだろう。

こうした意見もまた、終戦直後の津田左右吉（そうきち）や和辻哲郎の例にみられるように、日本国憲法制定の前から存在している。これに基づくなら、天皇は古代以来、日本国憲法にいう「象徴」に等しい存在であったのであり、後醍醐天皇のようにみずから積極的に政治権力を行使したり、明治・大正・昭和前期の天皇のように、軍服を着てみずから軍隊を率いたりするのは例外にすぎない。現行憲法の制定から七十年以上がすぎ、天皇が「象徴」であることが自明になった現在では、そうした見解が自然に感じられるかもしれない。

2 戦後初期の困惑と論争

しかし、新しい憲法における天皇の規定が登場したとき、政治家や学者たちはとまどった。もちろん最大の問題は、天皇が「統治権」の「総攬」者としての地位を失ない、国民が主権者となったことを、伝統との関係でどう意味づけるかということである。だがそれ以前に、「象徴」の言葉が法律用語としては前例のないものだった。

そもそも「象徴」という漢語自体、古い用例は日本にもチャイナにもなく、中江兆民がフランスの美学書を訳して『維氏美学』(一八八三年)を刊行したさい、symbolismeの訳語として造語し、用いたのが最初だと言われている。その後、上田敏らによってフランスのサンボリスムの文学潮流が「象徴派」として紹介され、「象徴」(シンボル)の語は主に藝術用語として日本に定着していった。そこで戦後の新憲法制定にあたり、連合国軍最高司令官総司令部(GHQ)が提示した原案が、第一条でsymbolという言葉を用いたとき、それを承けた日本政府による憲法改正草案要綱(一九四六年三月六日公表)は、「象徴」の訳語で示した。

だが法律の条文の言葉として見慣れない「象徴」の語は、関係者のとまどいを引き起こした。憲法担当の国務大臣だった商法学者、松本烝治は、総司令部の原案に「文学書みたようなことが書いてあると思つて、大いにびつくりした」と回想している（憲法調査会資料・総第二十八号『日本国憲法の草案について』一九五八年）。

「象徴」といわれても、何を意味するのかわからない。貴族院の帝国憲法改正案特別委員会における審議の過程でも多くの委員が疑問を示した。そのうち刑法学者、牧野英一はこの言葉を「元首」もしくは「中心」に言いかえることを提案している（四六年九月十日）。

牧野の意見に対しては副総理格の国務大臣であった幣原喜重郎が、翌日の審議の冒頭近くに「ふいと思ひだしまして」と語った上で、「象徴」の語を法文で用いた先例があると紹介した。ウェストミンスター法（一九三一年）は前文で、英国の「王位」（Crown）が、旧植民地の国々を含む英連合（Commonwealth）の「構成国の自由なる結合の象徴」であると規定している。

同じ委員会に列席していた憲法学者、佐々木惣一は、それまで政府は外国の用例をまったく示さなかったのに、幣原がこのとき初めて「突如その用例を示されたのである」と指摘し、「私は同氏の調査の労に対して敬意を表する」と記した（『天皇の国家的象徴性』一九四九年）。練達の外交官である幣原の知識に佐々木は感心したのだろうが、おそらくは一晩のあいだに総司令部から幣原に教示があったのではないか。

だが、先例が明らかになったからといって、憲法典において「象徴」という言葉がいかなる法的効果をもたらすかがはっきりするわけでもない。佐々木はその解釈に苦しんだあと、「象徴ということそのことが法的の意味であるのではない」「法文中にある言葉としては、素朴的な考を示すものであつて、学問的な考を示すものとして用いられたのではない」と、意味の確定を事実上放棄するような態度をとっている（前掲書所収の「國體の問題の諸論点――和辻教授に答う」）。

3 和辻哲郎と戦後の皇室

先に引用した佐々木惣一の二つの文章は、佐々木が日本国憲法の公布とともに発表した論文「國體は変更する」（『世界文化』一九四六年十一・十二月合併号）に対して、和辻哲郎が批判の文章を寄せ、批判と反論をおたがいにくりかえす過程で公表されたものである。

和辻の側の文章は、のちにその著書『国民統合の象徴』（勁草書房、一九四八年）に収められた。中公クラシックス版の『新編　国民統合の象徴』には、論争における佐々木の文章も付録として加えられている（中央公論新社、二〇一九年。解説として拙稿「日本国憲法における「象徴」――和辻哲郎と佐々木惣一」を寄稿した）。

新憲法の「象徴」の言葉を率直に受けとめ評価しようとする動きは、他面で制定の直後から存在しており、和辻もその一人であった。たとえば法制局が編集し、新憲法の公布と同時に刊行したパンフレット『新憲法の解説』は、第一条の天皇の規定についてこう説明している。「天皇の御姿を仰ぐことによって、そこに日本国の厳然たる姿を見、そこに国民が統合され統一された渾然たる姿を見ることができる」(高見勝利編『あたらしい憲法のはなし 他二篇』岩波現代文庫、所収)。

これは憲法学者、黒田覚が公布の直前の十月に刊行した『憲法に於ける象徴と主権』と同じく、一九二〇年代にドイツの公法学者、ルドルフ・スメントが展開した議論を念頭においているのだろう。スメントの理論は、さまざまな政治的立場に分裂し、抗争が繰り返されたワイマール共和国時代のドイツを念頭において、国家元首(とりわけ君主)、紋章、国旗といった「象徴」が人びとの心理を統合することを通じて、国家の統一を確保しようとするものであった。

「象徴」は、価値観の違いをこえて各人を結びつけ、国家共同体の歴史的な継続を支えてゆく。和辻哲郎も『国民統合の象徴』に収められた諸論文で、憲法第一条における言葉のうち、「日本国の象徴」よりも「日本国民統合の象徴」の方に注目する。天皇が総理大臣の任命や法律の公布を行なうとき、その姿に人びとは「日本国民」としての一体性を感得するのである。

日本においては古代王権のもとで「国民の統一」が成立し、その一体性を「表現」するものとして、時代をこえて天皇が民衆から尊崇されてきた。日本のナショナル・アイデンティティの伝統と皇室との関係をめぐる、そうした見解は、和辻が『日本古代文化』(岩波書店、一九二〇年)以来、説き続けてきたものであった。しかも「象徴」は、青年時代、その哲学者としての出発期に、十九世紀末の文藝・美術・演劇に由来する概念として、和辻が重視したキイワードにほかならない。佐々木とは対照的に、「国民統合の象徴」という新憲法の表現は、和辻にとって素直に歓迎すべきものだった。

4 「象徴」とデモクラシーの実践

しかも和辻の解釈において天皇のもつ「象徴」の機能は、単に「国民」の共同体としての一体感を演出するだけには尽きない。それは同時にデモクラシーの実践を要求するものでもある。『国民統合の象徴』に収められた論文「国民全体性の表現者」では、新憲法第一条の「主権の存する日本国民の総意」という語句に着目して、ここでいう「総意」とは国民の「全体意志」にほかならず、現代において具体的には「投票や選挙や議決」によって決定されると説く。

したがって政治権力を運用する当局者は、「全体意志」の「象徴」である天皇からの任命を形式上受けているかぎり、「投票や選挙や議決」による決定に忠実に従い、みずからの政治が真に「全体意志」に即したものであるかどうかを、きびしく自己点検しなくてはいけない。和辻自身は明確に語ってはいないが、それは同時に国民が政府の行動を絶えず監視し、批判の声を挙げる営みを要求するものでもあるだろう。「全体意志」は多数決に表われるような個別の意志の総和とは異なる、全体としての真に一つの意志だと和辻は説いているから、少数意見の尊重というリベラルな規範をそこから導くことも、不可能ではない。

戦後において和辻哲郎その人と皇室との関わりは浅くなかった。一九四九(昭和二十四)年に昭和天皇に対して数回進講を行ない、そののちも安倍能成(よししげ)、志賀直哉、田中耕太郎、谷川徹三とともに「天皇陛下を囲む会」という集まりで懇談していたことを、妻、和辻照が『和辻哲郎とともに』(新潮社、一九六六年)で記している。また小泉信三の回想によれば、一九五九(昭和三十四)年の十一月から、皇太子明仁との婚約が決まっていた正田美智子に対して、数回にわたり古代史を講義している。和辻による古代史講義は皇太子からの希望に基づくもので、「殿下[皇太子]はすでにこれ以前から和辻君の講義をお聴きになり、妃となるべきお方が同じ知識を持つことを望まれた結果、この御注意となつたのであつたと思ふ」と小泉は語る(和辻照編『和辻哲郎の思ひ出』一九六三年)。

実際に天皇明仁は、皇太子時代の記者会見ですでに、日本国憲法における「象徴」制度が皇室の古来の伝統に即したものだという理解を表明されていた。「憲法で天皇は象徴と決められたあり方は、日本の歴史に照らしても非常にふさわしい行き方と感じています。やはり昔の天皇も国民の悲しみをともに味わうように過ごされてきたわけです。象徴のあり方はそういうものではないかと感じています」（一九八三年十二月三十日記者会見）。

国民の生活に配慮し、その幸福をひたすら願う存在としての皇室。そのあり方は、和辻が『日本倫理思想史』（岩波書店、一九五二年）などの著作で、日本思想史における政治的正義の伝統として説いたものであった。また、みずから強権をふるうことはなく、文化や学問を大事にするのが天皇の伝統だという理解をお言葉でしばしば示すのも、和辻の所説と共通する。

もちろん一般に耳にする機会の多い内容でもあり、こうした発言のすべてを、和辻からの影響に由来するものと考えることは適切ではない。だが、日本国憲法とデモクラシーの原理を尊重し、積極的に災害の被災地を訪れ、国民の幸福のために祈る。これまで展開されてきた平成の天皇・皇后の行動は、和辻が思い描いた皇室像を実現する一つの形ではないか。そう評価することも可能と思われる。

5　新しい時代へ

「被災者のこれからの苦難の日々を、私たち皆が、様々な形で少しでも多く分かち合っていくことが大切であろうと思います。被災した人々が決して希望を捨てることなく、身体（からだ）を大切に明日からの日々を生き抜いてくれるよう、また、国民一人びとりが、被災した各地域の上にこれからも長く心を寄せ、被災者とともにそれぞれの地域の復興の道のりを見守り続けていくことを心より願っています」。二〇一一(平成二十三)年三月十六日、東日本震災の直後に公表された、天皇のヴィデオメッセージの一節である。ここには、先に述べたような和辻の天皇観とはやや異なる要素がみられる。このお言葉のなかで「私たち皆」とは、天皇と日本国民の双方を含んでいる。もちろん、天皇という地位にある人物が「国民一人びとり」に呼びかけるのであるから、天皇と国民がまったく同質な存在として並んでいるというわけではない。

しかし他面で、国民の「全体意志」を天皇が「象徴」するという和辻の理論は、国民よりも高い次元に天皇の地位があることを前提としているとみることもできるだろう。もしも両者が同列の存在であれば、人びとの心理を統合する特別な輝きを放つ「象徴」ではありえないからである。これに対してヴィデオメッセージにおいては、そうした隔てを取り払った「私たち皆」という、水平的な表現が選ばれている。

「国民の幸せを願って、国民とともに歩むのが［皇室の］基本的な姿勢です。それが現行憲法の姿勢だと思います」(一九六九年八月十二日記者会見)という皇太子時代のお言葉にみられるように、平成時代の天皇は「国民とともに歩む」としばしば発言されてきた。そして皇后とともに、国民と同じ地面に立つ姿勢で、その幸福を願い、悲しみによりそうことを方針としてこられた。その意味で両陛下の姿勢は、和辻の説いた皇室のあり方よりも、はるかに戦後民主主義的なのである。この方針は天皇・皇后の代替わりをへたのちも引き継がれるだろうが、新しい皇室ではどのような形で具体化されることになるか。国民として大きな期待をこめながら見守りたい。

補論

「象徴天皇」宣言の波紋

二〇一六(平成二十八)年の八月八日、「象徴としてのお務めについての天皇陛下のおことば」(表題は宮内庁ウェブサイトによる)がヴィデオメッセージの形で公表された。そこで暗に示された天皇陛下(当時)の退位のご意向については、メディア各社の世論調査で見るかぎり、国民の多くの支持を得ているようである。そのお言葉をうけて内閣が設置した「天皇の公務の負担軽減等に関する有識者会議」も九月二十三日にメンバーが決まり、発足をみた。

今後、退位をめぐる制度がどうなるかは、さしあたり有識者会議での自由な議論に委ねられることになる。本論の執筆の時点ではその方向がまだ明らかになってはいないが、何らかの制度改正が提言され、退位を認める結論となる可能性が高いだろう。明治時代の旧皇室典範(一八八九年)以来続いていた、天皇がみずからの意志で退位することを禁じた制度は、大きく変わることになる。

現行の日本国憲法第二条には、「皇位は、世襲のものであつて、国会の議決した皇室典範の定めるところにより、これを継承する」とある。憲法の条文が、別の法律を具体的に指定して、条文の運用にはその法の規定に従うべきだと明示した、数少ない事例である。また、皇室典範を改正すれば退位を可能にすることができ、それは現行憲法の趣旨に背かないと考えるのが、現在に至るまで政府が維持している見解である（一九七一年三月十日、衆議院内閣委員会における高辻正己内閣法制局長官の答弁など）。

こうした事情からすれば、退位を可能にするには、皇室典範を改正するのがまっとうな回路ということになるだろう。世論調査の結果をみても、一代限りではなく、退位が可能な制度に恒久的に改めるべきだとする声が、多くの支持を集めている。

しかし奇妙なことに、有識者会議が発足する前から「政府関係者」の声として漏れ聞こえてくるのは、皇室典範を改めるのではなく、一代限りの特別立法によって、今上陛下に関してのみ退位を可能にしようという方針なのである（たとえば毎日新聞九月十四日朝刊）。皇室典範そのものの改正となると時間がかかってよくない。それが理由づけのようであるが、退位に関係する条文に限定した追加・修正なら、それほど日数がかからないのではないか。皇室典範をめぐる諸問題については、すでに二〇〇〇年代から政府内で検討がくりかえされているから、知見や参考資料の蓄積もあるだろう。

もちろん、そこには法律の改正に伴う手続きの煩瑣さを実体験として知っている担当者ゆえの判断もあるのかもしれない。しかしそれよりも感じられるのは、一九四七（昭和二十二）年に公布・施行された現行皇室典範には手をつけたくないという姿勢である。そもそも国会制定法として誕生した、この新たな皇室典範の草案作成のさいに、一代限りの立法措置によって退位を可能にすればよいという構想もまた、意識されていた。

昭和の皇室典範は、内閣のもとにある臨時法制調査会が草案を審議し、そこで議定した法案を国会審議にかけるという手続で制定されている。臨時法制調査会での審議のたたき台となった草案、「皇室典範要綱」の作成の中心を担ったのは、当時の宮内大臣官房文書課長、高尾亮一である。のちに高尾は、一九六二（昭和三十七）年に内閣の憲法調査会に対して「皇室典範の制定経過」という文書を提出し、「要綱」の作成の趣旨について語っている（『國學院大學日本文化研究所紀要』第七十三輯、一九九四年三月に翻刻）。

それによると「要綱」それ自体は、のちに結果としてできあがる現行典範と同じく、天皇の退位を認めないものであった。しかし高尾の補足説明によれば「もし予測すべからざる事由によつて、退位が必要とされる事態を生じたならば、むしろ個々の場合に応ずる単行特別法を制定して、これに対処すればよい」。典範に退位の規定を追加しなかったのは、退位規定の「天皇の自由意思を無視した濫用」を防ぎたいという意図に基づいていた。

摂政・関白などの有力な貴族が宮中に影響を及ぼしていた時代はともかく、この現代に天皇が無理やり退位させられるという事態は考えがたい。だが同じような理由づけは、このたびの退位問題に関する報道においても、政府関係者のコメントに散見された。明治の皇室典範と、それを継承した現行典範の支配力が強いというより、自分の任期中は大きな制度改正を避けたいという、官僚の事なかれ主義の表われではないか。

かつて天皇への忠誠を中軸とする「日本精神」の体認と実践に努めた歴史学者、平泉澄（きよし）は「承詔必謹」を説いた。天皇の御心について云々するのは臣民のとるべき態度ではない。そのお言葉に忠実に従うべきである。そうした信念から平泉は一九四五（昭和二十）年、大東亜戦争の終戦にあたっても、連合国に対する降伏の方針に反対して蹶起（けっき）しようとする軍人たちを制止し、昭和天皇の意志に従うよう諭したのであった。

ところがこのたびの天皇陛下の「おことば」に対して、伝統尊重の立場の論者がしばしば示すのは、現行皇室典範を護持して、退位ではなく摂政を置くことで解決せよという主張であった。退位を禁ずる「皇室伝統」の「人為的変更」はいけない。そういった論拠である（たとえば七月十六日のウェブ版産経新聞ニュースに載った小堀桂一郎の談話）。

もちろん、さまざまな報道でも言及されているとおり、初めて退位（正史に多く見られる表現では「譲位」）を行なった皇極天皇から、徳川時代末期の光格天皇までの八十五人の天皇に関してみれば、その七割近くが退位して後継者に位を譲っている（歴史の概観については、春名宏昭ほか『皇位継承――歴史をふりかえり 変化を見定める』山川出版社、二〇一九年を参照）。それを不可能にしたのは、明治の皇室典範を制定したさいの、総理大臣伊藤博文の意見である。

一八八七（明治二十）年三月二十日の会議で、譲位の規定を入れようとした原案に対し、伊藤はこう語って否定した。天皇が「一タヒ践祚シ玉ヒタル以上ハ随意ニ其位ヲ遜レ玉フノ理ナシ」。また、過去の譲位の例は「浮屠氏ノ流弊ヨリ来由スルモノナリ」（小林宏ほか編『日本立法資料全集16 明治皇室典範［明治22年］上』信山社、一九九六年、四五三頁）。譲位は天皇が仏教の影響を受けたからだとする説明は、譲位の慣例は仏教流入の前には見られなかったという程度の主張だろう。伊藤にとって重要なのは前段の理由、すなわち天皇がみずからの自由意志に基づいてその地位を去ることがあってはならないという方針である。坂本一登『伊藤博文と明治国家形成』（講談社学術文庫、二〇一二年）が指摘するように、宮中と政府とを切り離し、おたがいの間に影響力が及ばないようにすることに、この措置の主眼があった。

徳川末期に孝明天皇が攘夷の実行を江戸の公儀に迫り、政治を混乱させた記憶は、当時まだ生々しかっただろう。天皇がみずから退位をちらつかせることで、政治に介入してくる。そんな事態を伊藤は恐れたのだと思われる。その結果できあがったのが、自由意志による退位を禁ずるという、いわば明治時代発の「伝統」であった。これもまた規定の論拠として、二十一世紀の現代でも墨守する必要があるのかどうか、きわめて疑わしい。

退位に関して天皇が「自由意思」を発揮できない制度。現行皇室典範の審議のさい、それが重大な問題を含むと批判した知識人の一人は、政治哲学者、南原繁であった。一九四六（昭和二十一）年十二月十六日、貴族院での皇室典範案第一読会で質問に立った南原は、敗戦に関する「道徳的」な責任をとって昭和天皇が退位することが、「日本国民の道義的生活の中心」としての天皇にふさわしい態度だと唱え、「自由意思」による退位の規定を盛り込むことを主張した。

さらに、それは天皇自身に関する「基本的人権の尊重」のためにも必要だと論じたのである。旧典範のもとで天皇はむしろ「最も中世封建的なる拘束の下に御立ちになつて居つた」。いまや「天皇も等しく人間として国民統合の象徴たる地位に御即きになる以上、凡そ民主主義の大原則として総ての人間は法の前に自由平等であると云ふ此の原理に従つて」基本的人権が認められなくてはいけない。南原はそう説いて、こんどの典範では「新しく民主的に組織せられた皇室会議」ができるのだから、天皇の退位が政治的に利用される危険性は、そこでチェックし排除できるとしたのである。

南原がここで天皇による「自由意思」の表明を論じているのは、あくまでも退位の選択に限ったことなので、これを「人権」一般に関わる問題のように語るのは、やや勇み足なのかもしれない。

しかし基本的人権の尊重を柱とした日本国憲法のもとで、日本国および日本国民統合の「象徴」と位置づけられる天皇が、その地位からみずからの意志で離脱することができないというのは、根本的な矛盾を含んでいるのではないか。そうした批判をかわし、新たに日本国憲法で「象徴」と位置づけられ、四六年の年頭詔書（いわゆる「人間宣言」）では神格をもたないとされた、戦後の新たな天皇の地位を基礎づけること。そうしたねらいも、南原にはあったと思われる。

このたびの天皇陛下による八月八日の「おことば」について、三谷太一郎（日本政治外交史）は四六年年頭詔書との関連が深いと指摘している（朝日新聞八月十八日朝刊）。「おことば」で強調されているのは、天皇・皇后両陛下が熱心に全国を回り、とりわけ災害で苦しんだ人々や社会的な弱者とふれあい、その苦しみを分かちあってきた経験である。「ほぼ全国に及ぶ旅は、国内のどこにおいても、その地域を愛し、その共同体を地道に支える市井の人々のあることを私に認識させ、私がこの認識をもって、天皇として大切な、国民を思い、国民のために祈るという務めを、人々への深い信頼と敬愛をもってなし得たことは、幸せなことでした」。この「人々への深い信頼と敬愛」という文句は、三谷が説くように、「朕ト爾等国民トノ間ノ紐帯ハ、終始相互ノ信頼ト敬愛トニ依リテ結バレ、単ナル神話ト伝説トニ依リテ生ゼルモノニ非ズ」という、四六年年頭詔書を意識したものだろう。この引用の後半に現れる、「信頼ト敬愛ト」によって天皇と国民が結ばれるという説明は、天皇の正統性の根拠を神々に求める旧憲法の体制から絶縁し、新たな天皇のあり方を示すものとして重要な意味をもっていた。

ただ八月八日の「おことば」では、「信頼と敬愛」という言葉の文脈上の位置が、昭和天皇の年頭詔書とは大きく異なっている。昭和天皇の場合は、天皇と国民とがおたがいに「信頼ト敬愛ト」を発揮しあうという状態を語っている。それに対して、今上陛下の「おことば」が示すのは、天皇の側が国民に対して「深い信頼と敬愛」を発揮するという、いわば一方的な行為にほかならない。

国民主権の憲法のもとでの「象徴」という地位について、深く考えておられることが、この「おことば」の表現からよくわかる。日本国憲法に内在する論理から言えば、憲法を作ったのは主権者たる「日本国民」の「総意」であり、それに基づいて「象徴」としての天皇の地位が認められている。したがって、国民が「象徴」たる天皇に対して「信頼と敬愛」を抱き、皇室制度を維持するかどうかは、国民の選択に任されているのだから、天皇の側からそれを要求してはいけない。そうしたきびしい自覚に立たれた上での「深い信頼と敬愛」なのだろう。「深い」と強調されたところにも、意味があるように思える。

八月八日の「おことば」には、退位という表現はない。これはもちろん、天皇が皇室典範の改正を政府に要求するようなことが、現行憲法のもとで許されないための措置である。その代わりにメッセージの結論のように提示されているのは、「象徴天皇の務めが常に途切れることなく、安定的に続いていくことをひとえに念じ」という言葉であった。

「象徴としての天皇」という表現は、これまでもお言葉で用いられたことがあったかもしれないが、「象徴天皇」という四字連続の言葉（英訳ではthe Emperor as the symbol of the State）が登場したのは、初めてではないか。神々ではなく、日本国民の総意によって支えられる「天皇」の位置をきびしく再確認し、「人々の傍らに立ち、その声に耳を傾け、思いに寄り添う」実践を、世代を超えて続けていこうという意志――。この「おことば」は、それを表明した「象徴天皇」宣言であったと言えるだろう。

八月八日の「おことば」はまた、こうした「象徴天皇の務め」（「務め」は英訳ではthe duties）が、決して戦後になって作られたものではなく、むしろ皇室の伝統に即したものだという理解を、正面に押し出している。「伝統の継承者として、これを守り続ける責任に深く思いを致し、更に日々新たになる日本と世界の中にあって、日本の皇室が、いかに伝統を現代に生かし、いきいきとして社会に内在し、人々の期待に応えていくかを考えつつ、今日に至っています」。この箇所にある「いきいきとして社会に内在し、人々の期待に応えていく」という文句は、英訳では"be an active and inherent part of society, responding to the expectations of the people"である。皇室がその活動によって人々の期待に応えることを通じてこそ、社会のなかにしっかりとした位置を占めることができる。そういう認識を示したものなのだろう。

戦後に定められた皇室のあり方が、前近代以来の伝統と共通しているという認識は、以前から天皇陛下のお言葉で示されていたものであった。二〇〇六（平成十八）年六月六日の記者会見では、日本国憲法の規定によって「象徴」であることと「国政に関する権能を有しない」ことについて、それが「天皇の伝統的在り方に基づいたものと考えます」と述べられていた。このたびの「象徴天皇」宣言は、「国政に関する権能を有しない」という消極的な特徴にとどまらず、「象徴」として人々の「思いに寄り添う」活動を積極的に行なうこともまた、皇室の伝統に連なる行為だという理解を打ち出している。

天皇は神聖な血統に属しているがゆえに、その地位に即いている。退位を可能にすることは、天皇の職を全うできるかどうかという判断によって進退させることになってしまい、ふさわしくない。そういう批判も退位制度の導入に反対する声として目につく。これももっともな理屈ではあるが、半分は当たっていない。

天皇が譲位するさいの宣命の定型の文句は「朕薄徳を以て天日嗣を受け伝へ賜へる事、漸く年序を歴り、愚庸之身は此位に堪ふべからずと嘆き畏み賜ひて」（『兵範記』保元三〈一一五八〉年八月十一日、後白河天皇の譲位宣命）というものである。単に血統に基づいて三種の神器を継承するだけではなく、民の生活につき心の底から慮る「徳」を発揮してこそ、まっとうな天皇たりうる。そうした「徳」のパフォーマンスを実践することで皇統は続くとする規範意識も皇室の伝統には息づいていた。和辻哲郎は『日本倫理思想史』（一九五二年）で、そうした「仁政」「慈愛」が天皇の理想像として語り伝えられてきたことを指摘している。

このたびの天皇陛下の「おことば」は、「象徴天皇」の活動を皇室の伝統のまっすぐな継承として、改めて位置づけようとする宣言でもあるだろう。その願いのとおり、「象徴天皇の務め」を「常に途切れることなく」続かせることのできる体制が作れるかどうか。強い期待をこめながら、制度改正の動きを見守ってゆきたい。

［追記］

その後、二〇一七（平成二十九）年六月に成立した「天皇の退位等に関する皇室典範特例法」により、一代限りの退位と定められた経緯については、読売新聞政治部『令和誕生――退位・改元の黒衣たち』（新潮社、二〇一九年）などに詳しい。高尾亮一に関しては、高尾栄司『ドキュメント　皇室典範――宮沢俊義と高尾亮一』（幻冬舎新書、二〇一九年）が刊行された。憲法学における「象徴」論の概観としては、西村裕一「「象徴」とは何か――憲法学の観点から」（吉田裕ほか編『平成の天皇制とは何か――制度と個人のはざまで』岩波書店、二〇一七年、所収）を参照。

第Ⅲ部

世界のなかの戦後日本

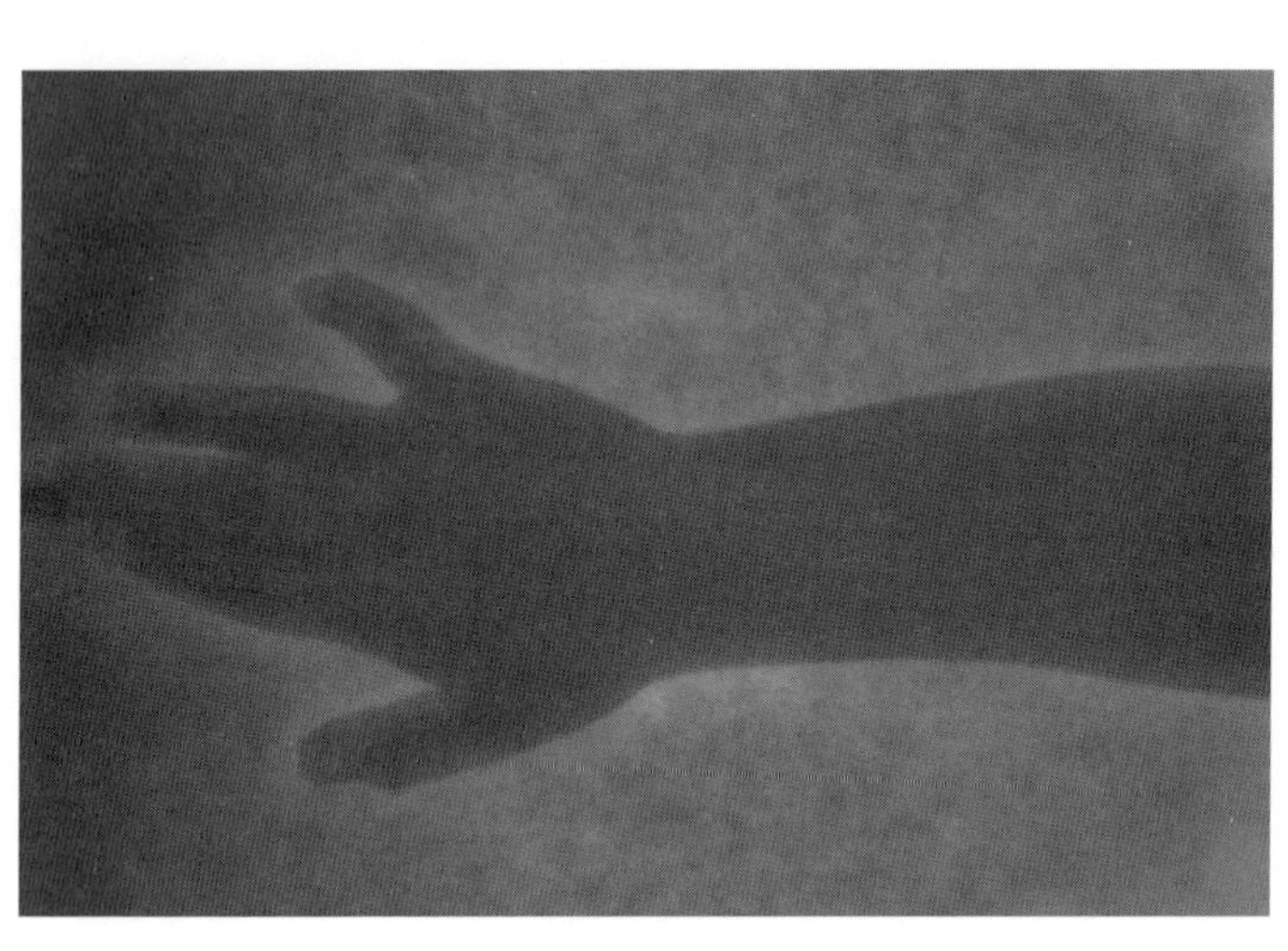

第11章 戦後の平和思想と憲法

1 日本国憲法と「自然法」

✣憲法の三大原理

日本国憲法の三大原理とは何ですか。もしいきなりこう尋ねても、すぐに答が返ってくるでしょう（本章の原型となったのは、第九章と同じオムニバス講義の、二〇一三年十月三十一日の回である）。国民主権・基本的人権の尊重・平和主義。もちろん憲法そのものを読めばわかるように、この三つが基本原理であると列挙した条文があるわけではありません。この憲法の前文と条文をじっくりと通読して、法典全体の論理を支える根本として、いかなる規範が読み取れるのか。そう考えていけば、この三つが根本的な原理の位置にあると理解できるという、一つの解釈の産物として三大原理が指定されているのです。

こういう三大原理のとりあげかたは、すでに日本国憲法が公布・施行された直後から、法学者によってなされており、それがいまも中学・高校の教科書に採用されています。現在にまで至る長い期間のあいだ、憲法学者による概説書がいくつも出版されてきました。そのなかでは基本原理のリストについて、あとでふれるように、この三大原理とは異なる組みあわせで構成している例も多いのですが、少なくとも学校教育の現場においては、国民主権・基本的人権の尊重・平和主義をとりあげるのが、息の長い「通説」になっていると言えるでしょう。

日本国憲法の施行の四か月後、一九四七（昭和二十二）年の九月に東京大学（東京帝国大学）では、法学部教官を中心とする研究者の有志が集まって、「東京大学憲法研究会」を発足させました。若手の研究者も含んだ十七名の共同研究によって、新憲法の本格的な注釈書を作ろうと考えたのです。

メンバーのうち、公法（憲法・行政法）を専門とする学者は、教授としては鵜飼信成（のぶしげ）と田中二郎の二名、助手や大学院特別研究生であった若手としては伊藤正己（まさみ）・雄川一郎・高柳信一・綿貫芳源（よしもと）の四名。憲法の基本原理に関わる議論については、一九三〇年代から憲法理論に関する研究業績を発表してきた、鵜飼信成の貢献が大きかったと想像されます。鵜飼はいまのソウルにあった京城帝国大学の教授でしたが、終戦による朝鮮半島の非植民地化とともに日本へ引き揚げ、東大に新設された社会科学研究所の教授に就任したばかりでした。いかにも、戦後の慌ただしい状況のなかで議論を闘わせていた状況が想像できますね。

その成果はまず、法学協会編『註解日本国憲法』上巻（一九四八年。以下では『註解』と略称します）として刊行されました。その「序」は、「新憲法に関する詳密な逐条的註解書」としては初めての試みであると謳っています。この書物にある憲法前文の註解のなかには「新憲法の基本原理」と題した一節があり、そのなかに国民主権・基本的人権の尊重・平和主義という三大原理が並んでいます。

❖日本国憲法における「自然法」

『註解』による憲法前文の理解に見られる特徴は、もと東京帝国大学法学部教授であり、法哲学者・商法学者として活躍した田中耕太郎——戦後に文部大臣を務めたのち、『註解』の刊行時には参議院議員になっていました——による新憲法理解を参照しながら、「新憲法は、自然法の理論に基礎をおき、高遠な理想主義を以て貫かれている」と、まず言い切るところにあります。つまり、前文に見える「人類普遍の原理」の表現に注目し、その「崇高な理想」の実現に努めることを「基本的立場」とする憲法という読みかた。

新憲法の制定に至った経緯も、単にポツダム宣言を「日本国民」が受けいれ、その趣旨を履行するというだけではなく、「自ら進んで、自由と平和の確立をめざし」た営みであったと説いています。「われわれ」日本国民は、「徹底的な敗戦」に対する反省から、自由と平和を内容とする「自然法」に根ざした新しい法典へと、「国家統治の根本法」たる憲法を「変革」したのだ。そんな説明を展開しています。

もちろんこの当時は、日本は連合国軍最高司令官総司令部（GHQ）による占領統治のもとに置かれていました。新しい憲法は、占領軍の作った英文の草案（いわゆるマッカーサー草案）を原型としており、とりわけ前文は、草案の文言をいっさい修正してはならないという条件のもとで起草されたものでした。占領軍による言論統制のせいで、そうした事情は当時は一般国民に明かされていませんでしたが、『註解』の著者たちは、すでに十分知っていたことでしょう。いま読むと、「われわれ」が憲法の根本的な変革を「自ら進んで」選んだと説く論法は、憲法草案の押しつけに対する負け惜しみ、さらには卑屈な迎合のように見えるかもしれません。

しかしここで、先に挙げた三大原理に関する『註解』の説明に注目してみましょう。前文をめぐる記述のなかで、憲法の「基本的立場」としての自然法について説明したのち、「基本的立場」から派生する「基本原理」として、三つの規範をとりあげています。

新憲法は、右に述べた基本的立場に立つて、国民主権主義と恒久平和主義と基本的人権尊重主義との三つをその基本原理として認めている。前文の中には、主として国民主権主義と恒久平和主義が力説され、基本的人権尊重主義については、必ずしも明確には表現されていないが、自然法の理論が貫かれている限り、基本的人権尊重主義がとられるべきことはむしろ当然であり、その片鱗は、前文の中にも現われている。

国民主権と平和主義については、前文から明確に読み取れるが、基本的人権は「必ずしも明確には表現されて」おらず、「片鱗」しかうかがえない。日本国憲法に限らず成文憲法の一般において、前文は「憲法制定の由来及び憲法のとつている基本原則を明らかにする」ものだというのが、『註解』による位置づけです。しかしこの前文についての説明のなかで、国民主権と平和主義はともかく、明確に書かれていない基本的人権を加えて三大原理とするのは、奇妙な解釈のように思われます。

実際、前文の最初の文章のなかで、憲法制定にあたっての「われら」日本国民の「決意」の内容として挙がっているのは、「諸国民の協和による成果と、わが国全土にわたつて自由のもたらす恵沢を確保し、政府の行為によつて再び戦争の惨禍が起ることのないやうにすること」です。その後の憲法学者による概説書でも、たとえば小嶋和司『憲法概観』(初版一九六八年、第三版一九八六年)、および同『憲法概説』(一九八七年)は、この文言に基づいて「自由の確保」「戦争の放棄」「国際協和」の三項目を、憲法制定の「基本目標」もしくは「基本目的」として挙げています。憲法典の表現の論理構造に着目するかぎり、前文から読み取れる基本原理は、むしろそうした内容になるはずでしょう。「戦争の放棄」と「国際協和」の二つを、「平和主義」とひとくくりにしてとらえるのも、厳密に言えば疑わしい。ほかには「主権が国民に存する」という言明から、国民主権の原理を抽出することも可能です。

しかし『註解』は、「基本的人権尊重主義」をあえて前文から読み取り、三大原理の一つとして付け加えます。その読解の根拠として挙げるのは、小嶋和司もふれている「自由のもたらす恵沢」という前文の言葉から、そうした主義が「察知」できるということにすぎません。そもそも前文に「権利」の言葉が登場するのは、「全世界の国民が、ひとしく恐怖と欠乏から免かれ、平和のうちに生存する権利を有する」という箇所のみですから、「基本的人権」を国民主権・平和主義と並ぶ原理として引き出すのは、前文の解釈としてはかなり強引です。

✣『基本的人権』の衝撃

なぜここまで無理な説明も駆使しながら、「基本的人権尊重主義」を三大原理の一つとして持ち上げるのか。憲法の第十一条における「国民の基本的人権」の規定の画期性を、『註解』がきわめて強調していることが、その理由を示しています。すなわち「国民は、すべての基本的人権の享有を妨げられない。この憲法が国民に保障する基本的人権は、侵すことのできない永久の権利として、現在及び将来の日本国民に与へられる」。この条文の趣旨・目的についての『註解』の解説は、とても熱のこもった文章になっています。

国民の基本的人権の保障についての一般的宣言であつて、第九七条とともに、新憲法の認める人権の固有性、不可侵性、永久性という基礎的原則を明らかにしたものである。旧憲法における人権の保障が不完全であり、しかも現実にはしばしば侵されたことに鑑み、天賦人権という自然法思想に基く権利の宣言が、ここに一条文として加えられたのであり、人類普遍の原理を最も鮮明に表現しているのである。この一条文の背後には、近代欧米における民主主義のためのはげしい苦闘が秘められていることを知らねばならない。

この第十一条は、マッカーサー草案の第九条・第十条の趣旨をまとめたものです。日本政府による邦訳から、句読点を補いながら引用すると、第九条は「日本国ノ人民ハ、何等ノ干渉ヲ受クルコト無ク、一切ノ基本的人権ヲ享有スル権利ヲ有ス」。第十条は「此ノ憲法ニ依リ日本国ノ人民ニ保障セラルル基本的人権ハ、人類ノ自由タラントスル積年ノ闘争ノ結果ナリ。時ト経験ノ坩堝ノ中ニ於テ永続性ニ対スル厳酷ナル試練ニ克(よ)ク耐ヘタルモノニシテ、永世不可侵トシテ、現在及将来ノ人民ニ神聖ナル委託ヲ以テ賦与セラルルモノナリ」。『註解』の解説が「近代欧米における民主主義のためのはげしい苦闘」に言及しているのは、第十条（現行九十七条）の語句を意識しているとも思えます。占領軍による草案の存在は当時はもちろん秘密でしたが、日本政府による草案の作成作業に関する情報を通じて、『註解』の著者たちにはその内容が伝わっていたのではないでしょうか。

✤十八世紀思想の復活？

また同時に、「基本的人権」（fundamental human rights）という言い方が「ポツダム宣言に由来する」と『註解』は指摘します。さらに「かかる基本的人権の総括的規定は、外国の新しい憲法にはみあたらない」と説き、それはアメリカのヴァージニア権利章典と独立宣言（一七七六年）、フランスの人権宣言（「人および市民の権利宣言」一七八九年）を「淵源」とする、「人類普遍のもの」としての「人権の絶対性」の宣言であると述べます。十九世紀以降の世界各国の憲法を見慣れた目からすると、十八世紀への先祖がえりとも思えるような規定を、ポツダム宣言とマッカーサー草案によって、いきなり突きつけられた。そんな驚きがこもっている記述です。

「基本的人権」の尊重という方針は、ポツダム宣言の前に国際連合憲章（一九四五年六月調印）が打ち出したものです。第二次世界大戦が生んだ大量の市民の死と、ナチズム体制下でのユダヤ人の大量殺害という惨劇。それを目のあたりにした、アジアとラテンアメリカ諸国の政府代表や、主にアメリカに拠点を置く宗教団体や労働者組織や女性団体が働きかけることを通じて、「人権」の語は国連憲章に盛りこまれ、やがて『註解』の刊行後に成立した世界人権宣言に結実することになります（ハント　二〇一一）。ポツダム宣言が「基本的人権」に言及したのも、国際連合に結集する連合国（United Nations）の代表として、日本への降伏の要求を支える規範上の根拠を明示するものでした。『註解』も第九条の解釈において、新憲法の平和主義が国連憲章に由来するものであることを、前文の「人間相互の関係を支配する崇高な理想」という表現から読みとっています。

いわば一九四五年から突如として国際社会に出現した、十八世紀的な人権宣言が新たな形をとって復活する動き。『註解』の説明には、大げさに言えば人類史上の画期として人権宣言の再登場を歓迎する、熱い空気が漂っています。それは先の引用に現われているように、大日本帝国憲法のもとでは、形の上では立憲制度が整っているにもかかわらず、人権は「現実にはしばしば侵された」という、重い経験に由来するものでした。

徳川政権や明治初期の政府の体制と比較するならば、帝国憲法は、「臣民ノ権利」の保障を、アジア諸国において初めて確立した成文憲法として評価することも可能でしょう。しかしその憲法は「人権の不可侵性においてきわめて薄弱であり、且つ天賦人権の思想は全くみられず、臣民の権利は君主の恩恵に基くかの如き君権絶対的な思想がうかがわれる」。ここまで旧憲法を徹底的に批判する口調の背景には、そうした旧憲法のもとで大学教育と研究に携わってきた、鵜飼信成や田中二郎の苦い反省がこもっているように思えます。新憲法の第十一条をはじめとする人権規定は、それだけ彼らにとっては輝かしいものに感じられ、前文に明示されてはいない「基本的人権尊重主義」を、三大原則に含めさせたのでしょう。

❖自由主義と民主主義

したがって基本的人権を尊重する以上、「新憲法の基礎的立場たる民主政と雖も、それは法の支配を肯認せる立憲民主政であつて、絶対民主政ではない」。「法の支配」すなわち人権の尊重は、国民主権に基づく「民主政」の手続による決定よりも優越します。この『註解』による説明は、憲法改正には限界があり、第十一条をはじめとする人権規定を改正することはできないという趣旨を、直接には説いたものです。しかしそれを超えて、民主主義にのっとった国民の総意に基づく決定によっても、個人の基本的人権を侵すことはできない。そういった自由主義の高らかな主張を、ここに読みとることもできるでしょう。

『註解』は第十一条に関する説明のくだりの末尾で、基本的人権の根拠として「十八世紀以来の自然権、天賦人権の政治思想」をとりあげています。『註解』の著者たちの意図としては、それは特定の宗教や文化に関わらない、人類のすべてに妥当する規範であって、帝国憲法に見られた、日本に特殊な天皇崇拝に由来する「君権絶対的な思想」とは次元の異なる原理だということになるのでしょう。

しかしそれに続けて、諸権利が「人間として先天的に創造主から授けられたものであるとする基本的人権の根拠としての自然法の原理」が、第十一条には表明されていると説きます。「創造主」という言葉が指しているのは、おそらくキリスト教の神でしょう。強引に言えば、人権の尊重を原理とする日本国憲法は、『註解』の著者たちによれば根本のところで、きわめてキリスト教的な憲法なのでした。クリスチャンであった鵜飼信成の信仰が、この評価の背景となったとも考えられます。この点は二十一世紀の現在では、多文化主義の視点から批判されてしまうかもしれません。また、「徹底的な敗戦」から受けた衝撃については雄弁に語るのに、連合国側に与えた被害への言及がなく、戦場となった地域の住民に対する侵害行為、さらには植民地支配をめぐる反省の言葉も見られません。著者たちは本当に人権の普遍性を信じていたのか、今日の常識からすれば疑問がわいてきます。

でも外国と言えば、ほとんど欧米諸国しか考えていなかった一九四〇年代日本の知識人に、いまのようなグローバライゼーションの時代と同じ発想を求めるのも、酷な要求ではあるでしょう。この点の評価はどうあれ、いまでも当たり前に日本国憲法の三大原理と言いますが、その三つが基本原理として指定されたさいには、ここまで崇高で普遍的なものとして、人権の尊重すなわち「自由」の原理を重視しようとする関心が働いていた。そのことは十分に知っておくべき事柄だと思います。

2 「平和憲法」の起源

❖ポツダム宣言とは何だったか

「人権」という普遍的な原理との出会い。一九四五年の日本が経験したのは、敗戦という衝撃的な事実に加えて、そうした思想上の転換でした。同じことは、憲法前文が強調する、戦争の放棄と国際協調主義についても言えるでしょう。一連の思想転換のきっかけになったのは、先にもふれたポツダム宣言を日本政府が受諾し、連合国に対して降伏したことです。このポツダム宣言の趣旨に基づいて憲法のマッカーサー草案が作られ、それが『註解』の憲法解釈にも大きな影響を与えたという経緯が、「基本的人権」の一語からもよくわかるでしょう。

一九四五（昭和二十）年の七月から翌月にかけて、アメリカ・英国・ソヴィエト連邦（ソ連）三国の首脳がベルリン郊外のポツダムで会談を開き、すでに無条件降伏していたドイツと、その支配下にあった東欧の戦後処理について話しあいました。そこでは同時に、まだ続いていた日本との戦争の終結の手続と、日本が降伏したのちの連合国による管理の方法についても交渉が行なわれ、会談の途中、七月二十六日に日本への降伏勧告として、米・英と中華民国の三国の名前で発表したのがポツダム宣言です。

このポツダム宣言を日本政府が受諾したことによって、大東亜戦争は日本の敗北として終わり、この宣言に基づいて一時的に日本を支配する権限をえた占領軍による指導のもとで、日本の徹底した民主化と非軍事化の改革が行なわれます。この一連の経過を、日本の「無条件降伏」と呼ぶのが適切かどうかという問題、あるいは皇室制度の存続や原爆投下との関連など、ポツダム宣言についてはさまざまな議論がなされていますが、ここでは宣言の文章そのものに着目してみましょう。全十三条のうちの第六条は、以下のような文章になっています。当時の外務省による訳文に句読点を加え、英語原文の表現を挿入しながら引用します。

吾等ハ、無責任ナル軍国主義（irresponsible militarism）カ世界ヨリ駆逐セラルルニ至ル迄ハ、平和、安全及正義ノ新秩序カ生シ得サルコトヲ主張スルモノナルヲ以テ、日本国国民（the people of Japan）ヲ欺瞞シ之ヲシテ世界征服ノ挙ニ出ツルノ過誤ヲ犯サシメタル者ノ権力（authority）及勢力（influence）ハ、永久ニ除去セラレサルヘカラス。

ここに見えるのは、日本の「国民」はこれまで「無責任ナル軍国主義」を信奉する権力者によって支配され、誤った方向に導かれていたのだから、そうした悪辣な権力者を「永久ニ」追放しなくてはいけないという論理です。同じ宣言の第四条では、「我儘ナル軍国主義的助言者」(self-willed militaristic advisers）が、「無分別ナル打算」(unintelligent calculations）によって日本帝国を滅亡寸前に追いこんだという理解を示し、その支配をはねのけることが、日本にとっては「理性ノ経路」(the path of reason）だと説いています。つまり、軍国主義者による「我儘」「無分別」な専制的支配を脱し、武装解除と民主化の道を歩むことが「理性」にのっとった選択だとして、日本の「国民」を説得する論理です。

❖占領統治の二面性

もちろんポツダム宣言もまた政治過程のなかで発せられた文書ですから、これを作成した連合国、とりわけ執筆にあたったアメリカの利害と無関係ではありません。日本の徹底した非軍事化は、東アジアの軍事的脅威として再登場することを防ぐ意図に基づくものであったでしょう。

しかし他面で、宣言の草案作成にたずさわったアメリカの陸軍長官、ヘンリー・L・スティムソンや、もと駐日アメリカ大使、ジョゼフ・C・グルーは、大正期・昭和初期の日本では、リベラルな政治家たちが一定の影響力をもっており、皇室と宮中の官僚たちもそれを支持していたことを知っていました。戦前の日本にもあったデモクラシーの流れを、日本国民自身が復活させることを期待し、それを支援したい。そういった動機が降伏勧告の背後にあったことも確かです（五百旗

頭 二〇〇五）。

さらにポツダム宣言の第六条が、「世界」における「平和、安全及正義ノ新秩序」（a new order of peace, security and justice）の確立という目標を掲げていることも重要でしょう。日本の民主化と非軍事化は、その国の政治を「我儘」「無分別」でないものにするというだけにはとどまらず、全世界の平和・安全・正義を確保する、よき秩序の創成に参与する事業として提示されていました。日本における「基本的人権ノ尊重」の確立が第十一条で提示されているのも、そうした普遍的な理想の実現という意味を持っていたでしょう。

人権や平和の普遍的な原理をふみにじる国家が登場し、国内外の人々に激しい脅威を与えているのを見て、ほかの国がその国家に軍隊をさしむけ、暴虐な政府を倒すか、あるいはその方針を改めるよう強制すること。そうした人道的介入の事例に似た性格が、アメリカが主導した日本の戦後改革にはあります。

ただ、第二次世界大戦後のドイツやイラク戦争後のイラクの場合のように、現地の政権をいったん崩壊させ、新たに政権を創るような、徹底した介入は日本では行なわれませんでした。あくまでも従来の日本政府を維持したまま、占領軍がそれを指導するという間接統治の方法を、スティムソンやグルーは選んだのでした。このことは日本国民のあいだに占領軍に対する反感をへらし、普遍的原理の追求という理想を信じさせ、浸透させる結果をもたらしたと思われます。

もちろん占領軍が個々の事例で示した横暴さもまた、戦争裁判などを例としてしばしば回想されることではあります。それでも全体としては、統治機構を強権的に全面更新したり、日本の経済復興の道をふさいだりするといったことのない、寛大な占領であったこともまた確かです。こうした、ある意味では特異な人道的介入とも言うべき戦後改革の性格が、普遍的原理にむけた一種の「開国」に出会っているという印象を日本国民に与えたのでしょう。『註解』に見える人類普遍の「自然法」への賛美は、その時代思潮をよく示すものでもあります。

✣憲法第九条と国際連合

日本国憲法において、こうした普遍主義への志向がもっともはっきり現われているのは、前文と第九条に述べられた平和思想でしょう。占領軍による新憲法草案の作成に方針を与えたのは、一九四六年二月三日、連合国軍最高司令官、ダグラス・マッカーサーが示した三原則、いわゆる「マッカーサー・ノート」でした。その第二条は、戦争の放棄、戦力の非保持を憲法の骨子とするよう指示し、「日本は、その防衛と保護を、今や世界を動かしつつある崇高な理想（higher ideals）に委ねる」と説いています。つまり日本が今後軍隊をもたないように定め、「崇高な理想」を実現しようと努力する国際社会が日本の「防衛と保護」を担当するということ。「崇高な理想」という表現は、そのまま新憲法の前文にとりいれられることになります。

この文章は、国際連合憲章によって、侵略戦争の禁止と、侵略国に対する制裁措置が定められた事実を念頭においたものだと考えられます。もしある国が他国に対する侵略を行ない、国連の安全保障理事会がそれを侵略と認定したなら、加盟国は兵力を提供して、侵略をやめさせるよう軍事的措置を実行する。一九二八年の不戦条約など、従来の国際的な安全保障の制度が第二次世界大戦の勃発を防げなかったという苦い現実をふまえ、新しい集団安全保障のしくみができあがった。

この情勢を見てマッカーサーは、日本の防衛は今後、国連の集団安全保障によって確保することにすれば問題はないと考えたのでしょう。日本国憲法における戦争放棄と戦力不保持の規定は、国連の集団安全保障と背中あわせになったものとして、構想されたのでした。それは、憲法の前文にある「平和を愛する諸国民の公正と信義に信頼して、われらの安全と生存を保持しようと決意した」という言葉にも現われています。

憲法第九条が国連の集団安全保障を前提として成り立っているという理解は、『註解』が明確に示すところでもありました。憲法第二章「戦争の放棄」の「概説」の節で、国際連合憲章における集団安全保障の規定を紹介したあと、こう述べています。

国際連合は将来ますます強化される見込がある。日本も、将来は、連合への加入を認められる時期が来るであろう。これからの日本の安全は、この強化される連合によつて保障されるのであり、連合による以外には保障の道がない。本章の規定も、この保障を前提としてはじめてその意味をもつのである。

軍隊をもたない日本が他国に侵略されたらどうするのか。『註解』の答は、侵略軍に対して国民が自主武装してパルチザン戦を始めればよいとか、非暴力抵抗に徹して平和主義を貫くべきだということではありません。国連の安保理事会決議によって、加盟国が兵力を提供する形で国連軍が組織されるだろう。その国連軍がきっと守ってくれるから心配がない。そういう議論です。

したがって『註解』の第九条解釈は、「自衛の戦争」も含めて、戦争をすべて放棄したとするものでした。さらにもし将来、国連に加盟が認められた場合でも、国連軍の一員として兵力を提供し、侵略国を攻撃する「制裁の戦争」をもまた、第九条は禁じていると説明します。制裁の手段としては「武力的なもののほかに種々のもの」があるのだから、日本はそちらにのみ参加することとし、国連加入のさいには「武力的制裁には参加できない旨を申し出て、他国の同意をえれば問題はない」。「自衛の戦争」も「制裁の戦争」も憲法違反だと解する根拠は、第九条第二項に見える「陸海空軍その他の戦力は、これを保持しない」という文句ですので、戦争放棄の原則から直接に導き出される方針というわけではないのですが、やはり第九条の裏打ちとして集団安全保障を位置づけていることを、よく示しています。

✣国際協調主義との矛盾

しかし現在、この解釈をながめると疑問が生じてくることも確かです。平和の追求のために戦争を放棄するという理想はもちろん重要です。しかし、日本はその理想の実行に努めているのだから、世界のほかの国々の軍事力に依存しながら、自分は他国の苦難を救うための兵力を提供しなくていいという特権を認められてあたりまえだ。そういう態度を道徳的に正当化するのはむずかしいのではないでしょうか。人権の普遍性をあれほど強調するにもかかわらず、生命と安全の保障について重い責任をひきうける対象を自国民のみに限る解釈は、一貫性を欠くのではないか。この難問について まじめに考えた跡が、『註解』には見られません。

また、憲法が前文で述べる「いづれの国家も、自国のことのみに専念して他国を無視してはならない」という国際協調の原理とのあいだに、矛盾が生じているとも言えます。『註解』はこの語句を、戦前・戦中の日本にあった「わが國體の優越性を妄信し、他国を無視する偏狭な独善主義的な国家思想」に対する批判と読んでいます。そう理解すると単に侵略戦争と植民地支配の否定というニュアンスになってしまいますが、日本国憲法の英語訳では、この箇所は“no nation is responsible to itself alone”です。日本国もまた国際社会の一員として他国と協調しながら、平和と正義に基づく秩序の維持に、応分の責任をはたすべきだ。英語訳と照らしあわせるなら、むしろそのように読むべきでしょう。

もちろん、『註解』の憲法解釈のすべてが現在も支配的な学説になっているというわけではありません。自国の防衛のための実力行使は可能だとする憲法学者も、近年は多くなってきました。しかしそうした学説もたいていの場合、国連憲章第五十一条が定める集団的自衛権の行使は、憲法違反だから認められないと主張します。国連憲章第五十一条は、たとえば国連の安全保障理事会の常任理事国が拒否権を発動するなどして、集団安全保障がなかなか実行できない場合の補完手段として、加盟国が個別的自衛権と集団的自衛権を行使することを認めたのでした（森　二〇〇七）。

実際に一九五〇年代以降、国連軍の組織が当初の理念どおりにはうまくいかないことが明らかになります。その代わりに各国が集団的自衛権に基づいて取り極めを結び、ほかの勢力からの攻撃に備える、地域的安全保障の枠組がさまざまに作られ、平和を維持しています。日米安全保障条約もその一つにほかなりません。この現実をふまえないまま、個別的自衛権の行使については支持しながら（あるいは違憲だと説きつつ、事実上は容認しながら）、集団的自衛権のみを憲法違反とする論法。そこには、『註解』が主張する平和国家の特権と同じ問題が含まれているのではないでしょうか。これに対して憲法学者の大石眞（まこと）さんは、集団的自衛権の行使を「明らかに違憲と断定する根拠は見出しがたい」と指摘した上で、それを違憲としてきた一九七〇年代以降、二〇一四（平成二十六）年までの内閣法制局の見解については、その根拠が「必ずしも明らかでない」と評しています（大石二〇〇七、二〇一四)。

❖南原繁による問い

自分の国が戦争に乗り出さなければ、それで平和実現の目的は達成される。もし他国から侵略されれば、国際社会に守ってもらうよう要請するが、他国が侵略に苦しんでいるとき、自国の防衛組織を派遣して救援することは断る。あるいは多国間の協力によって安全を確保するのが普通になった時代に、強大な軍事力を事実上もっているにもかかわらず、それを自国の防衛にしか使おうとしない。——日本国憲法に基づく平和の主張が陥りやすい、こうした独善の可能性については、制定のときに政治哲学者の南原繁が明確に指摘し、批判を加えていました。

マッカーサー草案を修正する形で作られた日本国憲法の政府原案が、国会で審議されているとき、南原は貴族院議員として審議に加わっていました。その本会議における質問演説(一九四六年八月二十七日)では、第九条の「戦争放棄」の理念を高く評価しながら、しかし現実の世界には絶えず戦争が起こるものであり、国連憲章もまた集団安全保障とともに加盟国の自衛権を規定していることを指摘して、こう説いたのです。

すなわち、本条章はわが国が将来「国際連合」への加入を許容されることを予想したものと思うが、現に同憲章は各国家の自衛権を承認している。且つ、国際連合における兵力の組織は各加盟国がそれぞれ兵力を提供するの義務を負うのである。日本が将来それに加盟するに際して、これらの権利と同時に義務をも放棄せんとするのであろうかを伺いたい。かくては日本は永久にただ他国の善意と信義に依頼して生き延びんとするむしろ東洋的諦念主義に陥るおそれはないか。進んで人類の自由と正義を擁護するがために互に血と汗の犠牲を払って世界平和の確立に協力貢献するという積極的理想はかえって放棄せられるのではないか。（南原　一九七三、傍点原文）

ここで南原が「世界平和の確立に協力貢献する」努力として直接に指しているのは、国連による集団安全保障への参加であり、軍隊をもたなければ自国の防衛も国際貢献もどちらも不可能になってしまうとして、第九条第二項の戦力不保持の規定に反対したのでした。日本国憲法の成立・公布ののちには南原は、第九条を含む現行憲法をさしあたり擁護し、日米安保体制を批判する立場をとり、戦後における平和論の代表者として活躍するようになります。しかしその南原が、このように「世界平和の確立」への軍事的な貢献を積極的に支持し、一国平和主義と揶揄されるような考え方を批判していたことは、いまでもふりかえるに値する事実でしょう。

また、南原はこのとき国連憲章が認める「自衛権」とだけ言って、それが個別的自衛権か集団的自衛権かにはこだわらず、その行使が日本にも認められるべきだと主張しています。個別的・集団的の区別をしないままでの自衛権への論及は、日本国憲法の公布と同時に「法制局閲」として内閣から発行されたパンフレット『新憲法の解説』（一九四六年）も同様でした。

日本が国際連合に加入する場合を考えるならば、国際連合憲章第五一条には、明らかに自衛権を認めているのであり、安全保障理事会は、その兵力を以て被侵略国を防衛する義務を負うのであるから、今後わが国の防衛は、国際連合に参加することによって全うせられることになるわけである。（高見編 二〇一三）

ここでも、二種類の自衛権のうち集団的自衛権のみを否定するような議論は見られません。一九五〇年代から六〇年代にかけての、外務省条約局長や内閣法制局長官による国会答弁では、日本が攻撃されていないのに他国へ自衛隊を派遣することは憲法に反すると説いた例がありますが、集団的自衛権の行使が一般的に不可能だとは解していません。ところがその後、一九七二（昭和四十七）年に至って法制局は集団的自衛権の行使は憲法違反だと説明するようになりました。その背景には、日米同盟の廃止をスローガンとする野党に妥協して、国会の法案審議を円滑に進めようとした、自民党政権の政局対策がうかがえます。

したがって、時の政権の都合によって法制局の憲法解釈が変更されることは、何も二〇一四（平成二十六）年の安倍晋三内閣が初めてではありません。そのことは近年、何人もの研究者によって実証的に明らかにされています（鈴木　二〇一一、村瀬　二〇一二、佐瀬　二〇一二）。安倍内閣による憲法解釈の変更については、多くの学者から批判の声があがりましたが、一九七二年の解釈変更の手続は批判しないのに、二〇一四年だけを批判するのはいったい……いや、これ以上言うと、教壇からの発言のルールを破ってしまいますね（その後二〇一五年に、一連の安保法制の制定により、きびしい条件つきで集団的自衛権の行使が可能になった）。

戦後という時代も、すでに七十年もの長さに達しようとしています。そのあいだにどのような議論が闘わされてきたのか、ようすを詳しく探ってみると、意外な事実や現代を考えるための重要なヒントが見つかることも少なくありません。そうした発見の喜びが政治思想史という学問の醍醐味の一つです。今日は日本国憲法の平和思想を中心にして、そんな内容をお話ししてみました。

参考文献

五百旗頭真『日米戦争と戦後日本』（講談社学術文庫、二〇〇五年）
大石眞「日本国憲法と集団的自衛権」（『ジュリスト』一三四三号、二〇〇七年十月十五日）
――『憲法講義Ⅰ』第三版（有斐閣、二〇一四年）

小嶋和司『憲法概観』第三版（有斐閣、一九八六年）
――『憲法概説』（良書普及会、一九八七年）
佐瀬昌盛『新版　集団的自衛権――新たな論争のために』（一藝社、二〇一二年）
篠田英朗『ほんとうの憲法――戦後日本憲法学批判』（ちくま新書、二〇一七年）
鈴木尊紘「憲法第9条と集団的自衛権――国会答弁から集団的自衛権解釈の変遷を見る」（国立国会図書館調査及び立法考査局『レファレンス』二〇一一年十一月号）
高見勝利編『あたらしい憲法のはなし　他二篇』（岩波現代文庫、二〇一三年）
筒井若水・坂野潤治・佐藤幸治・長尾龍一編『法律学教材　日本憲法史』（東京大学出版会、一九七六年）
南原繁「『日本国憲法』制定過程　その一」（『南原繁著作集』第九巻、岩波書店、一九七三年、所収）
法学協会編『註解日本国憲法』上巻（有斐閣、一九四八年）
村瀬信也「安全保障に関する国際法と日本法――集団的自衛権及び国際平和活動の文脈で」（『国際法論集』信山社、二〇一二年、所収。初出二〇〇八年）
森肇志「国際法における集団的自衛権の位置」（『ジュリスト』一三四三号、二〇〇七年十月十五日）
Lynn Hunt *Inventing Human Rights*（W. W. Norton & Company, 2007. リン・ハント『人権を創造する』松浦義弘訳、岩波書店、二〇一一年）

第12章 「国連中心主義」の起源——国際連合と横田喜三郎

1 「国際連合的感覚」

「私は、とうてい文芸における国際連合的感覚の創造性というものを信じ得ないのである」。——こう言い切ったのは、文藝批評家、江藤淳であった。一九六五（昭和四十）年一月二十六日の朝日新聞に掲載された文藝時評の一節である。「国際連合的感覚」の使い手として批判されているのは加藤周一。その短篇小説「狂雲森春雨（くるいぐももりのはるさめ）」（『世界』一九六五年二月号）と評論「創造力のゆくえ」（『朝日ジャーナル』同年一月三日号）との二つが槍玉にあがっている。

加藤は評論のなかで、外来文化と伝統文化、新旧の対立をこえる普遍的な「質」を追究することで、日本文化の創造力をとりもどすことを唱えた。その実例として試みた作品が「狂雲森春雨」にほかならない。それは、一休宗純の晩年の恋人であった森女（しんじょ）という盲目の女性の一人語りを、現代日本語で綴ったものである。江藤は、その「雅文体に「マチネ・ポエティク」的語彙をちりばめた」趣向に、薄っぺらい人工性を嗅ぎとった。それは伝統文藝の「ふるさを知り尽くす」ことを通じて感受性を「鍛錬」する労苦を回避している。ひたすら「観念」のうちで、古今に通じる「普遍的」なものと思われる趣向をこしらえたものにすぎず、「個人的な放恣におぼれ」るのみに終わってしまった。

同じ時評には、フランス・サンボリスムの詩と近代日本の詩歌とを同列に並べて読もうとする篠田一士（はじめ）の評論「茂吉と朔太郎」（『展望』二月号）に対する批判も見える。篠田は自分の頭のなかで「サンボリスム」の観念を組み立てた上で、その「近代から現代にかけての普遍的な詩学」を、日本の詩人・歌人も受容したのだから、もはや「国名による形容詞」は無用だと説きたてる。そのように篠田の文章を理解して、「一種の詩学の国際連合みたいなものを念頭においた議論」と、やはり酷評したのであった［1］。

江藤淳はこの前年、一九六四（昭和三十九）年の八月にアメリカのプリンストン大学での在外研究から帰国している。二年間の生活において日本とアメリカとの文化の断絶、伝統の違いを痛切に自覚した経験を、すでに長篇評論『アメリカと私』（単行本は一九六五年二月刊）にまとめ、雑誌連載を終えたところであった。現代の西洋文学に基づいた美意識を持ちこんだまま、室町時代の人物になりかわったように小説を綴ってみせる加藤周一の方法。それを江藤は、歴史から遊離した観念の遊戯にすぎないと感じ、「国際連合的」と呼んだのである[2]。

しかしこのときは、日本が国連に加盟してからまだ八年ほどしかたっていない。鳩山一郎内閣で外務大臣を務めた重光葵（まもる）が、日本政府の代表としてニューヨークへ赴き、国連総会議場の演壇で加入演説を行なって、日本は今後、国連の一員として「東西のかけ橋」になると高らかに述べたのは、一九五六（昭和三十一）年十二月十八日のことであった。そして岸信介（のぶすけ）内閣のもとで刊行され始めた『わが外交の近況（外交青書）』の第一号（一九五七年九月）は、総説で「国際連合中心」と「自由主義諸国との協調」「アジアの一員としての立場の堅持」の三つを並べ、「外交活動の三原則」として掲げていたのである。さらに一九五七年五月二十日に閣議決定された「国防の基本方針」は、第一項で「国際連合の活動を支持し、国際間の協調を図り、世界平和の実現を期する」と謳っていた[3]。

日本は国連加盟とともに、国連中心主義を国際社会にむけて華やかに宣言し、それを政府の公式方針にも位置づけた。しかしその八年後にはすでに、「国際連合」がうわべだけの普遍主義のポーズを象徴する言葉として、文壇で使われるようになっていたのである。日本の国連加盟は、サンフランシスコ平和条約で独立を実現したことに続き、国際社会へと本格的に復帰するための悲願であった。だがそれをようやく達成したにもかかわらず、「国際連合」もしくは「国連中心」といった言葉は、シンボルとしての使用価値を早くも低下させていた。

そもそも、日本の政権担当者・外交当局者すら、「国連中心」をどれだけ本気で口にしていたのか疑わしかった。岸内閣の掲げる国連中心主義は、その前に二か月だけ首相を務めた石橋湛山が、衆議院における施政方針演説（一九五七年二月四日）で「今後、わが国は、国際連合を中心として、世界の平和と繁栄に貢献することを、わが外交の基本方針とすべきものと思います」と語った（岸が外相として代読）のを引き継いだものであった。これは、対米協調を基本とした吉田茂とは一線を画し、日米同盟のみに拘束されない自主外交による国際協調の方針を示したものではあろう。だがその石橋も国連加盟の翌日には、アメリカのウォルター・ロバートソン国務次官補に対して、日本の国際社会復帰に「アメリカとの協調とアメリカからの支援が差し迫って必要である」と語っていたという[4]。

つまり、国際社会が東西冷戦の対立関係によって引き裂かれていたこの当時、安全保障に関してはアメリカによる安全保障体制の傘下に入り、「自由主義諸国」の一員として行動することが、サンフランシスコ平和条約と日米安全保障条約の成立以来、政府の方針として確立していたのである。国連中心主義はそれとは別次元の、国際社会での日本の「貢献」に関わる理念として位置づけられていた。それは実態としては、「対米一辺倒、アジア軽視」という内外からの批判に対してバランスをとるためのものにすぎない[5]。

岸内閣では一九五八（昭和三十三）年七月、反政府暴動が渦巻くレバノンにアメリカが派兵したことに対して、藤山愛一郎外務大臣が、問題は国連の手で平和的に解決すべきであり、日本は米軍の撤退にむけて努力したいと声明した例があった[6]。だがその直後、七月十六日の国連安全保障理事会では、アメリカの提案に日本も留保つきで賛成する態度に転じる。さらに、レバノンに展開する国連監査団に自衛隊の将校を十名派遣してほしいという要請に対しては、「憲法には抵触しないとしても自衛隊法、防衛庁設置法など国内法に違反する疑いがある」として、松平康東（こうとう）国連大使を通じ断っている（朝日新聞東京版、一九五八年八月一日朝刊）。政府方針としての「国連中心主義」に実が伴っていないことは、すでに早い時期から露呈していた。

実際に岸政権が『わが外交の近況』第一号を刊行したのち、力を注いだのは日本安保条約の改定交渉である。一九五八年三月に発行された第二号では、「国際連合の理想を追求しつつも」国際情勢の現実への対応としては、「自由民主諸国との協調を強化」する姿勢が明示されることになる。のちに一九七五年からは「国連中心主義」という言葉それ自体が『外交青書』から消えてしまうことにもなった[7]。政府の意図としては、アメリカとの協調があくまでも基軸である。それにもかかわらず国連中心主義を唱えたのは、結局のところ、国際社会で欧米諸国とアジア・アフリカ諸国とのあいだの「かけ橋」の役割をはたすため、そして国内で日米安保条約に対する野党の批判をかわすためにすぎなかった[8]。

したがって、岸政権ののち現在に至るまで五十年以上ものあいだ、政権の日米同盟路線を批判する政治家や知識人が、「国連中心主義」の外交方針を口にして対抗する。そういう例がしばしば見られ、とりわけ冷戦が終わったのち、日本が国連平和維持活動への参加など、国際社会の秩序維持に積極的に関わるようになってから、その傾向が著しくなった。自衛隊の海外派遣などの国際貢献活動は、日本政府がアメリカ政府からの要請に応えるというのではなく、あくまでも国連の決定に基づいて行なうべきだ。そういう文脈で「国連中心主義」の言葉が使われている。

たとえば、民主党への政権交代をもたらした二〇〇九（平成二十一）年八月の衆議院議員総選挙の立候補者に対して、東京大学谷口将紀研究室と朝日新聞社とが共同で行なった調査では、「日米同盟は日本外交の基軸だ」と「日本外交は国連中心主義でいくべきだ」との二つの主張を両極において、賛成・反対の度合いを質問している。その結果、当時のデータでは野党のうち民主党が平均して両者の中間、社会民主党・日本共産党が国連中心派に位置していた（朝日新聞デジタル「二〇〇九総選挙」二〇〇九年八月十九日「《朝日・東大調査　候補者の考え》憲法・安保・外交」http://www.asahi.com/senkyo2009/special/TKY200908190215.html）。「国連中心主義」は、政権の日米同盟志向を批判するための常套句になっているのである。

言論界においても極端な例としては、かつて経済学者、都留重人（しげと）が、日米安保条約を改定して沖縄の米軍基地を全面的に撤去させることを唱え、代わりに「平和の拠点」として国連本部を沖縄へ誘致すれば、外国からの攻撃を抑止できると説いた[9]。まるで国連本部が、侵略国家やテロリストの攻撃の意志をしぼませる、平和の御威光を放っているかのような発想である。

さらに文藝評論家の加藤典洋(のりひろ)は、「憲法九条と国連中心主義」の趣旨を徹底するために、日本国憲法第九条を改正し、外国の軍事基地の撤去と日本独自の「国土防衛隊」「国際連合待機軍」の設置とを、明文で定めるべきだと主張した[10]。日本国内の米軍基地をなくし、東アジアの軍事情勢を一挙に不安定にしてしまうことが、平和主義と本当に両立するのかどうか。そうした疑問を抱かせる主張であるが、現行の日米同盟に対する批判の論拠として、国連中心主義がいまだに生きていることを示す好例であろう。

日本の国連加盟のさいに、政権の当事者にとっては重要な意味をもっておらず、江藤淳のような論者から揶揄されてしまう国連中心主義が、現状批判のシンボルとして命脈を保ち続けているのはなぜか。改めて考えれば不思議な現象である。だがその背景には、国連創設時にまで遡る政治思想上の議論の歴史が横たわっていた。

2 国際連合と憲法第九条

戦後日本の出発には、それに先立つ国際連合の発足が、実は深い関係をもっていた。よく知られているように、「国際連合」の英語表現である"The United Nations"は、第二次世界大戦において日本の敵国となった米英諸国が、みずからの陣営を"The United Nations"もしくは"Allied Powers"と呼んだことに由来する。

大戦が米英側にとって有利な戦況に転じると、アメリカ・英国・中華民国・ソ連の四か国はモスクワ宣言（一九四三年十一月）を発して、大戦終了後に平和のための「一般的国際機構」（General International Organization）を設立すると表明することになった。さらに一九四四（昭和十九）年八月から十月にかけてアメリカの首都ワシントンの郊外でダンバートン・オークス会議が開かれ、そこで同じ四か国の代表が機構の構想を作りあげる。会議の途中、十月七日に公表された提案の前文で、この「国際機構」の英語名称もまた"The United Nations"とすることが方針とされたのである。国際機構の創設をはじめに提唱した、アメリカのフランクリン・ローズヴェルト大統領の発案に基づく命名――合衆国すなわちUnited Statesと似た言葉を選んだ可能性もある――であり、戦時中の当時にあっては明確に「連合国」の含意をもっていた[11]。現在でもチャイナの漢語での名称は「聯合國」である。

この新たな「一般的国際機構」としての"The United Nations"は、やがて一九四五（昭和二十）年六月二十六日、五十か国によるサンフランシスコ連合国全体会議において国際連合憲章が調印されることで、組織の形が決まる（発足は同年十月二十四日）。しかし、六月にはまだ連合国と交戦中だった日本で、この動きに対する評価は低かった。サンフランシスコ会議の閉幕と「新国際安全保障機構案」の採択を伝える、朝日新聞（東京版、六月二十六日）の見出しは、「大国の専制独善へ／不安定な米英ソの協力」というものであった。それは、組織案をめぐる大国と中小国との激しい対立を紹介し、前者が後者からの異議を封じこめた結果として、安全保障理事会の強大な権限と常任理事国の拒否権とが定められたと紹介する。そして、「米英ソ三国の協力こそ、新機構の前提となるべきものであるが、この協力関係も大国の拒否権行使を契機として決裂する可能性が極めて大きいものである」とまとめた。

当時、広島宇品（うじな）の陸軍船舶司令部情報班で、海外情報の収集を任務としていた丸山眞男は、自筆の「備忘録」に同じような批判の言葉を書きつけている。「一言ニシテ云ヘバ、極端ナル大国中心主義デアル。総会、国際司法裁判所其他ハ理事会ノ諮問機関乃至附属機関ニスギズ、理事会ガ国際紛争ノ解決ノ中核トナリ、シカモ、ソノ常任理事国一国ノ反対ガアレバ、制裁条項其他、国際紛争解決ノタメ現実ニ有効ナ手段ヲ取リエナイ」「新国際聯盟ハ、理想主義ヲ避ケテ、現実的ニ有力ナモノタラシメントシタガ、ソノ結果ハコヽニ見ル如キ露骨ナ大国支配トナリ、大国ノ意ニ反シテ何等ノ決定モナシエナイトイフ意味デ、旧国際聯盟トハ別ノ無力性ヲ暴露シテ居ル」[12]。丸山自身の見解を記したのか、それとも新聞・雑誌の論説を書き写したのかはわからないが、新たな国際組織について、日本国内では否定的な見かたが広まっていたことを示している。

この国際機構としての“The United Nations”について、日本では当初「連合国」と訳されていたが、やがて外務省条約局編『条約集』号外第十八号(一九四四年十二月十二日)が採用した訳語「国際連合」が、終戦後に新聞報道でも採用され、一般に広まることになった。この訳語の由来は定かではない。従来の国際連盟に代わる新たな国際組織であることを認め、軍事的な意味あいの「連合国」とは異なる用語を採用したという説もあれば、しかし国際連盟とは異なり、日本を敵国として除外しながら発足したことを意識した造語だとみる意見もある[13]。

一九四五年八月、日本政府がアメリカ・英国・中華民国・ソ連によるポツダム宣言を受諾し、戦争が日本の敗北に終わったことが、状況を一転させる。日本は新たな国際機構との関係を考え直すことを迫られた。全十三条からなる宣言の第六条は、こう規定していたのである。当時の外務省による訳文に、原文の英語を挿入して引用する。

吾等ハ、無責任ナル軍国主義(irresponsible militarism)カ世界ヨリ駆逐セラルルニ至ル迄ハ、平和、安全及正義ノ新秩序カ生シ得サルコトヲ主張スルモノナルヲ以テ、日本国国民(the people of Japan)ヲ欺瞞シ之ヲシテ世界征服ノ挙ニ出ツルノ過誤ヲ犯サシメタル者ノ権力(authority)及勢力(influence)ハ、永久ニ除去セラレサルヘカラス。

日本の「国民」はこれまで、「無責任ナル軍国主義」を信奉する権力者によって支配され、誤った方向に導かれていたのだから、そうした悪辣な権力者を「永久ニ」追放しなくてはいけない。また第四条では、「我儘ナル軍国主義的助言者」(self-willed militaristic advisers)が「無分別ナル打算」(unintelligent calculations)によって日本帝国を滅亡寸前に追いこんだという理解を示し、その支配をはねのけることが、日本にとっては「理性ノ経路」(the path of reason)だと説いている。つまり、軍国主義者による「我儘」「無分別」な専制的支配を脱し、武装解除と民主化の道を歩むことが「理性」にのっとった選択なのであり、連合国軍が敗戦後の日本を占領することは、それを援助するための、一種の人道的介入であると位置づけられていた。

さらに第十条では、日本国民のあいだでの「民主主義的傾向ノ復活強化」を提起し、「言論、宗教及思想ノ自由並ニ基本的人権ノ尊重ハ確立セラルヘシ」と結んでいる。「基本的人権」(fundamental human rights)の尊重という方針は、先に国際連合憲章が前文で高らかに打ち出したものであった。それは、第二次世界大戦による大量の市民の死と、ナチズム体制下でのユダヤ人の大量殺害という惨劇を背景にした言葉である。サンフランシスコ会議において、アジアやラテンアメリカ諸国の政府代表や、主にアメリカに拠点を置く宗教団体や労働者組織や女性団体が働きかけることを通じて、「基本的人権」の語は国連憲章に盛りこまれ、のちに世界人権宣言に結実することとなった[14]。

つまりポツダム宣言は、米英中ソの四か国が、国際連合に結集する連合国（United Nations）の代表として、日本に降伏を要求する性格をもっていた。その人道的介入のための規範上の根拠が、国連憲章に由来する「基本的人権」にほかならない。連合国軍による占領下で、日本人はきびしい管理と言論統制のもとにおかれたが、その主導する民主化の改革はおおむね歓迎されていた。一面では、「民主主義」を宣教する新たな支配者に対する迎合でもあっただろうが、戦時中の抑圧体制からの解放を喜び、デモクラシーと人権の尊重を旨とする新しい社会の到来を喜ぶ気持ちが、広がっていたことは否定できない[15]。そうした改革を背後で主導する存在として実感されていたのは、解放者としての占領軍に加え、そのさらに上位にいる世界機構としての国連でもあったのではないか。

さらに、ポツダム宣言の第六条は、世界から「無責任ナル軍国主義」を駆逐することを通じて、「平和、安全及正義ノ新秩序」（a new order of peace, security and justice）を確立しなくてはいけないと唱えている。日本の民主化と武装解除は、その国の政治を「我儘」「無分別」でないものにするというだけのものではない。それは全世界の平和・安全・正義を確保する、よき秩序の創成に参与する事業として位置づけられていたのであった。

そのことは連合国軍最高司令官、ダグラス・マッカーサーが、第一回の極東委員会対日理事会（一九四六年四月五日）で行なった演説にも現われている。この演説は、占領軍の草案に基づく憲法改正案が日本政府によって公表され（同年三月六日）、そこに戦争の放棄と戦力の不保持とを規定する第九条が盛り込まれていることを、ほかの連合国にむけて誇示するものであった。

連合国の安全保障機構は、その意図は賞賛すべきものであり、その目的は偉大かつ高貴であることは疑いえないが、しかし日本が、その憲法によつて一方的に達成しようと提案するもの、すなわち国家主権の戦争放棄ということを、もしすべての国家を通じて実現せしめ得るなら、国際連合の機構の永続的な意図と目的とを成就せしむるものであろう。戦争放棄は、同時かつ普遍的でなければならない。それは全部か、然らずんば無である。それは実行によってのみ効果づけられるのである[16]。

このマッカーサーの発言を素直にうけとめるなら、発足したばかりの「連合国の安全保障機構」すなわち国際連合は、世界のすべての国が日本国憲法第九条を模範として、武装放棄を実行することで、はじめて十分な国際機関となる。敗戦国日本は、むしろ世界に先がけて平和国家に転生した。国際社会の道徳的リーダーなのであった。

しかし、日本が率先して軍隊を廃止すれば、たちまち邪悪な国に侵略される恐れはないか。この問いに対してマッカーサーは、いわゆる「マッカーサー・ノート」(四六年二月四日)で、新憲法の草案作成の原則を示し、そこに戦争放棄の方針を初めてもりこんださい、すでに答えていた。「日本は、その防衛と保護を、今や世界を動かしつつある崇高な理想（higher ideals）に委ねる」[17]。つまり「崇高な理想」を実現しようと努力する国際社会が、今後は国連による集団安全保障を通じて日本の「防衛と保護」を担当するのだから、日本が軍隊をもつ必要はない。

もちろん、のちの歴史を考慮に入れれば、やがてマッカーサーは冷戦の激化とともに、日本の再軍備を容認するようになるし、そもそも自国アメリカにむけて戦力の不保持を提言することなどしていない。強引な介入によって新憲法を制定させていることについてほかの連合国を説得し、占領統治を円滑に進めるためのレトリックでもあるだろう[18]。だがこのきわめて道徳的な非武装論は、日本の論壇で広く受けいれられることになった。もちろん占領軍当局による検閲の影響もあっただろうが、少なくとも新聞や雑誌には、日本国憲法の平和主義を讃え、それを解説する言説があふれていた。

一九四五年、国際社会に新たに登場した国際連合と、その集団安全保障体制を背景として成立した憲法第九条。この関連を早い時期から明晰に説き明かしたのは、東京帝国大学法学部教授を務める国際法学者、横田喜三郎であった[19]。もともと横田は一九三〇年代から、オーストリアの法哲学者、ハンス・ケルゼンが説いた国際法優位説に立ち、第一次世界大戦への反省に基づいた国際連盟の発足と不戦条約の成立に、国際社会における「戦争違法化」という決定的な変化を見ていた。国際連盟規約も不戦条約も、「国際不法行為」としての戦争を実力制裁によって停止させるしくみを作ることには失敗したものの、そこで国際機関による集団安全保障体制が提唱されたことに、重要な意義を見いだしたのである[20]。

こうした考えに基づいて横田は、満洲事変における日本軍の行動を自衛権の範囲を逸脱するものととらえ、批判の論陣を張る。その結果、右翼団体や軍部から攻撃され、大東亜戦争中には時論の執筆が事実上できない状態に置かれていた。しかしダンバートン・オークス会議が始まったのを受けて、一九四四（昭和十九）年の秋、外務省の後援により世界政治研究所が「正当な戦後の国際平和機構」についての研究を横田に依頼した。そして横田は外務省から資料を入手し、ダンバートン・オークス会議による「国際連合」設立の提案を詳細に検討した上で、一九四五（昭和二十）年三月には、四百字づめ用紙で五百四十枚にも及ぶ原稿を書きあげた。それを同年八月、終戦の直前に『戦後の国際平和機構に関する研究』という題で印刷し、関係者に配布している[21]。したがって国際連合の発足にあたっても、その理解はすみやかであった。

終戦直後に岩波書店は、民主主義の新たな時代を迎えた人々に指針を与えることをめざして、総合雑誌『世界』――この題名がまさしく世界の平和への展望という気分を表わしている――を創刊した。その第一号（一九四六年一月号）に横田は論文「国際民主生活の原理」（二年後、著書『世界国家の問題』に第一部第二章として再録）を発表する。戦後論壇での横田の復活第一声である。そこで横田は、第一次世界大戦ののち国際連盟が成立した結果、そこに加わった各国が「国際団体の意思」を尊重し、おたがいに生存を確保するようになったと指摘し、そうした国際関係を「国際民主生活」と呼んでいる。そして、満洲事変以降の日本の軍事行動について、その原理をふみにじったとしてきびしく批判しながら、「国際連合」の発足によって「国際民主生活」が「飛躍的な進歩、革命的な進化」を遂げたと歓迎したのである。そして日本は国内の民主化とともに「いっさう国際民主生活の実践に努力する必要がある」と説く。占領が終わったのちには国連に加盟し、主体的にそれを支えて、民主主義の価値の実現に努めるのが当然だと考えていたのであろう[22]。

しかも終戦直後の横田は、国際連合の発足がやがて「世界国家」の建設につながってゆくという展望を、高らかに唱えていた。『世界』への寄稿論文としては第二作となる「世界国家論」(一九四六年九月号、『世界国家の問題』第一部第一章として再録)では、十九世紀末から、特に二十世紀には「世界的な組織の基礎となるべき客観的な事実がしだいに成熟してきた」と、この展望が人類史の次元での変化を背景とするものであると説明する。すなわち「交通通信機関の発達」が、諸国家のあいだの交流を活性化して、相互依存を深めていき、政治・経済・社会・文化の各方面で、世界はほとんど「不可分な一体をなした」。しかも第二次世界大戦においては、原爆の発明によって、戦争がたちまちに全人類の破滅に結びつくことが明らかになった。いまや、強力な「世界組織」を作り、「できるならば世界国家」を建設することが、人類の急務になったのである[23]。

したがって横田の見るところでは、国際連合が集団安全保障の制度を作り、諸国家のあいだの戦争を禁止することによって、各国の主権に制限を加えたことは、「世界主権」「世界国家」が「なかば」実現したことを意味する。それは、戦争の原因である「政治的な不公正や、経済的な不平等」をとりのぞき、「世界の平和と秩序」を確保するために必要な措置にほかならない。この課題をさらに遂行するためには、窮極的には諸国家の集合としての国連をこえ、単一の「世界主権」が諸国家の上に立って強制力をふるう、「十分な世界国家」を建設することが求められる[24]。

ただしこの論文で横田は、安全保障理事会の常任理事国が拒否権をもつことにもふれ、国連のもとで「大国の主権」が依然として残ったままであることが、平和を脅かす可能性を指摘している[25]。この欠陥について、別の論文「拒否権の問題」(『時代』一九四七年一月号、『世界国家の問題』第二部第三章として再録)では、拒否権をもつ大国が「一致協力」することが平和の維持には不可欠だと説く。そして拒否権の行使を「真にやむをえない、死活的な問題」のみに限ることを通じて、濫用を防ぐべきだとした[26]。国連の発足によって「世界国家」がなかば実現したと説く横田の議論は、国際社会の現状と未来に関する極端な楽観に支えられている。だが同時に、大国どうしの利害の主張がまだ秩序を動かしている現実への考慮も示していたことが、集団安全保障の問題に関する見解の特徴にもつながってゆく。

横田よりもさらに楽観的な議論が、終戦直後には頻繁に登場していた。たとえば一九四六年一月二十二日の朝日新聞の社説は、国連の成立について「それは、かすかながらも、将来における世界連邦の誕生を意味する」と説く。横田喜三郎が「世界国家論」において引用しているのは、アメリカで活躍するジャーナリスト、エメリー・リーヴスが一九四五年六月に刊行した『平和の解剖』(Emery Reves, *The Anatomy of Peace*)である。この本は横田の議論と同様に、工業(industrialism)が発展し経済的な相互依存が進んだ今日では、国民国家・主権国家の枠組はもはや維持できず、それを無理に強化しようとしたことが、全体主義の登場と世界戦争を導いたと説く。そして、主権を世界の各国家から奪い、単一の「世界政府」(world government)へと移すことを提唱した[27]。おそらく終戦の前後に横田はこの本を読み、みずからも世界国家・世界主権の実現を展望する議論を組み立てたのだと思われる。

国際連合の発足ののちも、リーヴスはそれを、主権国家の連合体にとどまっており不十分だとして、世界政府の設立を熱心に唱える。これに呼応した世界各国の団体・個人が一九四六年十月、ルクセンブルグに集まり、世界連邦政府の設立を協議した。今日も続く世界連邦運動(world federalist movement)のはじまりである。日本でも尾崎行雄や哲学者の谷川(たにかわ)徹三、平凡社社長であった下中彌三郎などが、独自の政治主張も行ないながら熱心に関わるようになった[28]。そもそも戦前の国際法用語では、国際連盟のような国際機関を「国家連合」(confederated states)と、アメリカ合衆国やスイス連邦のような連邦国家を「連合国家」(federal state)とそれぞれ呼んでいた[29]。平和の到来とともに国際「連合」が発足したことが、日本では「連合国家」への連想を呼び、世界政府への期待を抱かせた側面もあったかもしれない。

こうした国連への高い評価と「世界国家」への期待は、新たに制定された日本国憲法第九条に対する評価と結びつく。一九四六年十一月、新憲法の公布と同時に日本政府は憲法普及会を発足させ、多くの法学者に参加を求めて、新たな憲法に関する宣伝と教育に努めた。横田もまたそれに加わり、講演活動で全国を回っている[30]。国連が成立し、「世界政府」「世界国家」への可能性が開かれたのが「世界の大勢」であり、戦争放棄の規定は、世界でもっとも進歩した「完全な平和主義」にほかならない。それが憲法第九条の意義であると横田は説く。そして、先にふれた対日理事会におけるマッカーサーの演説を引きながら、戦力をもたない日本が今後、他国からの侵略から国を守る手段としては、国連の集団安全保障に期待すべきだと論じる[31]。もしも侵略されたとしても、国連の安全保障理事会がそれを違法と判断したなら、ただちに国連軍が派遣されるので、自前の軍備は必要ない。表面上はそういう主張である。

憲法第九条の戦力不保持の規定を国連による集団安全保障と組み合わせて理解する点は、当時の日本政府が示した傾向とも共通していた。衆議院での憲法改正案審議にあたっての、吉田茂首相の答弁(一九四六年六月二十六日、七月四日)がその典型である[32]。そして憲法学説においても、そうした理解が通説になっていった。憲法普及会の活動とともにいち早く刊行された概説書である、美濃部達吉『新憲法概論』(一九四七年四月)は、戦力不保持の規定は「独立国としての実を失ったものである」と苦渋をにじませながら、「自力を以ては国の生存を維持することを得ず、国際信義に倚頼するに依つてのみ其の生存を保つことを得る」と論じた[33]。さらに、初めての詳細な注釈書である、法学協会編『註解日本国憲法』上巻(一九四八年)は、注で横田喜三郎の第九条理解にふれながら、こう言いきった。「国際連合は将来ますます強化される見込がある」「これからの日本の安全は、この強化される連合によつて保障されるのであり、連合による以外には保障の道がない」[34]。

3 集団安全保障と講和問題

これまで見たように、国連と憲法第九条とを「世界国家」への展望に結びつけて賛美する議論が、終戦直後には盛んだった。だがそこには、戦後改革に対する両手をあげての賛成とは評価しきれない側面がある。のちに民主社会党の政治家としても活躍した社会思想史学者、関嘉彦が回想するように、当時、占領軍は出版物に関して事前検閲を行なっており、講和を目前にひかえた一九五〇(昭和二十五)年の後半に至っても、「憲法の批判はタブー」であり、第九条の非武装主義を正面から批判することはできなかったという[35]。そのことを念頭においてみると、横田喜三郎が国連における「大国の主権」の残存に言及したり、美濃部達吉が憲法第九条によって日本は「独立国としての実」を失なったと述べたりするくだりには、連合国すなわち国連に対する、隠された批判を読みとることもできる。

実際にこの問題について検閲が行なわれたと思われる例もある。南原繁門下の政治学者・憲法学者で、法政大学法学部教授であった中村哲(あきら)は、『新生』一九四六年十一月号に巻頭論文「武装なき国家の前途」を書いたが、占領軍の事前検閲によって全文削除を命じられた。その論文は約六十年後に占領軍の関係文書(プランゲ文庫)のなかから発見されることになる。

このなかで中村は、横田が引いたのと同じマッカーサーの対日理事会演説にふれ、新憲法の非武装規定によって主権を放棄する(あるいは放棄させられる)のならば、日本は「もはや従来の観念による完全なる独立国ではありえない」と説明する[36]。そして国連もまた戦勝国の組織である以上、「かつての枢軸国」が「直ちに加入を認められるとは考えられない」上に、「武装なき国家」である日本は、国連軍の一員として集団安全保障の実行に加わることができないのだから、もし加入したとしても「各国と平等な国家の主権が認められるものとは言い難い」と指摘した。つまりは主権が不完全で、責任を不十分にしか分担できないため、一般の国家よりも下位に位置づけられるというのだろう。

中村の見るところ、憲法第九条の戦争放棄の規定も「国内法によって戦争犯罪人を規律せしめようとするもの」で、「連合国」が極東国際軍事裁判によって「戦争責任者への応報を厳しくし、賠償を通じて戦争は儲からぬものであるとの観念を徹底的に滲み込ませようとしている」試みと連動している。それは、国連が「強制的な秩序」としての強制力をもたず、「統一ある世界国家の秩序」となっていない限界を補うため、「思想的に戦争犯罪を防止しよう」という意図に基づくのではないか[37]。

占領軍による新憲法と国連との双方に対する、こうした辛辣な批判が、全文削除の原因となったのかどうかは定かでない。だが、占領期に雑誌で公表するのはタブーだった議論が記されているのはたしかだろう。とりわけ、国連に将来参加した場合に、集団安全保障を担うことができるのかどうか。その問題について当時の日本政府がとった見解とは異なる姿勢を示している。

一九四六年九月十三日、貴族院の帝国憲法改正案特別憲法委員会で国務大臣、幣原喜重郎は、もし日本が国連に加盟する場合、侵略国に対する「制裁」への「協力」を求められたとしても、戦争を放棄しているのだから協力しないという「留保」をつけながら加盟を申請すれば、「世界ノ輿論」もそれを支持するだろうと説明した（議事速記録第十二号、国立国会図書館データベースによる）。この立場を『註解日本国憲法』もまた踏襲している[38]。自前の軍備をもてない以上、国連に守ってもらうが、ほかの国どうしのあいだに戦争が勃発しても、日本は侵略国に対する武力制裁に加わらなくてよい。それが、平和国家の国連への関わりをめぐる、政府と学界通説の公式見解だった。

この見解は、憲法第九条がある以上、集団安全保障に加われないと考える点で中村と共通している。だが、国連に加盟が許されても二級市民のような扱いをされてしまうと悲観するのではなく、国連が日本を守ってくれるから心配ないと見なすのが、政府と憲法学者の公式見解だったのである。憲法普及会の活動の一環として、憲法学者、浅井清が執筆し、中学校の教材として文部省から刊行された冊子、『あたらしい憲法のはなし』(一九四七年八月)になると、国際社会が平和憲法を理解してくれるという期待はもっと強烈である。軍隊を廃止したといっても「しかしみなさんは、けっして心ぼそく思うことはありません。日本は正しいことを、ほかの国より先に行ったのです。世の中に、正しいことぐらい強いものはありません」[39]。そうした声が、突如として誕生した平和国家に流布した、いわば戦後平和論の顕教であった。

しかし同時に、平和主義を前提としながら日本と国際社会との関わりについて、具体的な方針を模索しようとする、いわば密教も生まれつつあった。外務省では条約局を中心として、新たな憲法草案の発表の直後から、国際社会への復帰、国際連合への参加についての方針を検討し始めた。その過程で書かれた「国際連合参加問題」(一九四六年九月)、「安全保障問題に関する意見」(一九四七年六月)といった文書では、集団安全保障による制裁活動に、日本は「非軍事的措置」によって参加するという立場を打ち出している。そして、常任理事国の拒否権があるため、安全保障理事会は機能不全に陥る可能性があると見通した上で、国連憲章第五十二条の「地域的保障機関」の規定に基づき、「西部太平洋諸国」による地域機構を創設する構想を考えていた。国連と地域機構との、二重の枠組で東アジアの平和を確保しようと考えたのである[40]。

実は国連による集団安全保障については、横田もまた外務省条約局と同じ立場をとっていた。先にふれたように、これからの日本は集団安全保障によって自国の防衛を確保するべきだと論じていたが、その箇所では、侵略戦争を行なった国に対する制裁に参加することが、国際連合に参加する「連合国」の義務であると文章を続けている。「戦争を行わないで、単に外交関係を断絶するとか、通商関係を停止するとか、進んでは、作戦行動の便宜を計り、とくに飛行場や港湾などの基地を提供するとか、必要な物資を供給するとかいうこと」。日本はそうした非軍事的な「制裁の行為」を通じて制裁戦争に協力すべきであり、それを行なうことは憲法第九条の趣旨に反しない[41]。

もともと横田が論文「世界国家論」で強調した国際連合の特質は、「武力的な制裁」をも行なって戦争を防止する、強大な「拘束力」を諸国家に対してもっている点であった[42]。それによってかつての国際連盟のような無力さを免れている以上、日本もこの権力行使に対して、非軍事的な形であれ、積極的に関わってゆくべきだと考えたのであろう。

やがて一九四七（昭和二十二）年にギリシア・トルコに対する援助の問題が提起されたことから、アメリカ・ソ連の両陣営の冷戦状況が激しくなり、「二つの世界」の対立が深まってゆく。その結果、国連の安全保障理事会は大国の拒否権発動によって機能しにくくなり、その代わりに北大西洋条約機構（NATO）、ワルシャワ条約機構といった地域的安全保障機構が国際社会の平和を確保する体制ができあがった。

こうした状況の変化をみた横田は、講和問題にさいしてアメリカを中心とする自由主義諸国との多数講和（片面講和・単独講和）の立場をとり、日・米双方の集団的自衛権に基づくものとして、日米安全保障条約を正当化した。そのさい、憲法第九条があっても国際法上の権利として日本は自衛権を持つと説いたが、他面で安保条約の履行において日本側は基地の提供など非軍事的な貢献しか行なえないとした[43]。横田は一九五〇年の秋からブレーンの一人として吉田茂首相を支えてもいたのである[44]。

講和条約を多数講和で行なうか、それとも共産主義諸国も含めた全面講和を選ぶか。この問題をめぐって、講和論争が一九四九（昭和二十四）年から、二年後のサンフランシスコ平和会議に至るまで展開した[45]。全面講和論は、当時の日本社会党・日本共産党とその傘下にある労働組合が方針として採用したものであり、日本の非武装と東西冷戦からの中立を主張するものであった。日米同盟と軽武装を主張する政府に対して、中立と非武装を唱えて野党が対抗する。戦後政治のその後を規定した保守・革新の対立軸のはじまりである。

知識人の主張として全面講和論の中心となり、戦後の平和論の歴史に大きな影響を与えたのは、平和問題談話会による声明「三たび平和について」（『世界』一九五〇年十二月号）である。そのうち安全保障を扱った第三章は、憲法学者、鵜飼信成と国際法学者、田畑茂二郎が中心となってまとめたものであった[46]。そこでは田畑の発案から、国際連合が国際紛争解決のための「世界議場」（world forum）であるという規定がもりこまれ、国連の集団安全保障による日本の防衛が説かれている[47]。他方で国際情勢について語る第一章・第二章――丸山眞男の原案に基づく――が説明するのは、きびしい東西対立の現実と、そのなかにある平和的共存の可能性であった。声明の全体から読み取るなら、そこで国連に期待されているのは、終戦直後に横田が構想した「世界国家」としての統一的な権力行使ではなく、イデオロギーをこえて両陣営が語りあう、「中立」の空間ということになるだろう。

戦後平和論は、かつての「世界国家」イメージの輝きを「中立」の衣装に代えることで、非武装の顕教に結びついた国連シンボルの再活性化を図ったのである。しかし岸内閣の掲げた「国連中心主義」が内実を伴わないままだったのと同様に、「中立」もまたそれ自体としては、明確な規範上の原則をもったものではない。

冷戦が終わり、ことさらに「中立」を強調する必要がなくなった時代に、日本政府の日米同盟路線を批判するさいのシンボルとして、「国連中心主義」は「中立」に代わる地位についたかのように見える。しかも石橋内閣や岸内閣が建て前としてのみ掲げていたのとは異なり、国際政治におけるアメリカの単独行動が突出する時代には、それを牽制するための論拠として一定の説得力をもつようになった。しかし、終戦直後の「世界国家」イメージは、日本が国際社会に対していかなる価値を追求しながら主体的に関わるのかについて、不十分であるにせよ、真剣にとりくむなかで登場していた。そうした原理をめぐる思考が、現在も唱えられる「国連中心主義」には生きているのかどうか。この点についての反省は、今後も重要性を失なわないだろう。

註

1――江藤淳『全文芸時評』上巻（新潮社、一九八九年）二四九～二五〇頁。江藤に関しては、中島岳志・平山周吉監修『江藤淳――終わる平成から昭和の保守を問う』（河出書房新社、二〇一九年）に拙稿「十条の江藤淳」を寄稿した。

2――江藤・加藤の両者と親交のあった吉田秀和は、時評を読んだのちに江藤淳に反論の私信（三月五日付）を送り、加藤に見られる「国際連合的感覚」を擁護した。だがその吉田も同時に、一面では江藤に賛成して、加藤の議論にはたしかに「世界連邦の外務大臣」と呼びたくなるような問題があると指摘しているところがおもしろい。平山周吉（解説）「新発見！　江藤淳への手紙」（『新潮45』三十五巻一号、二〇一六年一月）一六〇頁。

3――明石康『国際連合――その光と影』（岩波新書、一九八五年）六～九頁、星野俊也「日本の国連外交と日米関係――マルチの選択・バイの選択」（草野厚・梅本哲也編『現代日本外交の分析』東京大学出版会、一九九五年、所収）二〇～二一頁。

4――河辺一郎「国連中心主義――提唱から破綻へ」（『国連研究　第十三号　日本と国連――多元的視点

からの再考』国際書院、二〇一二年）五九〜六〇頁、井上寿一「国連と戦後日本外交——国連加盟への道・一九四五〜五六年」（『年報・近代日本研究　十八　戦後外交の形成』山川出版社、一九九四年）二一〇〜二一一頁。

5——河辺一郎『国連と日本』（岩波新書、一九九四年）五〇〜五四頁、星野前掲論文二一頁。

6——権容奭「レバノン危機と「藤山外交」」（『一橋法学』六巻二号、二〇〇七年）七〇六〜七〇七頁。

7——河辺前掲『国連と日本』五四〜五九頁、同前掲「国連中心主義」六九頁。

8——一九五九（昭和三十四）年から翌年にかけて外務省国連局長を務めた鶴岡千仞（せんじん）は、当時は「国連中心外交」という言葉がはやり、「人々は何でも国連中心でやるがいいと言っていた」が、「その意味はわからないのが実情でした」と回想している（国連広報センター編『回想・日本と国連の三十年』講談社、一九八六年、八九頁）。国連の活動に関して、いかなる原則に基づき、どの程度関わるかについての共通了解が外交当局にもなかったのである。

9——都留重人『日米安保解消への道』（岩波新書、一九九六年）一三四〜一三六頁。

10——加藤典洋『戦後入門』（ちくま新書、二〇一五年）五四六〜五五二頁。

11——加藤俊作『国際連合成立史——国連はどのようにしてつくられたか』（有信堂、二〇〇〇年）一四三〜一四六頁、色摩力夫『国際連合という神話』（PHP新書、二〇〇一年）五八〜六二頁。

12——丸山眞男『丸山眞男　戦中備忘録』（日本図書センター、一九九七年）一九〜二〇頁。

13——河辺前掲『国連と日本』三六〜四〇頁、塩崎弘明『日本と国際連合』（吉川弘文館、二〇〇五年）二三八〜二三四頁。

14——加藤前掲『国際連合成立史』一〇五〜一〇八頁、リン・ハント Lynn Hunt『人権を創造する』（松浦義弘訳、岩波書店、二〇一一年）二一六〜二二一頁。

15――吉見義明『焼跡からのデモクラシー――草の根の占領期体験』上巻（岩波現代全書、二〇一四年）一七三〜一八三頁。ただし、日本国憲法第九条の説く完全非武装主義を支持する声は、占領期においては有権者のせいぜい一割強にとどまっていたことが、境家史郎『憲法と世論――戦後日本人は憲法とどう向き合ってきたのか』（筑摩選書、二〇一七年）八八〜八九頁で指摘されている。また当時、イェール大学名誉教授としてアメリカに暮らしていた歴史学者、朝河貫一が、占領軍による急進的な改革と、憲法第九条のおしつけは、やがて日本国内からの反動の発生を招くと警告する草稿をのこしている（浅野豊美「朝河貫一の占領下民主化政策批判と憲法九条・反省の象徴としての天皇制――「武力征略の心」をめぐる国民性概念を中心に」、海老澤衷ほか編『朝河貫一と人文学の形成』吉川弘文館、二〇一九年、所収、一七八〜一八九頁）。これは、日本にいる関係者との書簡のやりとりを通じて、国内の現実の空気をとらえ、それに呼応した考察であるかもしれない。

16――大嶽秀夫編『戦後日本防衛問題資料集　第一巻　非軍事化から再軍備へ』（三一書房、一九九一年）九七頁。

17――同上書、六七頁。

18――長尾龍一『日本憲法思想史』（講談社学術文庫、一九九六年）二四六〜二四七頁。また占領軍側の日本政府に対する要求には、戦争放棄の規定を憲法にもりこむことが、天皇を戦犯として訴追しようとする連合国の圧力をかわし、皇室の存続を確保できるという説明が伴っていたことについて、五百旗頭真『日米戦争と戦後日本』（講談社学術文庫、二〇〇五年）二二〇〜二二一頁、同『占領期――首相たちの新日本』（講談社学術文庫、二〇〇七年）二二二〜二二五頁を参照。

19――横田の思想とその政治思想史上の背景については、以下の研究を参照。竹中佳彦『日本政治史の中の知識人――自由主義と社会主義の交錯』上下（木鐸社、一九九五年）、酒井哲哉『近代日本の国際秩序論』（岩波書店、二〇〇七年）の第一章「戦後外交論の形成――「理想主義」と「現実主義」の系譜学的考察」、小畑郁「日本の占領管理と「革命」に対する官僚法学的対応――第二次世界大戦直後における国際法上位一元論の機能」（『思想』一〇二〇号、二〇〇九年四月）、林尚之「世界大戦のなかの立憲主義と世界連邦的国連中心主義」（林尚之・住友陽文編『立憲主義の「危機」とは何か』すずさわ書店、二〇一五年、所収）、片桐庸夫『横田喜三郎　一八九六－一九九三――現実主義的平和論の軌跡』（藤原書店、二〇一八年）。

20――竹中前掲書、上巻六五～七二頁。

21――横田喜三郎『私の一生』（東京新聞出版局、一九七六年）一七一頁。この冊子で横田は、「国際連合」結成の提案について、「一般国際機構案は反枢軸国によつて作成されたものであるけれども、その長所は長所として認め、戦後の国際平和機構としてこれを採用して差支へないであらう」と高く評価している。そして、枢軸国が加盟を認められるのは終戦をへて「かなり長い期間の後」のことと予想されるが、やがては日本とドイツも加盟し、安全保障理事会の常任理事国に加わるべきだと論じた。横田喜三郎『戦後の国際平和機構に関する研究』（世界政治研究所資料、一九四五年。愛知県江南市立図書館横田文庫蔵）九六～一〇一、一七六～一七七、二〇八頁。「正当な戦後の国際平和機構」という表現も同書四頁による。また二〇八頁の記述から、印刷されたのは八月でも、まだポツダム宣言が受諾される前のこととわかる。

22――横田喜三郎「国際民主生活の原理」（『世界』一号、一九四六年一月）六五、七五、七七頁。

23――横田喜三郎『世界国家の問題』（同友社、一九四八年）六～七頁。

24――同上書、一二、二四、二八～二九頁。『戦後の国際平和機構に関する研究』でもこの点にふれてはいるが、平和に対する脅威や侵略行為に対する制裁として、兵力を組織して対処する「広い決定の権能」

を、安全保障理事会に認めていることが「国際連合そのもののもっとも重要な特色」であると指摘するのみであり、「世界国家」の理想との関係づけは議論に登場しない（同書五〇～五一、六七～六九頁）。

25 ――横田前掲『世界国家の問題』二八頁。

26 ――同上書、二一〇頁。

27 ――Emery Reves, *The Anatomy of Peace* (reprinted, Gloucester, Mass., Peter Smith, 1969), p. 260-262.　この書物は、世界連邦運動に感激し、日本におけるその指導者になった稲垣守克が一九四九年に日本語訳を刊行しているが、小田滋によって「遺憾ながら極めて杜撰なものであり、良心的な翻訳がまたれる」と酷評されている。小田滋「エメリー・リーヴス『平和の解剖』――世界政府論へ寄せて」（『法哲学四季報』六号、一九五〇年四月）一一〇頁。

28 ――田畑茂二郎『世界政府の思想』（岩波新書、一九五〇年）、谷川徹三『世界連邦の構想』（講談社学術文庫、一九七七年）三七～五七頁、千葉眞『連邦主義とコスモポリタニズム――思想・運動・制度構想』（風行社、二〇一四年）九二～九九頁、中島岳志『下中彌三郎――アジア主義から世界連邦運動へ』（平凡社、二〇一五年）二九二～二九七頁。

29 ――横田喜三郎「国家（国際法上の）」（末弘厳太郎・田中耕太郎編『法律学辞典』第二巻、岩波書店、一九三五年、所収）。

30 ――横田前掲『私の一生』一九四～一九八頁。

31 ――横田喜三郎『戦争の放棄』（国立書院、一九四七年）一二～一三、一九、七〇～七一、二〇〇～二〇一頁。

32 ――大嶽前掲編著、一三八～一三九頁。論文「戦争の放棄」（初出は『国家学会雑誌』六十巻十号、一九四六年十月。のち『戦争の放棄』第二章に再録）で吉田の答弁を紹介したのが、横田が憲法第九条の問題を論じた、管見では最初の例である。さらにこの論文では、「自衛のためと称して、侵略的な戦争の行われる可能性」が憲法第九条によって消滅したと説明する（『戦争の放棄』七〇頁）。厳密な読み方をすれば、他国からの侵略に対する自己防衛の措置がすべて禁じられるとか、国際連合憲章第五十一条の規定する個別的・集団的自衛権をもたないといった主張をしたわけではなく、国連憲章の認める範囲内でなら自衛権を行使できるという含みを残した第九条解釈である。横田がのちに日本の個別的・集団的自衛権と自衛隊を認める議論を展開したのも、決して「転向」ではなく、この解釈の延長線上にある。

33——美濃部達吉『新憲法概論』（有斐閣、一九四七年）三五頁。

34——法学協会編『註解日本国憲法』上巻（有斐閣、一九四八年）一一一頁。『註解日本国憲法』の執筆者グループのうちで、理論面を主導したのは、のちに「三たび平和について」の安全保障の章の原案を書いた鵜飼信成であったと考えられる。また奥平康弘の回想によれば、憲法第九条の部分を直接に執筆したのは、当時は大学院特別研究生であった民法学者、加藤一郎であったという。奥平康弘・高見勝利・石川健治「鼎談　戦後憲法学を語る」（『法学教室』三百二十号、二〇〇七年五月）一〇頁。ただし美濃部と『註解日本国憲法』の両者は、「自衛権」もしくは「自衛の戦争」を完全に放棄したと理解するが、先にふれた国会における吉田茂の政府答弁は、「直接には自衛権を否定はしておりませぬが」、九条第二項で軍備と交戦権を放棄した結果として「自衛権の発動としての戦争」は不可能になると論じている（大嶽前掲編著、一三八頁）。これはしばしば、当時の日本政府が完全非武装論の立場をとっていたことを示す例としてとりあげられるが、自衛権の存在について留保し、「軍備」や「交戦権」の行使と見なされないような防衛措置なら実行できる道を残した答弁ではないか。五百旗頭前掲『占領期』三〇二～三〇三頁を参照。吉田はのちの回想録でも、この答弁について「自衛権は否定していないことをはっきり述べている」点に読者の注意をうながしている（吉田茂『回想十年』第二巻、新潮社、一九五七年、四二頁。塚目孝紀氏よりご教示を受けた）。篠田英朗『はじめての憲法』（ちくまプリマー新書、二〇一九年）一二四～一二五頁も同様の理解を示している。

35――関嘉彦『私と民主社会主義――天命のままに八十余年』（近代文芸社、一九九八年）八三頁。ただし、マッカーサー・ノートの戦争放棄条項の完成に携わった、占領軍民政局次長のチャールズ・L・ケーディス自身は、日本の自衛権は残すべきだと考えていたことについて、鈴木昭典『日本国憲法を生んだ密室の九日間』（角川文庫、二〇一四年）一三七～一四〇頁、五百旗頭前掲『占領期』二四四～二四五、二九五～三〇一頁に指摘がある。

36――中村哲「武装なき国家の前途」（法政大学沖縄文化研究所『沖縄文化研究』三十一号、二〇〇四年）一一八頁。

37――同上論文、一二二～一二三頁。

38――法学協会前掲編著、上巻一二一～一二二頁。ただし『註解』は武力によらない制裁は可能とする。

39――高見勝利編『あたらしい憲法のはなし　他二篇』（岩波現代文庫、二〇一三年）四二頁。

40――井上前掲論文一九一～一九四頁、楠綾子『吉田茂と安全保障政策の形成――日米の構想とその相互作用　一九四三～一九五二年』（ミネルヴァ書房、二〇〇九年）一四七～一四八頁、林尚之「戦後日本の主権国家と世界連邦的国連中心主義」（『立命館文学』六百三十七号、二〇一四年）二七頁。横田喜三郎もまた、『国際連合――研究と解説』（政治教育協会、一九四六年五月）五六～六一頁において、国連憲章が第五十二条・五十三条で「地域的取極」に関する規定を設け、安全保障のための「地域的の協定や機関」の設立を認めたことに、一定の評価を与えているが、この点については『戦後の国際平和機構に関する研究』五二頁にもすでに言及がある。国連のすべての加盟国が参加する集団安全保障のみによって平和を維持するのではなく、地域的安全保障を担う同盟関係がそれを補完する「地域主義」の意義を、横田は早くから認めていたのである。

41――横田前掲『戦争の放棄』七六〜七八頁。

42――横田前掲『世界国家の問題』二五頁。

43――篠田英朗『集団的自衛権の思想史――憲法九条と日米安保』（風行社、二〇一六年）七六〜七九、一一四〜一一五頁、横田前掲『私の一生』二三七〜二四一頁、竹中前掲書五八〇〜五八六頁。

44――楠前掲書、一八三〜一八五頁。

45――国連との関係を中心に論争のようすを概観した文献として、横田喜三郎・尾高朝雄『国際連合と日本』（有斐閣、一九五六年）五八〜八四頁があり、法哲学者、井上茂がその原案を執筆している。

46――田畑茂二郎『国際社会の新しい流れの中で――一国際法学徒の軌跡』（東信堂、一九八八年）一四三〜一四四頁。

47――平和問題談話会「三たび平和について――平和問題談話会研究報告」（『世界』六十号、一九五〇年十二月）四一〜四九頁。この文書は酒井哲哉編『リーディングス戦後日本の思想水脈3 平和国家のアイデンティティ』（岩波書店、二〇一六年）に再録されている。日本の国連加盟にあたり、『中央公論』誌上（一九五七年二月号）で田畑と横田は論争しているが、そこでの田畑の主張は、国連を「権力による強制機構」としてのみとらえるのではなく、集団安全保障以外に、さまざまな社会的・文化的活動を行なう「世界の討議場」と考えるべきだというものであった（田畑「国連加盟をどう迎えるべきか」七九〜八一頁）。この雑誌特集については、本書第十四章でも再説する。

第13章 「現実主義者」の誕生——高坂正堯の出発

1 若き国際政治学者の登場

一九五九（昭和三十四）年十月十五日、京都にて国際法学会の秋季研究大会関西部会が開かれた。そのようすを伝える『国際法外交雑誌』における部会報告によれば、この年度から学会の全国的な集まりが年一回となったために、それとは別に秋季研究大会を、関東・関西の二か所でそれぞれ催すことになったという。場所は京都大学楽友会館で、開会の挨拶をしたのは、学会の理事の一人であり、京大法学部教授で国際法を担当していた田岡良一（りょういち）である。

田岡は翌年三月に京大を停年で退官するが、やがて一九六一（昭和三十六）年に国際法学会の理事長に選任される。五九年十月の研究大会は、次期の理事長になりうる人物として、初めての関西部会を開催校の立場で運営する晴れの舞台であった。部会報告によれば、東京方面からも多くの参加者があったため、参加者は八十名をこえていた。この日の夕方からの懇親会について「パーティ形式をとつたため、あちこちに歓談の花がさき、これまでにない楽しい雰囲気」であったとも伝えている。それまでは着席方式の形式ばった懇親会だったのかもしれない。いずれにせよ、学会としては新たな変化を感じさせる催しだったことが、部会報告から読みとれる[1]。

この日の三人の報告者のうち、最初の出番で研究報告を行なったのは、満二十五歳と若い京大法学部助教授、高坂正堯(こうさかまさたか)である。当時はまだ戦前以来の伝統が続いていたために、国際法学会のなかに「外交史・国際政治部門」があり、その報告枠での起用であった。題目は「イギリスとウィーン体制」で、翌年に『国際法外交雑誌』(五十九巻三号、一九六〇年九月)で活字化されている。高坂は、京大法学部在学中に田岡の演習で学び、卒業後、二年半の助手の期間をへて、報告の直前の九月に助教授に昇任したばかりであった。

すでに高坂は、法学部の助手が任期中に書きあげなくてはいけない、いわゆる助手論文を、「ウィーン会議と「ヨーロッパ」」として、京都大学法学部『法学論叢』(六十五巻一号、二号、一九五九年四月～五月)に分載していた。国際法学会での報告はその続篇にあたる内容である[2]。高坂の法学部卒業は五七年三月であるから、雑誌掲載のための準備の期間を考えれば、助手になって一年半ほどで長大な論文を書きあげ、続篇への見通しも立てたのだと考えられる。

高坂の助教授への昇任は外交史講座にわりあてる形で行なわれたが、アメリカのハーヴァード大学での在外研究（一九六〇～六二年）に出て、帰国したのちに六五年から担当したのは、特別講義の「国際政治学」である[3]。やがて一九六七（昭和四十二）年に国際政治学講座が新設されるとそちらに移り、七一年に教授に昇任しているので、初めから外交史ではなく国際政治を担当することを嘱望された任用だった。京都大学では初めての国際政治学者のデビューである。まもなく退官する田岡にとって、関西部会での高坂の研究報告は大きな誇りでもあっただろう。

国際政治を考察するにあたっての高坂の基本姿勢は、すでに最初の公刊業績である「ウィーン会議と「ヨーロッパ」」の冒頭で現われている。ナポレオン戦争ののちにヨーロッパ各国が作りあげた国際秩序である「ウィーン体制」について、一八一四年から翌年にわたるウィーン会議における形成過程をたどり、その特質と限界を明らかにした論文であった。

のちに高坂は『国際政治――恐怖と希望』（一九六六年）の「まえがき」で、「私が大学を卒業して以来、ヨーロッパ外交史の研究の必要性をくりかえし忠告されてきた田岡良一先生に深い感謝の念を表明したい」[七－10～11]と書いている。そうした田岡の指導のせいもあってか、オーストリアの外相であったクレメンス・W・L・メッテルニヒ、英国のカースルレー子爵（ロバート・ステュアート、高坂による表記は「キャッスルリー」）、フランスのシャルル＝モーリス・ド・タレーラン＝ペリゴールといった、外交家たちの交渉を綿密にたどった論文である。注で引いている文献も、ほとんどは外交史の研究書や史料集であり、国際政治の理論研究というよりは外交史の色彩が強い作品と言えるだろう。

その冒頭で高坂は、以下のように問題関心を表明している。

ウィーン会議は一九世紀のヨーロッパ国家体系を確立し、一九世紀の始りを劃するものとなつたが、同時にそれは、フランス革命に始まる二〇数年間の動乱の終りを告げるものでもあつた。従つてその平和処理は、まつたく制約のない状態の下に、理想的な均衡を作製したものではなくて、それ以前の歴史によつて大きく制約されたものであつた。ウィーンの平和を建設した人々の努力は、ある一つの理論に基づいた理想主義者のそれではなく、現実の要求に対処して行くことから生れたリアリストのそれにならざるを得なかつたのである[4]。［引用は初出誌の表記による。以下同じ］

ここで高坂自身が国際政治の見かたに関して「リアリスト」であることをめざすと、はっきり宣言しているわけではない。だが論文の内容は、十八世紀に成立した「ヨーロッパ国家体系のコンセンサス」がフランス革命とナポレオン戦争によって破壊されたあと、ふたたび「欧州協調」の体制を作りあげようとした政治家たちの努力に、焦点をあてるものである。そこでは、各国が自己の利益を追求していけば、おのずから「理想的な均衡」が生まれ、全体の調和に至るといった十八世紀の楽観はもはや失なわれていた。必要とされたのは、利害のきびしい対立を前提としながら「勢力均衡」をたえず再建する営みである。ウィーン会議は「一八世紀を通じて発達してきていた近代ヨーロッパ国家体系を、ヨーロッパの全ての国が当事国である条約によって確立することによって、いわば「ヨーロッパ」を作ったのであった」［六―110］。高坂の関心が、世界平和の理想よりも、現実の状況のなかでヨーロッパという国際秩序を「作」ろうとする、政治家たちの営みの具体的な姿に向いていたことは明らかであろう。

高坂は一九八一（昭和五十六）年に活字化された講演「ダブル・スタンダード批判」で、戦後の日本の思想界、とりわけ大学に、安全保障をめぐる「ダブル・スタンダード」の傾向が強いことに対する批判意識を、京都大学在学中から持っていたと回想している［八―368～377］。つまり、一九五〇（昭和二十五）年の講和問題にさいして知識人集団、平和問題談話会が全面講和論を提起して以来、戦後の民主主義と平和主義の理想を堅持しようとする、いわゆる「進歩派」知識人、平和論者たちは、冷戦構造からの中立を唱え、日本国憲法第九条をもちあげて非武装の理想を高らかに説いていた。しかし彼らは大体の傾向として「同じことをやればアメリカをけなす。「アメリカが悪い」と言う。しかし、ソ連は非難しない」というダブル・スタンダードに陥っていることを、田岡良一と、政治史担当の教授、猪木正道という二人の師から教えられたというのである。

この二人のうち猪木正道は、もともと河合栄治郎門下の経済思想史・社会思想史学者として出発し、戦後にその著書『ロシア革命史』(一九四八年)が注目され、政治史担当者として京都大学法学部教授に迎えられた人物である。高坂の学生時代には、安全保障や国際政治に関する論考は、まだそれほど多く発表していなかったが、その「現実的平和主義」の立場を表明した早い時期の文章として、「政治的危機の底にあるもの」(『中央公論』一九六〇年八月号。のち「日本の中立は可能か?——民衆のムード・中立主義」と改題)がある。

そこで猪木はまず、「自民党の極右派」や「政界、財界の指導的地位にいる大人の大部分」に見られる「向米一辺倒」の反共主義を、国民世論の実情から離れているだけでなく、ソ連に対する危険な挑発につながるとして批判する。そして他面で、「日本の中立主義が現実政治の舞台では親中ソ反米を意味することははっきりしている」と述べ、「ムード」としての中立路線が反米に傾いてしまうことを危険視するのである。これに対して猪木が提案したのは、日本とアメリカの政治的・文化的・経済的な結びつきを強化しながら、軍事面では六〇年に改定された日米安全保障条約が定める両政府の「協議」を通じて、日本の自主性を慎重に高めてゆく方策であった[5]。国際政治の現実に照らすかぎり、平和論者の主張は「親中ソ反米」というダブル・スタンダードの病弊を抱えている。そうした指摘に、高坂もまた学生として接したのであろう。

高坂はやがて、アメリカでの在外研究から帰国したのちに、論壇デビュー作と言うべき「現実主義者の平和論」(『中央公論』一九六三年一月号)を発表する。その冒頭部分では「理想主義者たちは、国際社会における道義の役割を強調するのあまり、今なお国際社会を支配している権力政治への理解に欠けるところがありはしないだろうか」と説き、戦後日本の平和論を批判する[一-10]。そして、この文章を最初の著書『海洋国家日本の構想』(一九六五年)に収めたさいに付した「あとがき」で、「現実主義者の平和論」という題目は自分自身の創意に基づくと明かしながら、「私は国際政治を基本的に力の闘争として捉え、国際政治における力の役割を重要視する意味において現実主義者であり」と宣言することになった[一-203]。こうした「現実主義」の姿勢と、戦後の中立論・平和論への批判が、大学生時代から培われたものであったという高坂の自己認識は、おそらく確かなものであろう。

しかし、「現実主義者の平和論」によって、論壇に「現実主義者」としての地位を確立する前、いわば最初期の高坂の仕事には、平和論・中立論を批判する現実主義者という二項対立の見取図によってはすくいとれない、いくつかの重要な問題が姿を現わしている。そうした問題についてふれながら、高坂の仕事がもっている思想的な奥ゆきを探ってみたい。

2　理想と現実との会話

高坂の最初の論文「ウィーン会議と「ヨーロッパ」」で興味ぶかいのは、「勢力均衡」すなわちバランス・オブ・パワーを外交の重要な方針としつつ、それのみによっては安定した国際秩序を築きえないことを、ウィーン体制を例にとりながら指摘するところである。当時の外交官たちにとって、「ヨーロッパ」は「単なる力の釣合以上のものであり、道徳的・文化的紐帯を含む概念であった」ために、バランス・オブ・パワーを旨とする交渉技術に加えて、そうした「ほぼ同一の水準の文化と教養」を共有していたことが、諸国の協調を可能にした。その指摘を高坂は論文のなかで三回もくりかえしていた〔六―68〜69、107、132〕。他面でまた、フランス革命で現れた「ジャコビニズム」に対する恐怖もまた、旧体制を守ろうとする諸国の紐帯を支えたことも、忘れずに指摘している。

ここで注目したいのは、「力の釣合」と「道徳的・文化的紐帯」との「二つを融合した概念」〔六―107〕としての「ヨーロッパ」が共有されていたことを高坂が指摘するとき、三回ともハンス・J・モーゲンソー『国際政治』（Hans J. Morgenthau, *Politics among Nations*, 2nd ed., 1954）の第十四章「バランス・オブ・パワーの評価」における同一の箇所に、注で言及していることである〔6〕。この第十四章は、前章で「バランス・オブ・パワーの構造」を論じ、続く第十五章・第十六章で、「力の抑制要因としての道義、慣習、法」および「国際道義」に続いてゆく議論の、いわば転回点にあたっている重要な章であった。しかも高坂が言及するのはその章の末尾、「バランス・オブ・パワーの不十分性（inadequacy）」を論じた箇所にほかならない[7]。この論文で高坂が注に挙げる国際政治理論の書物は、ほかには同じくモーゲンソーによる『世界政治と国家理性』（*In Defence of the National Interest*, 1951：鈴木成高・湯川宏訳、創文社、一九五四年）と、フレデリック・シューマン『国際政治』（Frederick Schuman, *International Politics*, 5th ed., 1953）ぐらいであり、モーゲンソーの著書が大きな示唆を与えたことを想像させる。

モーゲンソーは当時、シカゴ大学で国際政治を講じていたが、もともとはドイツで学んだ公法学・国際法学の研究者である。したがってその関心は本来、国際社会における法規範が現実の国家間交渉において、どのように機能しているかに向いていた。『国際政治』第十四章では、現実政治における各国の力の大小は正確に測定しがたいものであり、力の無限の増大への欲求も引き出してしまい、結局のところバランス・オブ・パワーのみによっては戦争の勃発を防ぎえないと指摘している。

これに対して第十四章の末尾では、フェヌロン、ジャン＝ジャック・ルソー、エメール・ド・ヴァッテル、エドワード・ギボンといった思想家たちの著作を引きながら、各国が単一のヨーロッパという「道義的コンセンサス」を基盤としていたがゆえに、十八世紀やウィーン会議以降の国際秩序が成立したと説いている。そうした「道義的コンセンサス」が存在しなければ、バランス・オブ・パワーは国際関係の安定装置としての機能を失なってしまう。反対に言えば、バランス・オブ・パワーという現実の支えがなければ、「道義的コンセンサス」も空虚なスローガンに堕してしまうか、あるいは強国が勢力を拡張するための口実に使われるだけになるだろう。

国家と国家とが共存してゆく手がかりを、あくまでも現実の力の交錯のなかに求めると同時に、その関係の内側で、理想や道義による支えがいかにして働くかを見きわめながら、秩序の形成の手段を探ってゆくこと。高坂が学んだ田岡良一もまた、一九三〇年代に日本の国際法学界・公法学界の支配学説であった純粋法学の方法を批判しながら、「現実に行はれる法を理想論から分離し、又各種の法規の根拠を明かにして、一時的生命よりなきものと、より永続性あるものとの相違を弁別する」ことをみずからの方法として説いていた[8]。

現実に法規範として働いている慣習法と条約法とのあり方に迫ろうとする田岡の視角が、奇しくもモーゲンソーのそれと重なりながら、高坂を外交史と国際政治の世界へと導いていったのである。『世界地図の中で考える』（一九六八年）のなかに見える回想によれば、スイスの中立に関して、弱小国スイスとヨーロッパの諸強国とが、交渉を重ねながら永世中立条約を完成させたという田岡の議論にふれたことが、大学生であった高坂に、外交政策への関心を芽ばえさせたという［五－237～238］。

「ウィーン会議と「ヨーロッパ」」でも、田岡の著書『永世中立と日本の安全保障』（一九五〇年）を注で挙げながら、スイスの中立について二箇所で言及している［六－107、111］。

したがって、のちに「現実主義者の平和論」で、「手段と目的との間の生き生きとした会話」［一－18］を強調し、日本が追求すべき価値としての憲法第九条の「絶対平和」の意義を説いた［一－14］のと同じように、最初期の高坂の文章にも理想主義・平和主義に対する一定の評価がすでに登場していた。助教授昇任の直後に、日本国際政治学会の機関誌『国際政治』における特集「集団安全保障の研究」に寄稿した論文、「国際連盟と集団的安全保障――そのユートピア性と現実性」（一九五九年、第十号）では、やはりモーゲンソー『国際政治』を引きながら、国際連盟における集団安全保障の計画も、平和を求める国際世論に支えられていたという点では「一種のリアリティ」であったと指摘している。高坂によれば、E・H・カーが『危機の二十年』（E. H. Carr, *The Twenty Years' Crisis 1919-1939*, 2nd ed., 1946）で国際連盟の意義を「空しいユートピア」であったとして否定するのは、一九三〇年代以降はともかく二〇年代にはあてはまらない［9］。

また、アメリカでの在外研究へ出発する直前には、書評「アメリカの対外政策における変化の可能性」を『法学論叢』六十七巻三号（一九六〇年六月）に発表し、ジョージ・ケナン、ヘンリー・A・キッシンジャーをはじめとする論者たちの外交論説に論評を加えている［10］。そこで高坂は、従来のアメリカの対外政策は、ソ連や「中共」に対する「嫌悪と恐怖」に導かれた「軍事的な思考法」に支配されてきたが、対外論における変化が芽ばえてきたと指摘する。すなわち、ケナンがドイツでの兵力引き離しによる東西陣営の緊張緩和を唱えたことに加え、それに対する批判もまた、東西の軍事バランスではなく「小さなヨーロッパ」の統合の保持を根拠に持ちだすようになってきた。東南アジア条約機構（SEATO）に加盟していないアジア諸国への経済援助や、米ソ双方の軍縮を説く議論も登場している。

一九六〇年の高坂は、「軍事的な思考法」を離れた「理想主義的なアプローチ」が、アメリカでは一九二〇年代以来、三十年ぶりに「復活」してきたと見ていた。そうした議論が場合によっては「現実性に乏しい」ものになっていることも確かであるが、それが国民の支持を得たならば「非常な可能性を持っている」。高坂は「市民政治の伝統やアメリカ革命の伝統」がアメリカには存在することにふれながら、「アメリカ史における偉大な国民的たかまりは、全て理想主義的なものであった」とまで語るのである。その口調は現実主義者というより、ほとんど理想主義者に近い。

このとき高坂の見立てでは、戦後、一九五〇年代までのアメリカ外交は、軍事的な力の追求にのみ専心してバランスを失なっていた。それに対して現実主義と理想主義の適切なつりあいを取り戻すものとして、「理想主義」の復活を歓迎したのである。これに対して、在外研究をおえて一九六二（昭和三十七）年九月に帰国し、翌月にキューバ危機の報に接した高坂にとって、日本の言論状況は、従来のアメリカとはちょうど反対に、あまりにも理想主義に傾きすぎていると見えたのであろう。「現実主義者」とわざわざ自己規定しながら論壇に登場した背景には、そうした意識があったと考えられる。

3 カントと「リベラリズム」

一九六六（昭和四十一）年に高坂は、三冊めの単著にあたる『国際政治――恐怖と希望』を、中公新書の一冊として刊行した。国際政治に関する理論をまとめた初めての著書であるが、当時は日本全体を見わたしても、そうした概説書はW・G・フリードマン『国際政治入門』（神川信彦訳、みすず書房、一九五四年）が刊行されていた程度である。高坂はその前年から国際政治学の講義を始めているので、教科書もしくは参考書として活用するねらいもあっただろう。

先にふれたようにこの本の「まえがき」では、田岡良一と、さらに猪木正道との二人の師に対して謝辞を記している。そしてその後に続くのが、一九二〇年代から「京都学派」の哲学者として活躍した父、高坂正顕に対する感謝の言葉である。「父正顕が私に話をしてくれたときから、カントはむずかしく、ルソーは想像をかきたてた。その好みは今日までつづいていると言えるだろう」［七－11］。二人の思想家の名前が挙がっているのは、この本のなかで世界平和論の古典としてとりあげられている、ジャン＝ジャック・ルソーの草稿『サン・ピエールの永遠平和計画の評価』、イマヌエル・カント『永遠平和のために』（Immanuel Kant, *Zum ewigen Frieden*, 1795）を念頭においてのことであろう。この二人の思想について、父から話を聞かされていたのである。

講演「日本の宿命を見つめた眼」（一九八二年）で述べるところによれば、政治学に関心をもつようになったきっかけの一つは、高校三年生のころに、家庭教師をつけながらの英語の原書講読を、父から薦められたことにあった。高坂正顕が丸善に行って選んだ本は、一九一〇年代に英国で刊行された『イングランド政治思想（*Political Thought in England*）』全四冊であった［八－428］。ハロルド・ラスキ、アーネスト・バーカーといった、政治学者として著名な研究者によって書かれた政治思想史の通史である。家庭教師に選ばれたのは、当時、京都帝大哲学科の卒業生で、日本思想史研究者として修業中だった源了圓（みなもとりょうえん）であった。源の回想によれば高坂正堯はとりわけ、ハーバート・スペンサーから二十世紀初頭までを扱った、アーネスト・バーカーによる第四巻に感銘を受けていたという［11］。

高坂正堯が言及する古典のうちでもとりわけ、カント『永遠平和のために』は、高坂正顕が昭和初期にみずから翻訳し、戦後にも岩波文庫から再刊（『永遠平和の為に』一九四九年）した作品であった［12］。著書『続カント解釈の問題——法と歴史の諸理念』（一九四九年）のなかで、その「世界公民」の思想を論じてもいる。高坂正堯の『国際政治』は、三か所でこの古典を論じており、息子の関心も高かったことがうかがえる［七―79、120〜121、173〜174］。そのさい引用に用いた邦訳テクストはもちろん、表記を変えてはいるが父の訳した岩波文庫版であった。

高坂正堯自身は、哲学それ自体の研究に強い関心を示すことが終生なかった。だが、『永遠平和のために』におけるカントの理論と、二十世紀後半の国際政治の現実とを関係づける思考に関しては、父よりも深くふみこんだ解釈を展開している。父・正顕は、戦後の講和問題をめぐる論争にさいして、理想としては全面講和が望ましいが、さしあたり確実に実現できる選択肢として多数講和（単独講和）を支持すると主張していた。そのさいに、カントが「将来戦争を起すやうな材料を秘かに留保してなされた平和条約は、決して平和条約と見なされてはならない」と説いた箇所を引いて、全面講和が仮に実現してソ連や中華人民共和国がそれに加わったとしても、冷戦の対立関係がそれで消滅するわけではない以上、東西両陣営の戦争を防ぎえないと説いたのである［13］。

高坂正顕の議論の中心は、全面講和をめざしていては、いつになったら講和条約を結んで国際社会に復帰できるのか、その見通しがなかなか立たないという点にある。だがこの主張を補足するような、全面講和を行なっても戦争を防止しえないという指摘は、そのまま多数講和にもあてはまるであろうし、カントが述べている、表向きの平和条約と秘密条項との二枚舌への批判とは別の問題だろう。平和論者たちはカントを先駆者として礼賛しているが、『永遠平和のために』のテクスト自体に注目するなら、彼らの議論はカントの平和論とは必ずしも一致しない。そう指摘したのみにすぎないとも読める。

これに対して高坂正堯の『永遠平和のために』への言及は、より深くカントの思想と切り結ぶものであった。同じ議論を『国際政治』でも展開しているが〔七―173～174〕、ここでは「現実主義者の平和論」を発表した直後の論考の一つ、「二十世紀の平和の条件――核リベラリズム論」（『自由』一九六三年九月号）に注目したい。

カントは『永遠平和のために』のテクストを、あたかも国家間で結ばれた「永遠平和のため」の条約と、その逐条解説のような形式で構成している。その「確定条項」の第一は「各国家における公民的体制は共和的（republikanisch）でなければならない」であった。国民自身が政治を支え、国家の活動の結果として生じる負担をみずから引き受けるような政治体制が成立しているならば、国民は戦争の結果として生じるリスクを考えて、対外政策を慎重に選ぶようになるというのである。

これはしばしば、国内体制においてデモクラシーが確立し、人々の政治参加が保障されたならば、その国は平和を志向するはずだという「平和と民主主義」の理論として、引き合いに出されるものである。戦後日本の平和論が前提としていたのもそうした発想にほかならない。しかし高坂は、カントが同じ箇所で「共和的体制」と「民主的体制」とをきびしく区別していることに、読者の注意を促している。「共和的体制とは民主的体制と同一物ではなく、人間ではなくて法が支配する体制なのだから、多数の専制がおこなわれる今日の民主政治は、カントの言う共和的体制には入らない

かもしれない」[一－54]。(傍点原文)

実際にカントはこの箇所で、国民全員が直接に参加する「民主政治」においては「すべての人が一人を無視」する抑圧が生じ、必然的に「専制」に陥ると指摘している。これに対して、万人の権利を保障する法の支配のもとに、「代議制度」によって統治が行なわれる方式が「共和政治」なのである[14]。カントが念頭においている、専制に転化したデモクラシーの具体例は、古代ギリシアのポリスとフランス革命におけるジャコバン独裁であろう。高坂が「ウィーン会議と「ヨーロッパ」」でとりあげたメッテルニヒやタレーランのような外交家たちもまた、「民主政治」の恐怖と言えば、ジャコバン独裁の事例をまず考えたはずである。

しかし高坂はカントのテクストを解釈するにあたって、そうした過去の暴政に対する批判を言い表わしたという理解をとらない。むしろ「世論の有効性という問題と真剣に取り組んだ」[一－55]と評価して、二十世紀の「多数の専制がおこなわれる今日の民主政治」にもそのまま通じる、普遍的な問題を鋭く指摘したと見なすのである。戦後日本の平和運動は、「世論に対する素朴な信念」から出発したが、「冷厳な国際政治の現実」を経験したのちに、平和を求める世論が平和の実現には直結しないという「にがい真理に直面」した。平和を求める純朴な運動が、国際的な共産主義の影響力にからめとられ、激しいイデオロギー対立の片側に加担していった結果、一つの国家の内部や国際社会における対立を激化させている例は、六〇年代の高坂にとってもおなじみのものだっただろう。『国際政治』では、「多数の専制」とともに「ある理念への狂信」が「国家権力の制約をいちじるしく困難にする」と指摘している［七－174］。

こうした現代の病理に対して「二十世紀の平和の条件」で高坂が提起するのは、「全体主義の試練を経験し、核時代に生きるリベラリズム」としての「核リベラリズム」という政治姿勢であった。

一方的軍縮論というリベラリズムの自殺行為へと走ることなく、また、現在の体制を否定したあとでこの地上に理想郷が出現するという終末論に魅せられることもなく、真のリベラリズムの精神を生かすためには、まず、リベラリズムの存在理由ともいうべき世論の有効性に対して、仮借なき反省を行なうことが必要である。そうすれば、権力政治の単純な否定に代って、権力政治への深い理解が生まれ、理想への一途な夢からさめて、理想と現実との間の激しい緊張関係のなかに立つことになるであろう。そうすれば、永遠平和への過渡期において、一歩ずつ永遠平和に近づくための過渡的平和条件を見出すことができるであろう［一－55］。

平和の理念と、現実における力の行使との緊張関係を自覚する態度。それは高坂が「ウィーン会議と「ヨーロッパ」」以来、研究を続けてきた、ヨーロッパの外交官たちの交渉力や判断力を支えてきたものであっただろう。そうした水平的な関係における社交術への関心を、のちのちまで高坂は持ち続けていた。たとえば、メッテルニヒを素材として「十八世紀文明のかぐわしさと遊戯性」［六－172］を描きあげた論考、「会議はなぜ踊りつづけたか」（『中央公論』一九七一年六月臨時増刊号『歴史と人物3』、のち『古典外交の成熟と崩壊』第三章として再録）に、よく現われている。

だが、「二十世紀の平和の条件」に見える「核リベラリズム」もしくは「真のリベラリズムの精神」には、そうした水平面での交渉術には尽きない、いわば現実と理想とを結ぶ垂直軸の要素が入りこんでいる。「理念への狂信」に陥ることを警戒しつつも、個人の権利の保障や平和の実現という目的を念頭にすえて、意見の異なる相手と交渉しながら、おたがいの共存を確保しようとするリベラリズム。そうした規範の感覚もまた、若き日の高坂が十八世紀、十九世紀の外交史に親しむなかで、おのずから身につけたものであったのだろう。晩年に至るまで清明な味わいの高坂の文章が、時として見せる深い陰翳も、そこから生じているのではないだろうか。

註

1――「国際法学会秋季研究大会関西部会報告」（『国際法外交雑誌』第五十八巻五号、一九五九年十一月）。

2――二つの論文は、のちに『古典外交の成熟と崩壊』（一九七八年、のち『高坂正堯著作集』第六巻、都市出版、二〇〇〇年に収録）の第二章、第四章として再録されている。本章では以下、『高坂正堯著作集』全八巻（一九九八〜二〇〇〇年）からの引用については、たとえば第八巻六〇八頁を［八－608］という具合に、巻数・頁数を本文中に略記する。

3——京都大学七十年史編集委員会編『京都大学七十年史』（私家版、一九六七年）三八八、三九一頁。高坂節三『昭和の宿命を見つめた眼——父・高坂正顕と兄・高坂正堯』（PHP研究所、二〇〇〇年）二六一頁には「とりあえず教授については田岡教授が兼任で務めることで昭和三十四年、法学部のなかに国際政治学科が新設された」とある。これは「学科」でなく講義の新設のことであろうが、田岡良一が一九五九年度に国際政治学の講義を兼担したかどうかは確認できない。だがいずれにせよ、国際政治学の講義の新設について、田岡の意志が強く働いたことは推測できる。

4——高坂「ウィーン会議と「ヨーロッパ」」第一回、京都大学『法学論叢』第六十五巻一号（一九五九年四月）二六〜二七頁。『古典外交の成熟と崩壊』に収められたおりに、最後の一文は削除されている［六－56］。

5——『猪木正道著作集』第五巻（力富書房、一九八五年）四〇六〜四一六頁。猪木の政治思想については、松沢弘陽『日本社会主義の思想』（筑摩書房、一九七三年）三四七〜三七二頁、井上徹英『猪木正道の歩んだ道——〝戦後〟と闘った自由主義者の肖像』（有峰書店新社、一九九三年）、猪木正道『私の二十世紀——猪木正道回顧録』（世界思想社、二〇〇〇年）を参照。

6——ただし、三回の言及のうち最初の箇所については、初出論文の序説第二節の注10を、『古典外交の成熟と崩壊』に収めるさいに削っているため、単行本・著作集ではモーゲンソーの著書への参照指示がわからなくなっている。高坂「ウィーン会議と「ヨーロッパ」」前掲第一回、三八、四〇頁を参照。

7——ハンス・J・モーゲンソー『国際政治』中巻（原彬久監訳、岩波文庫、二〇一三年）一一六〜

一三〇頁。ただしこの日本語訳は、原書の第五版修訂版（一九七八年）の翻訳である。『国際政治』におけるこの箇所の議論の重要性については、酒井哲哉『近代日本の国際秩序論』（岩波書店、二〇〇七年）二九〜三二頁を参照。また、本書第十四章の注26でふれる論文「「力の均衡」の虚構」（一九六五年）で、坂本義和が高坂の「現実主義」を批判したさい、引きあいに出したのが、同じ『国際政治』第十四章であったことも興味ぶかい。

8——田畑茂二郎『国際社会の新しい流れの中で——一国際法学徒の軌跡』（東信堂、一九八八年）二七〜二八頁、田岡良一『国際法（新法学講話8）』（ダイヤモンド社、一九四一年）八頁。田岡の国際法学に関しては、中西寛「国際秩序をめぐる法と政治に関する一考察」（『京都大学法学部創立百周年記念論文集』第一巻、有斐閣、一九九九年、所収）、『高坂正堯著作集』第六巻の解説である中西輝政「「ヨーロッパ」への愛、あるいは歴史への愛」六七一〜六七二頁、酒井前掲書一〇六〜一〇八頁を参照。

9——高坂正堯「国際連盟と集団的安全保障——そのユートピア性と現実性」（日本国際政治学会編『集団安全保障の研究（国際政治・通巻第十号）』一九五九年、所収）。またこの論文では、「局地的」な集団安全保障の実現として、一九二五年にドイツ・フランスを中心とするヨーロッパ諸国が結んだ、ロカルノ条約に高い評価を加えている（二三頁）。この点は、のちに「現実主義者の平和論」で高坂が、日米同盟の存続を前提とした上で、東アジア地域の安全保障のために「ロカルノ方式を真剣に考慮する必要がある」と述べたことにも関連するだろう［一－25］。田岡良一もまた、「局地的（地域的）集団保障」の試みとしてロカルノ条約を評価し、第二次世界大戦後の国際連合においては安全保障理事会における拒否権の存在ゆえに、「世界的集団保障」が機能しないため、米州相互援助条約（一九四七年）、西欧連合条約（一九四八年）、北大西洋条約（一九四九年）が「局地的集団保障」の手段として登場してきたと説いていた。田岡『永世中立と日本の安全保障』（有斐閣、一九五〇年）一四七〜一五二頁。

10――高坂正堯「アメリカの対外政策における変化の可能性」（京都大学『法学論叢』六十七巻三号、一九六〇年六月）。

11――高坂節三、前掲書、一九四〜一九五頁。

12――岩波文庫版『永遠平和の為に』の高坂正顕による「解説」の末尾には、「黒田覚君所持の初版本」によって章・節の切り方を定めたとある。黒田は京都帝国大学法学部で、戦前から戦中にかけて憲法学・政治学を講じた教授であり、高坂正顕と政治学者とのつながりを示す挿話として興味ぶかい。高坂正顕と猪木正道もまた、戦前から知り合いであったという（高坂節三、前掲書、二五九頁）。

13――高坂正顕『来るべき時代のために――希望と反省』（弘文堂、一九五二年）一〜四、四九〜五〇頁。

14――イマヌエル・カント『永遠平和の為に』（高坂正顕訳、岩波文庫、一九四九年）二八〜三〇頁。なお、高坂正顕もまた前掲『続カント解釈の問題』第二章「世界公民の立場」において、カントの説く「共和主義」と「民主制」の区別について論じている。しかしカントが「民主制はすべての人が同時に立法権と執行権を有つが故に、却って専制主義に堕する危険が多いとする」と紹介するのみであり、高坂正堯のように二十世紀における「多数の専制」の問題にも及ぶメッセージを読み取ることはない。『高坂正顕著作集』第三巻（理想社、一九六五年）一九六〜一九八頁。また、『国際政治』第二章「経済交流と平和」において、「商業的精神」による諸国家の結合についてのカントの議論に注目するところも、父のカント研究には見られない、高坂正堯に独自の着眼点である［七－79］。

第14章 未完の対論——坂本義和・高坂正堯論争を読む

1 安定のとまどい——一九五九年

❖つかのまの緊張緩和

一九五九（昭和三十四）年、岩波書店の雑誌『世界』は六月号で特集「日本外交の再検討——冷戦は終結を迫られている」を組んだ。雑誌の顧問格であった政治学者、南原繁による巻頭論文にはじまる、五本の論考からなる特集である。その企画の趣旨について、当時の編集長、吉野源三郎が書いたと思われる編集後記は、こう述べている。

日米安保条約改定交渉がはじめられて以来、外交問題についての国民の関心は、急速に高まっています。もしも伝えられるような方向で改定が行われるならば、日本は、今後十年にわたって、一九六〇年代の最も重要な時機を、アジアに緊張をもたらす、従属的な存在として蹂躙されなければならないでしょう[1]。

文章の末尾で、米軍の日本駐留を憲法に反すると判じた、砂川事件の伊達判決（東京地方裁判所、三月三十日）に関する言及があることから、この後記は四月に書かれたと推定される。ここで述べられているとおり、当時、日本外交をめぐる最大の政治案件は、翌年に予定された日米安全保障条約の改定をめぐる問題であった。安保改定は自民党政権の岸信介首相が、日米両国の関係を対等なものにし、米軍の日本防衛の義務を明記させるために、以前から願っていたところである。これに対し、駐日大使ダグラス・マッカーサー二世とアイゼンハワー政権が、日本の中立化を防ぐ目的で歩みよりを見せたことによって、一九五八（昭和三十三）年十月から、両国の政府のあいだで改定交渉が始まったのであった[2]。

これに対し、最大の野党であった日本社会党と、その支持母体の総評は、この改定を日米軍事同盟の強化の試みと見なして反対の態度をとった。そして伊達判決の直前、三月二十八日には、原水爆禁止日本評議会（原水協）、憲法擁護国民連合、日中国交回復会議など百以上の団体とともに「安保改定阻止国民会議」を発足させることになる。

他方その五日前にも、約三十人の知識人が東京神田の如水会館に集まって「文化人懇談会」を結成していた。そこで発せられた声明も、軍事同盟の発展によって、アジア地域での戦争に日本がまきこまれる危険性が高まり、国内での治安体制も強化されることを懸念するという理由で、改定に反対するものであった。

吉野編集長による『世界』は、この安保条約反対運動を推進する方針を進んでとっていた。「文化人懇談会」の声明は『世界』の五月号に全文が掲載され、会の五人の世話人のうち、社会学者の清水幾太郎（当時、学習院大学教授）、西洋史家の上原専禄（せんろく）（一橋大学教授）が、六月号の特集に執筆している。六月号の編集後記には「人類の運命に思いをはせ、冷戦の終結、そして、そのなかでの日本のありかたを真摯に追求してゆけば、それは中立にたどりつくはずです」との言葉も見える。吉野によれば「人類」の視点からして、東西の冷戦に対し、日本が平和憲法の理念を掲げて断固とした中立の道を選ぶことが、必然の当為にほかならない。

そして同時に、特集の副題にもあるように「冷戦は終結を迫られている」という、そのころの国際情勢についての認識もまた、この「中立」主張をあと押ししていた。その三年前、一九五六（昭和三十一）年十一月から翌年の二月まで、国際連合の緊急特別総会と第十一回総会が開かれている。サンフランシスコ平和条約の結果として、加盟が認められた日本が初めて参加した機会でもある。

この総会は、二つの大きな国際問題の処理を抱えながらはじまった。ハンガリー事件とスエズ戦争（第二次中東戦争）である。ハンガリーの自由化を後押ししようとする学生・労働者による反乱を鎮圧するために、一九五六年十月、ソ連が介入して軍隊をブダペストに侵入させ、政権を交代させる。この動きを見て、ソ連はほかの方面に軍事力を展開させられないと判断した英国とフランスは、イスラエルと謀議してエジプトに軍事攻撃をしかける。当時、しだいに共産主義諸国に接近し、スエズ運河国有化によってアラブ・ナショナリズムの姿勢を強硬に打ち出した、エジプトの大統領ガマール・アブドゥル＝ナーセルの勢いを抑えようとねらったのである[3]。

これに対して、国連の安全保障理事会は麻痺状態に陥る。ソ連軍をハンガリーから撤収させる要求に対してはソ連が拒否権を行使し、スエズからの軍隊撤収を求める決議案についても、当初は英仏両国が拒否権によって葬り去った。しかし、ソ連首相（閣僚会議議長）ニコライ・ブルガーニンが英仏両国に強硬な書簡を送り、アメリカもまた批判の態度をとったために、十一月六日、英仏は国連による停戦決議を受け入れ、やがてスエズ地域からの撤兵をはじめる。国連を支える大国の間に、冷戦とは次元を異にする対立状況が生まれ、各国は複雑な力関係のなかで均衡をとることを余儀なくされるようになった。

国連の第十一回総会を取材した、当時の朝日新聞論説委員、小幡操（おばたみさお）は、総会終了後に「国連の新しい旗手――第十一回総会をかえりみて」と題する報告を『世界』一九五七年四月号に寄せている。そこで小幡は、国連において大国どうしが分裂し、機能を失なったのに対し、アジア・アフリカ・

ラテンアメリカの小国群が活発に発言するようになったことに注目する。そうした諸国は英仏とイスラエルに対し、連合して完全撤兵を要求し、ソ連に対してもビルマ代表がハンガリーへの内政干渉を追及する態度をとった。もはや大国のみが協議してすべてを決めるのではなく、小国群による「世界世論」が国連を動かし、大国を導く時代が始まっている。小幡はそのように総括した[4]。

もちろんその後の歴史を見ればわかるように、ここで米ソの間の対立関係が終わったわけでも、両超大国が世界に対する影響力を失なったわけでもない。一九五七（昭和三十二）年八月にはソ連が大陸間弾道ミサイル（ＩＣＢＭ）の実験に成功し、続いて十月、初めての人工衛星スプートニクを打ちあげる。その結果、東西両陣営間には核軍拡競争が始まり、また一九五八年十一月、ソ連が西ベルリンの非武装自由都市化案をつきつけるなど、危機感の高まりも見られるようになった。

しかし同時に、米ソ両国は核軍拡の手づまりを認識して妥協の姿勢を見せはじめ、ゆっくりと緊張緩和へ進んでゆく。その結果、『世界』の「日本外交の再検討」特集が出たのち、一九五九年九月には、首相ニキータ・フルシチョフがソ連の最高指導者としては初めてアメリカを訪問し、キャンプ・デーヴィッドで米ソ首脳会談を行なうことになる。こうした米ソ間の平和共存の空気は、翌年、アメリカの偵察機Ｕ２がソ連上空で撃墜される事件が起こるまで、つかのま続くのである。

いた。

✣若い政治学者の登場

『世界』の「日本外交の再検討」特集は、日本の若い国際政治学者のデビューの舞台ともなっていた。東京大学法学部の丸山眞男、岡義武のもとで学び、一九五四（昭和二十九）年四月に助教授に採用された坂本義和である。坂本はこのとき、満三十一歳。ほぼ同年の同僚でヨーロッパ政治史を専攻する篠原一（はじめ）とともに、「現代の外交——日本の対外政策を再検討するために」という対談で特集に登場している。誌面への起用は、丸山眞男が吉野源三郎との会話のなかで名前を挙げたせいではないかと、坂本はのちに回想する［5］。

この対談をいま読み返すと、強く印象に残るのは、そのころ進行しつつあった緊張緩和に対する、二人の出席者の姿勢の微妙さである。坂本はこの対談での最初の発言で、一九五五（昭和三十）年七月、ジュネーヴでの米・ソ・英・仏の四か国首脳会談をきっかけに「冷戦からの転換」が生じたと指摘する。それは実に、一九二〇年代なかば、ロカルノ条約によってヨーロッパ諸国の間に相対的安定が生まれ、世界恐慌ののち崩壊して以来の「「安定」期」が、国際政治に到来したことを告げるのである。

要するに一九二九年（の大恐慌）以来三十年間というものは、国際政治でも危機がむしろ常態になってきてしまったし、われわれにとっては第二次大戦後漸く訪れた平和でさえも冷戦でしかなかった。ですから「安定」について、一種の強い猜疑心をもち、あるいは「安定」というものを眼の前に突き出されると、かえって方向感覚を失いそうにさえなるということは、むしろ自然のことだといっていいのかも知れません[6]。

坂本の見立てはこうである。戦後の冷戦においては、イデオロギーの対立が武力による解決を誘い、武力がイデオロギーによって「十字軍的あるいは解放軍的な祝福を与えられる」という、「二重の危険」に世界各国がさらされる「終末論的な性格」を、国際政治は持たざるをえなかった。これに対して、ジュネーヴ会談以降の緊張緩和の状勢において、国際政治は「ゲーム的な性格のものに変ってきている」。そこでは「相手を殺せば自分も殺される」と予測するところから、おたがいに「相手の生命には手をつけない」という「最小限のルール」を共有しながら外交が行なわれるのである。そうして米ソの間では「現状維持政策の循環」が、いま始まっている。

しかし、こうした安定期の到来について「方向感覚を失いそう」と坂本が述べていることにも現われているように、二人の発言には当惑の空気が満ちている。篠原の言葉によれば、「革新陣営」にとっては「国際政治の安定化」が、「権力者の政策に対してアンティ・テーゼを出すことを比較的困難にしている」。ここで篠原は「安保条約の撤廃」を口にしているし、坂本もまた日米同盟を批判する「革新」側の立場をとることを前提にして、対談は進んでいる。だが国際社会で一触即発の危機の空気が去ってしまえば、安保条約の撤廃に向けて多くの国民の支持を惹きつけることは、むずかしくなるのである。

この翌年、五月十九日の岸信介内閣による、新安保条約批准のための国会での強行採決をきっかけに、おびただしい人数のデモ隊が国会に押しよせることとなり、安保反対運動は史上空前の規模にまでもりあがる。しかしそれ以前の時期には、日本社会党・日本共産党と、『世界』に拠った知識人が熱心に呼びかけても、大衆はなかなか呼応しなかった。『朝日年鑑』は、安保改定阻止運動の一九五九年末の現状について、社会党の分裂と最高裁による砂川事件伊達判決の否定、さらに全学連（全日本学生自治会総連合）の国会突入（十一月二十七日）をめぐる自民党の逆攻勢によって、「年末にはやや低姿勢を余儀なくされた」とまとめている[7]。

しかも同時にこの対談では、篠原と坂本との間に微妙な違いが生まれていることが興味ぶかい。篠原は、日本国内に安保条約反対論のような異論が存在していることを、むしろ「権力者」「保守党」が「日本国家のために逆用」して、アメリカとの交渉に利用してはどうかと説いている。そうすることで「国民の利益」すなわち「ナショナル・インタレスト」を確保できる。——安保条約を撤廃に追いこめるような運動の展望が見えない以上、むしろ反対運動の存在を政府が利用しながら外交に臨み、アメリカの世界戦略からの自立性を少しでも確保するのが、「国民の利益」にとっては望ましい。そんな一種の現実戦略を提起したとも読める。

だが坂本は、重要なのは現在の日本において「シンボルとしてのナショナル・インタレスト自身が分裂ないし欠如している」点だと指摘する。何を「利益」とするかについて国内で意見の対立があるのは通常のことであり、その対立を「現存支配層」がアメリカとの交渉に利用することは、いまの「後進地域諸国」に見られるように、支配層の「特殊なインタレスト」の実現のみに終わってしまう。それよりも、「シンボルとして、国民にある一体感をもたせるような政策」を打ち出すことが大事だと批判するのである。

❖ナショナリズムをめぐる危機感

このように、「国民に共通のシンボル」を新たに創出することの必要性を説く坂本の主張は、やはり一九五九年当時の社会情勢から来た危機感に由来するものであった。前年の十一月二十七日、皇太子（当時）の明仁親王と正田美智子との婚約を、宮内庁が正式に発表した日から、一九五九年四月十日の結婚式に至るまでの間、週刊誌報道やテレビ中継を通じて、世は御成婚ブーム、ミッチー・ブームのさなかにあった[8]。対談はおそらく結婚式の直後に行なわれたと思われるが、この「国民に共通のシンボル」に関わる問題として、坂本は「皇太子ブーム」に言及する。

結局ナショナルなシンボルというものが私的なシンボルに解体されてしまっている。最近の皇太子問題を見ても、結局大衆による非常に私的な次元でのアイデンティフィケーション（一体化）によって、はじめていわゆる皇太子ブームとかなんとかいうものが可能になるというくらい、ナショナルというか、あるいはパブリック（公的）なシンボルというものが崩壊している。敗戦による解放が公的なシンボルに昇華結晶されない前に大衆社会状況に入って再分解してしまっている。ですから政党が打ち出すいろんなスローガンに現れるナショナルないしパブリックなシンボルというものは大衆の中に根ざしているのでなくて、それ自身浮遊状態にある[9]。

こう発言したとき坂本の念頭には、法学部での丸山ゼミの一年後輩にあたる政治学者、松下圭一が発表した論考「大衆天皇制論」（『中央公論』一九五九年四月号）があったことだろう。そこで松下は御成婚をめぐる大衆の反応を週刊誌記事などから拾いあげ、二十世紀の「大衆社会状況において は、君主制もまた大衆君主制へと転化し、君主はスターとなる。ここでは皇太子妃の写真は、かつてのように「御真影」ではなく「プロマイド」となる」と指摘していた。戦後の経済復興とともに登場した大衆社会においては、天皇もまた戦前のような「神権君主」ではなく、一般庶民と同じような「幸福な家庭」のイメージを伴って現われることにより、「小市民層の日常的欲求の理想」を体現するものとして、国民を新たな形で統合する「シンボル」になったのである。——松下の結論は「大衆天皇制の最大の被害者がまた日本の大衆自身となるかもしれない日がこないとは誰が云えるだろうか」と警告を発するものであるが、「新憲法」と新しい皇室のあり方との適合性を説いた点で、「天皇制」への批判意識をもつ知識人の間では、物議をかもしていた[10]。

実は、先にふれた三月二十三日の「安保条約改定についての文化人懇談会」の声明は、翌日の『朝日新聞』の朝刊社会面で報じられているが、長さが一段分にも満たない小さな記事（東京版による）であり、トップを占めているのは、皇太子夫妻の結婚式にあたり、国民から寄せられつつある「お祝い品」をどうするかについて、二人が頭を悩ませているという記事であった。そうした形で、国民が「私的な次元」で皇室に愛着を抱くことを通じて、曖昧に統合が果たされる「大衆社会」の姿。しかも安定のもとで現実政治についての関心が低下した結果、「支配層」と政権政党のみの利害が「ナショナル・インタレスト」として正当化され、外交路線になってしまう。坂本はそれ以後も、ナショナル・インタレストの内容を規定せずに外交政策論の根拠に置く論法を拒否することになるが、その内奥には、大衆社会においてナショナル・インタレストの意識は分断と拡散を重ね、真の意味での「国民の利益」を社会全体で発見するような回路が失なわれているという現状認識があった。

この対談で坂本が唱えるのは「ナショナルないしパブリックなシンボル」を新たに創造しなおすことであるが、ここでは「敗戦による解放」を「昇華結晶」させるという方向を示すのみで、具体像については語っていない。しかし回想によれば、教育学者、長田新（おさだ あらた）が広島で原子爆弾に被爆した少年少女の手記を集めた本、『原爆の子――広島の少年少女のうったえ』（岩波書店、一九五一年）をすでに読み、また一九五四年、ビキニ環礁における第五福竜丸の被爆をきっかけとする原水爆禁止署名運動のもりあがりに接していた。その過程で「核兵器反対こそが、戦後日本の新しいアイデンティティの核心であり、「反核」こそ日本の国際的使命だ」と確信するようになっていたという[11]。

対談のなかで「アイデンティフィケーション（一体化）」と、わざわざ日本語を付して活字化していることにも見えるように、アイデンティティという言葉自体、この当時の日本では目新しいものであった。大衆社会状況のもとで拡散し、皇室報道によって曖昧に満足させられている日本国民のアイデンティティを、平和主義を基盤にした新たなものへと、再び統合すること。国際政治学者として世に発言しはじめたときから、そうした課題意識が坂本にはあった。この課題は、やがて一九六〇（昭和三十五年）年の安保条約反対運動の隆盛を見たのち、論考「革新ナショナリズム試論――新たな国民像を求めて」（『中央公論』一九六〇年十月号）において、核戦争の体験という「民族的特殊性」に立脚しながら、「平和」と「民主主義」というシンボルを媒介に、普遍的な主張を兼ねそなえた「新しい日本のナショナリズム」へとそれを育てあげようという主張に発展してゆく[12]。

2　中立への決意──坂本義和

❖「中立日本の防衛構想」

一九五〇年代後半に訪れた、緊迫した冷戦から「安定」への国際政治の転換。それを坂本は、対談「現代の外交」のなかで「世界史的な大事件、人類史の画期的転換期といってもチットモいい過ぎではない位重大なできごと」と語っている。だがその発言の基調は、ようやく訪れつつある平和共存を謳歌し、国家間の外交関係の「ゲーム」を巧みに運営していけば現状を維持できる、といった方向にはむかわない。先にふれた、安保条約撤廃の運動がもりあがらないという嘆きよりももっと深い、実存的とも言えるような疑念を、「安定化」の現状に対してつきつける。

つまり、かつて終戦直後には「戦争との対照において非常にナマナマしい価値という性質をもった」平和が、いまでは「既成事実」になった。そうして「危機感」が弱まってきた結果として、いまだに残存し続ける危機を意識する緊迫感を失なってしまうことを、坂本は深く憂慮するのである。

そこで第一に問題になるのは、現在は米ソのどちらも、「極度に機械化され、高度に合理化された」軍事攻撃のメカニズムを整備していることである。もし核攻撃のボタンを押す当事者が戦争誘発への警戒を怠ってしまえば、小さな偶発事故を相手側からの攻撃と勘違いしたことが、反撃のシステムを作動させ、たちまちのうちに核兵器を用いた世界戦争へと転化してしまうだろう。こうした「錯誤による破滅」の危機について、二か月後に同じ『世界』（一九五九年八月号）に寄せた論考「中立日本の防衛構想――日米安保体制に代るもの」では、より生々しく語っている。

たとえていえば、さわやかな初夏の朝日を浴びて夫や子供が出かけていってから数時間後に、突然一家バラバラのまま地獄絵のような死の世界に投げ出されてしまうといった可能性が、実は現在国際政治の構造的要因になっているのである。これは決して「戦争ノイローゼ」ではない[13]。

海の向こうで当局者の勘違い、もしくは機械の自動運動によって引き起こされた核戦争が、平凡な一日本人の生活を、たちまち「地獄絵」に変える。こうした危機感から坂本は、「われわれが日米同盟体制を続ける限り事態は絶望的であるのに対し、中立政策をとる時には希望が残されている」と語る。つまり、日米安保条約に基づいて米軍の軍事基地が日本国内にあるかぎり、ソ連による核ミサイル攻撃の対象になりうるし、防衛力を高めて迎撃が可能になったとしても、「許容量を超えた放射能により大気が汚染され得たり、原水爆装備のミサイルが誤って日本に落下したり」する危険性は残り続ける[14]。したがって、国民一人一人の生存を第一に考えるかぎり、米ソどちらの陣営にも属さない「生存のための軍事的中立」が必要になる。そう坂本は説いた。

戦争が国民生活のすべてをまきこむ全体戦争となり、さらに核兵器までも登場した戦後の国際社会においては、もはや軍事力によって国民の生存を保障することには限界がある。アメリカの軍事力に依存するのではなく、冷戦における「二つの世界」からの中立を保つことこそが、現代においてはもっとも「現実的な態度」なのだ。――これは、一九五〇（昭和二十五）年、講和問題に関して、アメリカを中心とする国々との多数講和の立場を批判し、東側諸国を含む全面講和を主張した知識人集団、平和問題談話会が声明「三たび平和について」で唱えたものである[15]。

この声明のうち、国際政治に関わる第一・二章は、丸山眞男が草案を執筆したものであり、もともと談話会の結成も吉野源三郎の発案にかかる。その路線の若き継承者として、坂本は論壇にデビューした。東大法学部でも、初めての専任者として国際政治の講義を担当する教官である。「中立日本の防衛構想」が載った、『世界』一九五九年八月号の編集後記で吉野は、その期待と、安保条約反対運動に占める意義をこう語っている。「安保体制の矛盾をいかんなく暴露し核時代に生きる日本のあるべき姿を仔細に検討したこの論文は、徹夜仕事に疲れはてた編集部員の眼を一挙にみひらかす迫力にみちたものであった」。「安定期」のまどろみから読者の目を醒まさせるような坂本の行論は、反対運動の行く先に悩む編集者たちの心境にも、大きな活を入れたのである。

しかし坂本の議論は、かつて平和問題談話会が唱えた主張に、大きな批判を加えるものでもあった。いまや核兵器の登場によって「戦争手段そのものが戦争目的を全く無意味と化して」しまった以上、軍事力のバランスのみによって平和を確保する発想には限界があるという主張は、坂本も談話会と共有している。しかしそうした認識のうえで、日米安保体制に対抗しながら、「中立主義もその戦争像と防衛構想とを持たなければならない」と説いて、「中立的な諸国の部隊から成る国連警察軍の日本駐留」を提案した。

すなわち米軍を撤退させたあとに、米英仏ソ中といった諸大国を除外した、東西冷戦に中立の立場をとる国々からの派遣部隊による国連警察軍を、日本に駐留させる。そして日本の自衛隊についても、縮小した上で国連警察軍の補助部隊として組み入れ、場合によっては国連軍の一部に加えて海外に「派兵」することも、日本国憲法の趣旨に違反しないとする[16]。坂本は、軍事力による勢力均衡の発想を批判しながらも、現実への対処方法としては、一定の武装が日本国家にとって必要だと考え、中立主義の目標にぎりぎり適合するような防衛構想のあり方を考えたのであった。

✣国連警察軍という選択肢

しかし現実の日米安保反対運動において主流を占めていたのは、日本国憲法第九条の戦力不保持の規定を額面どおりにうけとる非武装中立の主張である。「中立日本の防衛構想」は、日本社会党が「米ソ中日の諸国から成る集団安全保障条約」によって日本の安全を確保すると唱えていること

（一九五八年十月十一日、党本部声明）にふれ、坂本自身の構想はこれを「補完」するものだと論じているが、これはむしろ安保反対運動に配慮した文飾と読むべきだろう。非武装の原則を復唱するばかりで防衛構想に関して対案を示そうとしない革新勢力への批判として書いたのであり、実際に社会党などからは不評だったことを、のちに回想で明らかにしている[17]。

こうした革新勢力への批判の射程は、平和問題懇話会の「三たび平和について」にも及んでいる。この声明で日本の防衛問題を論じた第三章「憲法の永久平和主義と日本の安全保障及び再武装の問題」は、憲法学者、鵜飼信成（東京大学社会科学研究所教授）が起草にあたり、田畑茂二郎（京都大学法学部教授）が国際法学の視点から助言を加えて成ったという[18]。そこで説かれたのは、まず日本国憲法第九条は自衛権そのものを否定してはいないものの、それは「戦争以外のあらゆる精神的文化的乃至政治的法律的な方法」によって確保せねばならず、義勇軍も含めていっさいの軍備は認められないという非武装論である。したがって、日本の安全保障については国際連合に委ねるが、他面で日本が加盟したのち、世界のどこかで戦争が起きた場合、国連が侵略国に対して国連軍の派遣による制裁を決議したとしても、武装を放棄した日本の「特殊の地位」が考慮され、武力による協力の義務は課せられないと説くものであった。

「三たび平和について」が書かれたのは朝鮮戦争の勃発直後であり、国連軍の派遣が東西冷戦のどちらかの陣営に与する形でなされてしまうことへの懸念は強かっただろう。国連加盟と国連軍への参加を結びつけて、日本の再軍備を正当化する議論に対する警戒も、この文章にはうかがえる。のちに日本が国連への加盟を認められると、国連軍への協力の可否をめぐる議論は再燃することになった。加盟を承認した一九五六年十二月の国連総会をうけて、『中央公論』の翌年二月号は「国際連合の舞台に立つ日本」という特集を組む。その巻頭で一段と大きい扱いを受けているのは、田畑茂二郎の論考「国連加盟をどう迎えるべきか」であり、田畑はそこでも国連の本質は「平和機構」としての性格にあるとして、「三たび平和について」と同様の議論を展開している。

しかし、同じ『中央公論』の特集では、横田喜三郎の論考「国連憲章の精神」が、田畑を正面から批判する議論を展開している。横田は当時、東京大学法学部教授として国際法を担当しており、坂本も学生時代にその講義を聴いていたことが回想からうかがえる[19]。横田によれば、平和を破壊する行為を中止させるために、国連の安全保障理事会が軍事的措置をとると決めた場合、それを「援助」するのが「すべての連合国」の義務である。ただそれぞれの国家が兵力を提供するか否か、どの程度の援助を与えるかといった問題は明確に決まっていないものの、日本が国連に加盟した以上、「国力に応じ、国情に照らして、できるかぎりのことをしなくてはならない[20]」。横田自身は日米安保条約を支持し、米軍への基地提供などを通じて、兵力以外の手段で日本が国連軍に協力すべきだと考えていた。だがいずれにせよ、国連軍に対して日本も積極的に協力しなくてはいけないという主張が、日本の国連参加をきっかけに、一方では強く論じられていた。坂本の防衛構想は、国連軍への日本の参加という点に関しては、この系譜につらなるものでもあるだろう。

また、坂本が国連警察軍の駐留による日本の防衛を唱えたとき、その可能性の根拠として引きあいに出すのは、スエズ戦争（第二次中東戦争）の停戦決議ののちに展開した国連緊急軍の実例である。一九五六年十一月、国連による停戦決議と、英・仏・イスラエルがそれを受け入れたのに並行して、国連緊急軍（an emergency international force）の設立と派遣が総会で決められた。その軍隊は、主に冷戦に対し中立の傾向をもつ中小国、デンマーク、スウェーデン、カナダ、インドネシアなど十か国からの派遣によって構成され、国連総会が設立した司令部の指揮下に置かれる。そして任務はあくまでも休戦を監視し、戦闘状態の停止を確保することに限られていた。最終的には約六千人の部隊がエジプトに派遣され、英・仏・イスラエル軍の撤退を監視しながら国境へ進んでいったのである[21]。

このスエズ戦争の事例は、朝鮮戦争での国連軍の場合のように、特定の国家に軍隊の組織を委託するという形ではなく、国連がじかに軍隊を組織することで成功をみた、初めての機会であった。そうした国際協力の事業への評価が高まったなかで、日本が国連に加盟した。坂本の「中立日本の防衛構想」はその状況をふまえながら、日米同盟に代わる防衛構想を示すことで、安保条約を批判する議論の次元を、より現実的な政策論議に変えようとする試みだった。

3　国際秩序への責任——高坂正堯

❖「現実主義者の平和論」

坂本の「中立日本の防衛構想」が発表されてから三年後、一九六二（昭和三十七）年九月に、京都大学法学部助教授、高坂正堯が、米国ハーヴァード大学での在外研究から帰国した。高坂はこのとき満二十八歳、坂本よりも七年下で、旧制の高校・大学課程を経た坂本とは異なり、新制高校と、新制の京都大学法学部で教育を受けている。法学部の在学中には国際法学者、田岡良一の演習で学び、政治史の教授、猪木正道にも親炙（しんしゃ）した。外政学会の懸賞論文に応募し入選して、国際政治への関心を早くから示してもいる[22]。

国際政治という学問は、すでに戦前の大戦間期から日本でも一つの研究分野として確立していたが、戦後になって多くの大学で、旧来の「外交史」に加えて新たに講義されるようになっていた[23]。しかし、「国際政治」の講義が戦前から行なわれていた東大法学部でも、専門の担当者は坂本義和が初めてである。京大法学部では、戦後にこの講義の新設が企画され、田岡が兼担することとなっていたという。そうした経緯もあって、高坂は学部卒業後に助手に採用され、ウィーン会議に関する外交史研究の論文を発表したのち、一九五九年九月、国際政治学担当（当初は外交史講座、一九六七年より国際政治学講座が新設）の助教授に昇任する。田岡は翌年三月に停年退官しているので、ぎりぎりで自分の意志が働く後継者採用であった。

つまり坂本と高坂は、それぞれ東大と京大で、国際政治という新しい学問を担う初めての専門家として期待される存在であった。高坂は助教授昇任の翌年から米国へ在外研究に出るが、その帰国の直後に、当時『中央公論』編集部で次長を務めていた粕谷一希（かすや かずき）が面会し、原稿の執筆を依頼する。高坂がハーヴァード大学で研究していた時期に、ちょうど丸山眞男も特別客員教授として滞在しており、親しく会話していたが、どうしても意見が合わなかった。そう語る高坂に粕谷は関心をもち、そのことを書いてほしいと告げたのである[24]。

しかし送られてきた原稿は、丸山ではなく坂本を論敵に選んだものであった。高坂の論壇デビュー作、「現実主義者の平和論」（『中央公論』一九六三年一月号、三八〜四九頁）である。この論考の冒頭に、一九六二年当時の国際情勢もよく現われているので、少し長くなるが引用してみよう。現在は『高坂正堯著作集』第一巻（都市出版、一九九八年）に収録されているが、あとで述べる理由から、この論考に関しては初出誌から引く。

ソ連の核実験再開やアメリカのキューバ封鎖という、きわめて権力政治的な事件が起るたびに、日本では道義主義的な発言がくり返されてきた。それは確かに必要なことであるだろう。権力政治一本槍の恐ろしさを、われわれは戦争という高価な教訓から学んだからである。しかし、理想主義者たちは、国際社会における道義の役割を強調するのあまり、今なお国際社会を支配している権力政治への理解に欠けるところがありはしないだろうか。力によって支えられない理想は幻影に過ぎないということは、今なお変らぬ真実ではないだろうか。もし、われわれの権力政治に対する理解が不十分ならば、われわれの掲げる理想は、実体を欠く架空のものとなってしまうのである。過去十年以上にわたって続けられてきた中立論を検討するとき、こうした疑問を感ぜざるをえない。／中立論者は安保体制にかかわる安全保障の方策として、日本が中立主義をとることを主張するが、その代表例として、安保改定反対の議論が盛んであった一九五九年、加藤周一氏と坂本義和氏が『世界』（四月号および八月号）に発表した論文をとりあげよう。

このとき時代は、一九五九年の相対的な安定から遠ざかっていた。すでに先にふれたように、一九六〇年のU2機撃墜事件が緊張緩和の空気を消し去った。そして翌年一月、アメリカでジョン・F・ケネディが大統領に就任し、六月にはウィーンでソ連のフルシチョフ首相と会談するが、交渉は決裂してしまう。さらにソ連は強硬姿勢を強め、九月にはそれまで中止していた大気圏内の核爆発実験を再開する。「ベルリンの壁」が築かれたのも六一年の八月であった。そして六二年、フルシチョフは密かにキューバへの核ミサイルの配備をすすめ、現地に築かれたミサイル基地の写真が十月にケネディ政権に伝えられたことから、米ソ関係は核戦争の一歩手前にまで悪化することになる。いわゆる「キューバ危機」の七日間である。アメリカ東海岸から日本に戻った翌月に、その報道に接した高坂にとっては、脅威がいっそう生々しく感じられたことだろう。

のちに高坂は『現代の国際政治』（一九八九年）のなかで、このとき危機を解決へ導いたケネディの外交手腕を高く評価している。ことさらに強硬な姿勢をとることで相手側の譲歩を引きだそうとする、フルシチョフの危険な賭けに、若い大統領は乗らなかった。「ケネディは、冷静さを失わずに断固たる態度をとった。彼は空襲によってミサイルを破壊するというような強硬手段をただちにとるという柔軟即応の体制をとるとともに、フルシチョフを不当に追いつめることなく、フルシチョフに名誉ある退却の可能性を残すという態度をとった[25]」。主権国家どうしの「権力政治」の巧みなかけひきが、二十世紀の冷戦の時代においても、平和の維持に重要な役割をはたす事例を、高坂は目撃したのである。坂本が期待をかけていた国連軍の派遣も、一九六〇年のコンゴ内戦の事例では、紛争を早期に収拾することができず、ソ連と共産主義諸国の不満を招いた。

先に引いた「現実主義者の平和論」の冒頭に見える、「力によって支えられない理想は幻にすぎない」という言明は、以上のような背景と関連づけて読む必要があるだろう。高坂が批判するのは、加藤周一の論考「中立と安保条約と中国承認」（『世界』一九五九年四月号）と、坂本の「中立日本の防衛構想」との二つであるが、引用している文章はほとんど後者からのものであり、実質上は坂本のみにむけた批判と言ってよい。

✣手段と目的との会話

批判の中心となっているのは、次の二点である。まず第一に、「全面戦争や限定核戦争において防衛が不可能であるという事実は、ただちにすべての武装が無意味であるという結論を導きはしない」。在来兵器を配備して侵略に備えることも、相手陣営が攻撃に打って出るのを防ぐ「楯」としての役割を十分にはたすだろう。そして第二に、現状として「安保条約は、極東において勢力均衡を成立させ、したがって戦争を起さぬために役立っている」。この点をどう理解するかについて坂本が示さず、「力による平和」については「これを古今東西すべての事例について一般的に否定することはできないであろう。しかし同様に、これを一般的に肯定することも等しく誤りである」と述べていることを、高坂は「抽象的」と批判している。

テクストに即して見れば、「力による平和」をめぐる坂本の議論は、これに続いて「現に中立主義の国々が平和維持に貢献しているという現実」を根拠として、安保条約と米軍基地に拠らなくとも戦争は防止できるはずだと説くものであり、むしろ米ソの勢力均衡としての「力による平和」の発想それ自体を無効とする主張に近い[26]。おそらく高坂は、坂本の議論の抽象性よりも、そうした「中立主義の国々」への日本の合流によって、東西両陣営の力の均衡が崩れ、ソ連の勢力拡大が導かれることを憂慮したのだろう。そして高坂は、もし日本が中立を選び米軍基地を撤退させれば、「極東」における勢力均衡が破れ、「北朝鮮」による「南朝鮮」への侵攻を招くと説き、「この問題を放置して日本の中立を唱えることが無責任である」と指摘した。日本と東アジア諸国との関係への視線は、たしかに当時の坂本の議論に欠けていたものではあるだろう。この視線が、やがて「低開発国への援助政策」を提唱する高坂の論考「海洋国家日本の構想」(一九六四年)へとつながってゆく[27]。

しかし他面で高坂の議論は、日米同盟の現状に固執したまま、日本がアメリカへの依存を脱することはありえないと説くような、「現実追随主義」に対しても批判を展開する。高坂は、戦後日本の「中立論」が「外交における理念の重要性を強調し、それによって、価値の問題を国際政治に導入したこと」を高く評価し、坂本が論考「権力政治と平和運動」(『世界』一九六一年十一月号)で、「原水爆の無条件否定」を「戦後日本に実在するほとんど唯一の国民的な原理」と位置づけたことをとりあげている。「革新ナショナリズム」の発想について、原理としては高坂も共感するところがあったのだろう。

高坂の拠って立つ「現実主義」は、「手段と目的との生き生きとした会話」を保つところに鍵があり、「手段」としての軍事力の維持に固執することも、「目的」としての理想の実現を早急にめざすことも、ともに否定する。日本国憲法第九条が説く戦争放棄・軍備廃止を「国際社会において日本の追求すべき基本的価値」として尊重しながら、いまの国際政治の現実のなかでは、まず「極東における緊張の緩和」をめざし、そこから一歩づつ、現実を理想に近づけてゆくこと。それが、高坂の説く日本外交のとるべき方針であった。日本安保をめぐる具体案としては、安保条約の存続を前提としながら、日本・中華人民共和国・アメリカ・ソ連などが「極東」地域での相互不可侵条約を結ぶ「ロカルノ方式」をとり、「日本から米軍を次第に撤退させて、日本が戦争に巻き込まれる率を減少させる」ことを提唱している[28]。

4　対話の凍結

✣それぞれの失望

坂本と高坂、二人の議論は、坂本が安保条約の即時撤廃と中立を唱えるのに対し、高坂はそれを「力の均衡に基づく平和を危機にさらすというギャンブルでしかない」と批判し、東西陣営の軍事力のバランスを維持しようとする点で、決定的に岐れている。しかし、それを除けば意外に近い議論を含んでいることも確かである。めざすべき目標としての平和の理念。非武装中立の理想論と、日米同盟・自衛隊の現状との間にある構想の模索。多くの国々の相互協力による日本の安全保障。米軍基地の撤退にむけた道筋。それぞれ主題としてとりだすならば、二人の論じる内容は多くの点で重なっている。高坂が「現実主義者の平和論」ののちに発表した論考「二十世紀の平和の条件――核リベラリズム論」(『自由』一九六三年九月号)には、「真の現実主義者は現実主義の限界をも知っている。現実主義は平和への道筋の微視的な方向づけをすることはできても、巨視的な方向を指し示すことはできない[29]」という言葉が見えるが、これなどは坂本の文章と読み違えてしまいそうである。

しかし、その共通性を土台として、どちらの構想が日本の現状にとって望ましいかを二人が正面から論じあう機会は、ついになかった。それに関わる問題として興味ぶかい事実がある。「現実主義者の平和論」は、のちに高坂の論文集『海洋国家日本の構想』(中央公論社、一九六五年)に収録されるが、そこでは先に引いた冒頭の箇所に改訂が加えられている(著作集や中公クラシックス版でもそのまま踏襲)。加藤周一と坂本義和の論考に言及した段落が、次のように変わっているのである。

中立論者は安保体制にかわる安全保障の方策として、日本が中立主義をとることを主張するが、その代表例として、加藤周一氏と坂本義和氏が「世界」(一九六二年四月号および八月号)に発表した論文をとりあげよう。

実際に偶然ではあるが、『世界』の一九六二年四月号には加藤の「ゴア解放とネルー」、八月号に坂本の「平和運動における心理と論理」がそれぞれ掲載されている。あとに続く箇所は初出とまったく同じで、引用も「中立日本の防衛構想」からの文章のままであるから、まずは高坂本人か校正者の錯誤に由来するものと考えた方がいいのだろう。

だが、この坂本の論考「平和運動における心理と論理」がまた、高坂にとっては大きな問題を含むものであることも確かであった。その論考で坂本は、一九六〇年の安保反対運動ののち、平和運動が「混迷」し「沈滞」に陥っていることを、きびしく憂慮する。その指摘によれば、一九六二年の当時には「経済的不安が成長ムードや消費ブームの中で希薄化され、支配層への不信が池田内閣の院内主義的「低姿勢」によって弛緩され」る状況になっていた。その結果、戦争勃発の危機への警戒心は著しく低下するが、「弛緩」の根はすでに一九六〇年の反対運動のなかにもあったと説くのである。

しかしここで新しく生じたのは、安保体制に反対する人々の間にも、自衛力の必要を公然と承認したり、少なくとも日本の非武装について疑念を表明して安保への対案を求めたりする立場が現われたということである[30]。

厳密な意味での非武装中立を批判し、安保条約に代わる対案としての防衛構想を提起するのは、三年前の坂本自身の立場でもあったはずである。しかしここでは、そうした姿勢自体が、すでに「絶対的な反権力運動」としての「平和運動」の本質から外れる動きとして、否定的に扱われている。

池田勇人内閣の「低姿勢」と経済成長のもとで、自民党政権が安定して続き、平和運動が盛り上がりを欠いたまま分裂してゆく状況は、それを支えようとする知識人にとって、大きな壁としてたちふさがっていた。状況を打開するために坂本が唱えたのは、平和の主張が「支配体制や政治権力と厳しい背反関係に立つ」ことを「日本の民衆」が「自覚」し、「日本の完全軍縮」にむけてひたすら努めることであった。おそらく高坂は「現実主義者の平和論」の執筆ののちにこれを初めて読んだか、あるいは再読したときに大きく失望し、対話の糸が切れたかのように感じたことだろう。その強い印象が、単行本での誤記を招く一因になったのではないだろうか。

また失望したと言えば、坂本の側もそうであった。「現実主義者の平和論」を発表したあと、高坂は坂本と会って対話することを望み、粕谷一希の仲介によって、本郷の東大法学部研究室を訪ね、喫茶店で三時間ほど話すことになる。対話が終わった直後、高坂が粕谷にようすを伝えた言葉は、「残念ですね、話が全然かみ合わない」であったという[31]。坂本の方はこう回想している。意見が異なった点は、「敗戦によって、日本のナショナリズムや国家意識に断絶があったこと」を「高坂氏は実感として認めないということでした」。先にみたように、坂本の「革新ナショナリズム」論に高坂がむしろ賛意を示していたことからすると、いささか訝しいが、問題は大東亜戦争と戦後改革の経験を深く受けとめていないように、坂本には感じられたことなのだろう。

坂本は父、坂本義孝が東亜同文書院の教授であったため、幼時に上海で暮らし、満四歳で上海事変の市街戦を経験している。大東亜戦争中も旧制第一高等学校（一高）の学生として東京大空襲を経験し、いずれ自分も徴兵される運命を考え続けていた。そうした坂本にとって高坂の思い出は、「彼は空襲を免れた京都育ちのせいもあるかもしれませんが、話していて、この人は「戦争の傷」を身にしみて経験していないという印象を禁じえませんでした」ということになる[32]。そのように、全体戦争の恐怖を身をもって味わった実体験から、一人一人の生存が国際政治と直結しているという感覚が、坂本の政治学者としての出発点にはあった。そのゆえに、一九五九年の「安定」の時期にもひたすら危機の自覚を唱え、一九六〇年代にその姿勢をさらに尖鋭にしていったのだろう。

おそらくここには、同じ戦争の時代に生きていても、住んでいた地域やそのときの年齢によって、経験に大きな断層ができてしまうという問題がある。坂本と高坂との論争は、理想主義と現実主義、「進歩派」と「保守派」の対照としてとらえられることが多いが、その深部には、まさしく全体戦争の時代に特有の、人間の生と政治との関係を包みこむ磁場が横たわっていたのであった。二人の政治学者の言説を読みなおし、未完に終わった対話を再開するかのように考察を続けること。その作業からは、全体戦争と冷戦の世紀としての二十世紀が終わりを告げ、新たな問題に世界が直面している現在を考える上でも、多くの示唆を得られるはずである。

註

1――『世界』百六十二号、一九五九年六月、三六〇頁。
2――吉次公介『日米同盟はいかにつくられたか――「安保体制」の転換点1951-1964』(講談社選書メチエ、二〇一一年)五〇~五九頁。
3――鳥井順『中東軍事紛争史』II(第三書館、一九九五年)四二三頁。
4――小幡操「国連の新しい旗手――第十一回総会をかえりみて」(『世界』百三十六号、一九五七年四月)六四~六五頁。
5――坂本義和『人間と国家――ある政治学徒の回想』上巻(岩波新書、二〇一一年)一六一頁。
6――篠原一・坂本義和「現代の外交――日本の対外政策を再検討するために」『世界』前掲百六十二号五四~五五頁。
7――『朝日年鑑』一九六〇年版(朝日新聞社、一九六〇年)一七四頁。
8――ブームの詳細については、石田あゆう『ミッチー・ブーム』(文春新書、二〇〇六年)一一四~一三五頁を参照。
9――篠原・坂本前掲対談、六八頁。
10――松下圭一『昭和後期の争点と政治』(木鐸社、一九八八年)二六~三三頁。

11――坂本、前掲『人間と国家』上巻、一六五～一六七頁。

12――『坂本義和集』第三巻（岩波書店、二〇〇四年）一五〇～一五二頁。

13――同上書、一〇二頁。

14――同上書、一一〇頁。

15――平和問題談話会「三たび平和について――平和問題談話会研究報告」（『世界』六十号、一九五〇年十二月）。平和問題談話会については、松沢弘陽ほか編『定本　丸山眞男回顧談』下巻（岩波現代文庫、二〇一六年）二〇〇～二一二頁を参照。

16――前掲『坂本義和集』第三巻、一〇八、一一六～一二〇頁。

17――坂本、前掲『人間と国家』上巻、一六二頁。

18――『丸山眞男座談』第九冊（岩波書店、一九九八年）一二九頁、田畑茂二郎『国際社会の新しい流れの中で――一国際法学徒の軌跡』（東信堂、一九八八年）一四三～一四四頁。

19――坂本、前掲『人間と国家』上巻、一二七頁。

20――横田喜三郎「国連憲章の精神」（『中央公論』七十二年二号、一九五七年二月）九〇～九二頁。当時の横田の活動については、竹中佳彦『日本政治史の中の知識人――自由主義と社会主義の交錯』下巻（木鐸社、一九九五年）五八四～五九三頁、楠綾子『吉田茂と安全保障政策の形成――日米の構想とその相互作用　一九四三～一九五二年』（ミネルヴァ書房、二〇〇九年）一九二～一九四頁を参照。

21――高橋通敏『中東戦争――歴史と教訓』（日本国際問題研究所、一九七八年）一四五～一五〇頁。

22――高坂節三『昭和の宿命を見つめた眼――父・高坂正顕と兄・高坂正堯』（ＰＨＰ研究所、二〇〇〇年）二五七～二六一頁。

23――川田侃『帝国主義と権力政治』（東京大学出版会、一九六三年）二二八～二三七頁。

24——粕谷一希『作家が死ぬと時代が変わる——戦後日本と雑誌ジャーナリズム』(日本経済新聞社、二〇〇六年)一二六～一二七頁。高坂と丸山との交流のようすについては、入江昭が詳しく回想している。五百旗頭真・中西寛編『高坂正堯と戦後日本』(中央公論新社、二〇一六年)二五三～二五八頁。

25——『高坂正堯著作集』第六巻(都市出版、二〇〇〇年)四六〇頁。

26——前掲『坂本義和集』第三巻、一〇八～一〇九頁。のちに坂本は論考「『力の均衡』の虚構——ひとつの『現実主義』批判」(一九六五年)のなかで、高坂の批判に対する反論を述べるが、そもそも「勢力均衡」政策には平和を維持するのに限界があり、とりわけ核戦争の時代にはもはや通用しないと再び指摘するものであった(『坂本義和集』第二巻、二〇〇四年、四七～五六頁)。この論文では高坂の論文集『海洋国家日本の構想』の名前しか示していないが、引用されている高坂の二つの文章は、それぞれ「海洋国家日本の構想」と「現実主義者の平和論」からのものである。

27——『高坂正堯著作集』第一巻(都市出版、一九九八年)一七七頁。戦後の平和論のなかで「アジア」という問題がどのように提起されたかについては、酒井哲哉「核・アジア・近代の超克——一九五〇年代日本政治思想の一断面」(『思想』一〇四三号、二〇一一年三月)に詳しい。

28——「極東ロカルノ方式」は、日米安保条約の改定をめぐる議論のさい、日本社会党が日米同盟への代案として唱えたものであり、坂本義和が言及する「集団安全保障条約」論がこれにあたる。高坂は、そうした当事者間の不可侵条約のみでは安全は保障できないと批判したうえで、日米安保体制と並行しながら用いるならば「権力政治的な平和をより安定したものに変化させうる」と一定の評価を加えている。これは師である田岡良一の議論を一部継承したものでもあるだろう。田岡は講和論争にさいして多数講和論を批判し、一九二五年のロカルノ条約に言及しながら、利害関係のある諸国が条約を結ぶことで、日本の永世中立を確保するべきだと主張していた。のちに高坂が「宰相吉田茂論」(一九六四年)で、吉田茂が首相として講和条約をめぐる交渉に臨むさい、外務省条約局にいわゆる「C作業」、米・英・ソ・中・日・韓の六か国条約による非武装地帯設定の案をも準備させたことに注目しているのも、ロカルノ方式に対する関心の現われであろう。田岡良一『永世中立と日本の安全保障』（有斐閣、一九五〇年）一五五〜一七二頁、『高坂正堯著作集』第四巻（二〇〇〇年）五〇〜五九頁、原彬久『吉田茂——尊皇の政治家』（岩波新書、二〇〇五年）一六七〜一六八頁を参照。

29 ——前掲『高坂正堯著作集』第一巻、五九頁。坂本と高坂の立場を、それぞれ理想主義・現実主義と規定することへの批判は、すでに武者小路公秀「高坂正堯対坂本義和」（『日本』九巻二号、一九六六年二月）、酒井哲哉「戦後論壇の位相と高坂正堯」（『外交フォーラム』二百五十九号、二〇一〇年十月）で述べられている。服部龍二『高坂正堯——戦後日本と現実主義』（中公新書、二〇一八年）六四〜六九頁も参照。

30 ——前掲『坂本義和集』第三巻、二三九頁。

31 ——粕谷前掲書、一三一頁。なお高坂はそののちに、坂本が論考「冷戦状況の政治構造」と「日本における国際冷戦と国内冷戦」とを寄稿した論集『岩波講座現代　第六巻　冷戦——政治的考察』（岩波書店、一九六三年）について、書評「権力政治と平和共存」（『朝日ジャーナル』一九六四年一月十九日号）を書いている。そこでは坂本の「理想主義」的国際政治観を批判して、「日本は理想主義に鼓舞された民主主義的価値体系の創造と、現実的な方法による国家利益の追求を、ともに必要としているのである」と述べるが、坂本が「日本における国際冷戦と国内冷戦」で、平和運動の側に「国際的権力政治の契機を軽視する」傾向が根強いことと、「国内冷戦」によって「ナショナリズムの分裂」が増幅しつつある現状とを批判している点にはふれない。坂本の高坂批判と同様に、論争としてはすれ違いに終わっている。両者の論争と、同時期における丸山眞男の「現実主義的知識人」批判については、拙稿

「戦後日本の理想主義と現実主義」（三浦信孝編『戦後思想の光と影』風行社、二〇一六年、所収）でも論じている。

32——坂本義和『人間と国家——ある政治学徒の回想』下巻（岩波新書、二〇一一年）一九二頁。

第15章 「右傾化」のまぼろし——現代日本にみる国際主義と排外主義

昨今（本章の初出は二〇一四年七月）、日本および海外のメディアでは、現在の日本における「右傾化」の傾向がしばしば論評の対象になっている。たとえば、『ウォールストリート・ジャーナル』（電子版、二〇一四年二月二十六日配信）には、「アジアでの緊張関係が日本に右傾化をかきたてた」（Tensions in Asia Stoke Rising Nationalism in Japan）と題する長文の署名記事が載っている。そこでとりあげられているのは、一方では『WiLL』のようなナショナリストの雑誌が売れ、中国や韓国をあからさまに侮蔑する書物が大量に刊行され、選挙においても同様の主張をする候補者が選挙で多くの票を得るといった社会の「全体的な雰囲気」（collective mood）である。

そして他面では、安倍晋三首相が靖国神社を参拝した写真を掲げ、参拝を批判したアメリカ政府に対し、首相補佐官が反論したことを伝えている。記事の文章そのものは、日本はすでに成熟したデモクラシーの国家であり、戦後ずっと国際平和に貢献してきたことを指摘し、もしナショナリズムの過剰な高まりがあっても、日本社会はその振り子を反対方向へ押し戻すだろうと指摘するものではある。だが末尾で紹介するのは、日本の自主的な核武装を主張する若い議員の発言である。読者に与える印象としてはタイトルどおり、いまの日本におけるナショナリズムの擡頭、すなわち「右傾化」（rising nationalism）を、批判の意図をこめながら強調するものになっている。

日本国内のメディアについてみると、たとえば『朝日新聞』のデータベースで、「右傾化」の言葉を含む記事を検索すると、二〇一四（平成二十六）年になってからその数が急激に増えている。『ウォールストリート・ジャーナル』の記事も指摘しているように、世論調査の結果を見れば、国民全体の関心は、国防問題よりも社会保障や経済改革に対して熱心にむいているとわかるのであり、社会の全体としてナショナリズムが盛んになっているとは、とても言えない。しかし少なくとも活字メディアの動向を見れば、一方では反中・反韓を掲げて発売部数を伸ばそうとする出版社があり、他方で新聞や雑誌がそれを危険なナショナリズムと見なして批判するという構図が生まれている。社会の実態とは別の次元の公的な言説の領域においては、「右傾化」が大きな話題になっていることは確かだろう。

しかし、同じく日本の「右傾化」を指摘して批判するとは言っても、『ウォールストリート・ジャーナル』の記事と日本国内のメディアとでは、力点の置き方が異なるように思われる。先に引いた記事が主に関心を向けるのは、反中・反韓を掲げる雑誌や本が売れ、大東亜戦争での神風特攻隊を賛美する映画がヒットするといったような、社会における排外主義の運動である。ヨーロッパの多くの国が、移民問題を原因として、排外主義運動の高まりに直面していることを考えれば、それと似た現象として、日本での排外主義に関心が集中するのも当然であろう。東京や大阪で展開されている、コリアン系の住民に侮蔑の言葉を投げかけるナショナリスト・グループのデモやヘイトスピーチの問題もまた、そうした海外からの注目の対象になるはずである。

これに対して日本の新聞や雑誌が「右傾化」に警告を加える場合、注意点はむしろ、社会の動向よりも安倍晋三内閣の政策に、もっと極端に言えば、安倍首相個人のパーソナリティにむいているように思われる。もちろん海外のメディアでも中国や韓国のそれは、安倍政権のナショナリスティックな性格を盛んに攻撃している。だがそうした東アジア諸国からの「右傾化」批判が、安倍政権にかぎらない日本政府批判の言葉として、いつも通りの表現とも言えるのに対して、安倍政権の「右傾化」に対する日本のメディアの集中砲火の高まりは、やや異例であろう。ナショナリズムを掲げたという理由で、ここまで批判される政権は、一九八〇年代の中曽根康弘内閣以来である。

もちろんこうした批判は、安倍首相みずからがこれまで長年にわたり、政治家として「美しい国」とか「戦後レジームからの脱却」といった文句——その具体的な内容は必ずしもはっきりしていない——を高々と掲げてきたことに由来する。このたびの第二次安倍内閣において、A級戦犯も祀られている靖国神社に首相が参拝したことは、確かに過去の侵略責任を顧みない、独善的なナショナリズムのあらわれとして、批判されてもしかたのない行為ではある。その意味で、日本の「右傾化」を憂慮する文脈でいまの安倍政権を批判するのも、的はずれとは言えない。

しかし問題なのは、そうした首相個人のナショナリスティックな心情、もしくは趣味だけから発したものではない政策に関してまで、政権の「右傾化」を示すものとして一括りにして批判されてしまうことである。民主党政権がとりくんでいた課題をひきつぎながら制定を実現した、特定秘密保護法（特定秘密の保護に関する法律、二〇一三年）が、あたかも治安維持法の再来であるかのように批判されたのも、その一例であるが、ここでは集団的自衛権をめぐる日本国憲法第九条の政府解釈の変更を政権がめざしていることについて、とりあげてみたい。日本国が集団的自衛権を行使できるようにするべきだという課題は、安倍政権にかぎらず、すでに長い間、政府内では議論が続けられてきたものであった。その意味で、「右傾化」した首相が強引に持ちだした提案では決してないのである。

しかも戦後の思想史をふりかえれば、個別的自衛権よりも広い範囲で自衛権を認めることは、日本国憲法の掲げる国際協調主義にむしろ合致するという意見が、憲法の制定時には存在していた。

憲法草案の国会審議において、当時貴族院議員を務めていた政治哲学者、南原繁が政府に対して行なった質問演説（貴族院本会議、一九四六年八月二十七日）にそれはよくあらわれている（本書第十一章でもふれた）。南原は、イマヌエル・カントの『永遠平和のために』を範とした平和思想を主張した知識人であり、のちに冷戦時代においては東西両陣営の平和共存と日本の中立を熱心に唱えたことで有名である。

南原はその質問演説で、日本国憲法第九条第二項が「戦力」（war potential）の不保持を規定したことについて、疑問を投げかける。その理由は、第一にはこの規定が国家の自衛権を否定してしまうという懸念であった。だがもっと重要なのは、憲法が前文で掲げる「いづれの国家も、自国のことにのみ専念して他国を無視してはならない」という国際協調主義の原則を貫くならば、集団安全保障の実行に日本も加わることができるようにしなくてはいけないという主張である。日本が将来、国際連合に加入することになったら、いったいどうするのかと南原は問いかけ、こう語っている。

国際連合における兵力の組織は各加盟国がそれぞれ兵力を提供するの義務を負うのである。日本が将来それに加盟するに際して、これらの権利と同時に義務をも放棄せんとするのであろうかを伺いたい。かくては日本は永久にただ他国の善意と信義に依頼して生き延びんとするむしろ東洋的諦念主義に陥るおそれはないか。進んで人類の自由と正義を擁護するがために互に血と汗の犠牲を払って世界平和の確立に協力貢献するという積極的理想はかえって放棄せられるのではないか。(『南原繁著作集』第九巻、岩波書店、一九七三年、二一九頁。傍点原文)

もちろん、ここで南原が念頭に置いているのは国連の安全保障理事会が機能して、国連軍がきちんと創設されるという見通しであるから、現在の集団的自衛権をめぐる議論と、この見解がぴったりと重なるわけではない。その後南原自身は、米ソの二大国が世界を二分して支配する冷戦体制に対する批判に基づいて、日米同盟を否定する立場をとった。憲法第九条は自衛権をまったく否定してしまうと南原は憂慮したが、個別的自衛権に限って認められると説く憲法学者も近年は多くなってきた。

しかし、憲法の前文に示された国際協調主義の原則から出発して第九条を読んだ場合、もし個別的自衛権を認めるならば集団的自衛権までをも行使できるとしないかぎり、解釈は一貫しない上に、せっかく憲法が掲げている「積極的理想」をも捨て去ることになってしまう。南原の問いかけは、そうしたメッセージを現代にも投げかけている。個別的自衛権は行使できるが集団的自衛権は容認できないとか、あるいは後者について保持しているが行使できないとかいった議論は、成り立つ余地がない。

現在でもたとえば、村瀬信也は論文「安全保障に関する国際法と日本法」(『国際法論集』信山社、二〇一二年、所収）において、国連軍に代わる集団的防衛のしくみがさまざまに展開し、国連による平和維持活動（ＰＫＯ）のとりくみも発展を見ている現在では、政策的判断による集団的自衛権の行使を、一定の限界つきで認めるべきだと論じている。また、細谷雄一も「集団的自衛権をめぐる戦後政治」（二〇一四年初出。『安保論争』ちくま新書、二〇一六年、第Ⅳ部第一章に再録）のなかで、集団的自衛権の行使を違憲とする政府解釈が、一九七二（昭和四十七）年に国会での与野党間のかけひきのなかで登場したものにすぎないことを、先行研究をふまえながら明らかにしている。

もちろん、憲法第九条の明文規定と個別的・集団的自衛権との関係をどう考えるかについては、さまざまな意見がありうるだろう。しかし、集団的自衛権を行使できるようにするという課題それ自体は、首相個人の「右傾化」の産物というわけではない。それはむしろ、日本が国際社会における平和の維持に主体的に関わろうとする「積極的理想」を、日本国憲法から読み取ろうとする試みとして、南原繁から細々と続いた系譜に属するものと呼ぶことすらできるのではないか。

だが、以上のように日本の現政権にみえる「右傾化」の危険性が、新聞や雑誌で言われているよりも低いと指摘しても、やはり「反中」「反韓」言説やヘイトスピーチの横行に見られるような、社会における排外主義的な運動の存在は、やはり放置してはいけない問題だろう。この点については、樋口直人の著書『日本型排外主義』（名古屋大学出版会、二〇一四年）が重要な指摘を行なっている。樋口は、街頭でのヘイトスピーチや、インターネット・カルチャーにおける排外主義の言説が、主として日本国内のコリアン系住民を、韓国・北朝鮮と同一視しながら攻撃対象にしていることに着目する。そしてその根柢に、過去の植民地支配と戦争に関する責任について、日本政府が曖昧にし続けた結果、東アジア諸国と日本との関係がなかなか安定しないという事情を見いだしている。

閣議決定として過去の植民地支配と侵略を謝罪した一九九五（平成七）年の村山富市首相の談話をその後の内閣も継承している事実や、いわゆる「慰安婦」問題をめぐる「女性のためのアジア平和国民基金」による事業などを考えに入れれば、日本の政府と国民が責任をとることを回避し続けているとは、決して言えない。しかし他面で、近代の日本国家が歴史上犯した過誤について、正面から認めることを嘲笑し拒否するような言説が、いまだにナショナリストの新聞・雑誌や、インターネット上に多数見られることも、また事実である。

こう検討してみると、政府における「右傾化」とされる事態のうち、少なくとも集団的自衛権の問題も、また社会におけるヘイトスピーチの問題も、日本が今後、どのように国際社会に関わってゆくかという問題につながってくる。みずからの過去に関する態度を明らかにしながら、他国との協調関係を築いてゆくこと。いわゆる「右傾化」の現象をむしろ、粗野なナショナリズムのムードを抑制しながら、そうした課題に真剣にとりくむための好機へと変えてゆく努力が、日本の政府と国民には求められているのである。

あとがき

「基点としての戦後」という表題をつけたのは、一九四五年以後の日本の思想史に関わる文章が、本書の収録作品に多いことによる。戦後民主主義の理想に賭けようとか、反対に総決算して批判的にのりこえようとかいった、勇ましい意図はまったくない。政治と人間について考えてゆくための出発点として、自分の足下に広がっている思想の世界を見わたしてみよう。あくまでもそういうつもりである。

ひとことで戦後と言っても、それはすでに七十年以上の期間にわたっている。明治の「御一新」から出発して、昭和初期のエロ・グロ・ナンセンスの時代に至るまでと同じくらいの年数を経ているのである。当然、そのあいだには多くの思想の潮流が出現し、時代とともに変わりながら、さまざまな議論を展開させていた。歴史をさかのぼって、それに先行する前時代の思想の系列を掘りだしたなら、どんな系譜を語ることができるか。視野を世界に広げれば、同じ時代の思想地図をいかなる図面として描きなおせるか。ここで言う「基点」には、そうした作業へのとば口という意味もある。

拙論を集めた文集としては『歴史という皮膚』『秩序の夢――政治思想論集』に続く三冊目であり、四十年前の普通の勤め人であったなら、もう定年退職という年齢に近づいてきた。最近は自分で書くよりも、ほかの方々に執筆をお願いする役目が回ってくるようになった。研究者人生の一つの節目を画する本になっているかもしれない。

一冊の本にまとめるにあたっては、文章の一つ一つについて、初出ののちに気づいた誤りを訂正し、言い回しを整え、必要と思われる内容を追加している。時事問題に関して論じた文章には、現在では見解が少々変わっているところもあるが、全体の論旨はそのままにした。その時点での発言の記録を残しておくことに意味があると思ったからである。いずれにせよ読者からのご批正を待ちつつ、さしだすことにしたい。

それぞれの文章の執筆と収録にあたっては、共同研究を主宰された方々、ご教示を仰いだ方々、編集者、再録を許可してくださった版元など、多くの人々・団体のお世話になっているが、お名前を網羅する余裕がないので、まとめてお礼申しあげることにする。ただ、地域探訪のコラムである第五章については、事前の準備と取材にあたり、毎日新聞東京本社学芸部の鈴木英生さん、手塚さや香さんにご尽力いただいた。特に感謝申しあげるしだいである。第十二章は日本学術振興会の科学研究費、第十三章はサントリー文化財団からの助成を受けた共同研究の成果でもある。

版元の千倉書房は二〇一九年に創業九十周年を迎えた。三宅雪嶺、白柳秀湖、木村毅、清澤洌といった戦前の大家たちの著書を刊行し、いまは政治学分野の名著・好著も多く世に出している。その書目に加えていただき、編集作業を熱心にすすめてくださったことについて、担当編集者の神谷竜介さんに深く感謝したい。もちろん、この本を手にとってくださる読者の方々にも。

二〇一九年十二月

初出一覧

Ⅰ　政治とフィクション

第一章　政治と非政治
苅部直、宇野重規、中本義彦編『政治学をつかむ』（有斐閣、二〇一一年）第一章第四節

第二章　フィクションと自由――伊藤整における「近代日本」への問い
日本思想史学会編『日本思想史学』四十六号（ぺりかん社、二〇一四年）

第三章　「遊び」とデモクラシー――南原繁と丸山眞男の大学教育論
日本政治学会編『年報政治学2016－Ⅰ　政治と教育』（木鐸社、二〇一六年）

第四章　技術・美・政治――三木清と中井正一
政治思想学会編『政治思想研究　十四号　科学と政治思想』（風行社、二〇一四年）

Ⅱ　思想史の空間

第五章　遊覧・もうひとつの現代史（毎日新聞連載）
観音像とカフェ（二〇一一年十月五日）、作家と窪地（二〇一一年十一月二日）、邸宅と団地（二〇一一年十二月七日）、宰相と軍事遺跡（二〇一二年二月一日）、仏塔と監視カメラ（二〇一二年三月七日）、戦争と学園（二〇一二年四月四日）、スタジアムと都電（二〇一二年五月二日）、侘び住まいと同潤会アパート（二〇一二年六月六日）、採掘場と庭園（二〇一二年七月四日）、古代遺跡と刑務所

（二〇一二年八月八日）、追悼碑と記念碑（二〇一二年九月五日）、コリアンの歴史と教育塔（二〇一二年十月三日）、大名屋敷と射撃場（二〇一二年十一月七日）、旧宮邸とソニー（二〇一二年十二月五日）、武蔵野とワシントンハイツ（二〇一三年一月九日）、監獄と住宅地（二〇一三年二月六日）、吉田茂と新聞人（二〇一三年三月六日）

第六章　福澤諭吉における「公徳」――『文明論之概略』第六章をめぐって
福澤諭吉協会編『福澤諭吉年鑑』三十八号（福澤諭吉協会、二〇一一年）

第七章　「憲政の本義」の百年――吉野作造デモクラシー論集によせて
吉野作造『憲政の本義――吉野作造デモクラシー論集』（中公文庫、二〇一六年）解説。「吉野作造と明治維新・帝国憲法体制」（吉野作造記念館編『吉野作造研究』十四号、二〇一八年）の内容の一部を追加した。

第八章　二十世紀の『論語』――和辻哲郎『孔子』をめぐる考察
日本思想史懇話会編『季刊日本思想史』七十九号（ぺりかん社、二〇一二年三月）

第九章　日本の思想と憲法――皇室制度をめぐって
長谷部恭男編『「この国のかたち」を考える』（岩波書店、二〇一四年）第一章

第十章　「象徴」はどこへゆくのか
『Voice』二〇一九年五月号（PHP研究所）

（補論）「象徴天皇」宣言の波紋
『Journalism』二〇一六年十一月号（朝日新聞出版、改題）

Ⅲ　世界のなかの戦後日本

第十一章　戦後の平和思想と憲法
長谷部恭男編『「この国のかたち」を考える』（岩波書店、二〇一四年）第六章
第十二章　「国連中心主義」の起源――国際連合と横田喜三郎
『レヴァイアサン』五十八号（木鐸社、二〇一六年）
第十三章　「現実主義者」の誕生――高坂正堯の出発
五百旗頭真、中西寛編『高坂正堯と戦後日本』（中央公論新社、二〇一六年）第二章
第十四章　未完の対論――坂本義和・高坂正堯論争を読む
飯尾潤、苅部直、牧原出編『政治を生きる――歴史と現代の透視図』（中公叢書、二〇一二年）
第十五章　「右傾化」のまぼろし――現代日本にみる国際主義と排外主義
nippon.com　二〇一四年七月一日掲載（https://www.nippon.com/ja/in-depth/a03201/）

［著者略歴］

苅部直（かるべ・ただし）

東京大学法学部教授

一九六五年東京都生まれ。東京大学大学院法学政治学研究科博士課程修了。東京大学法学部講師、同助教授を経て現職。専攻は日本政治思想史。『光の領国　和辻哲郎』（創文社、一九九五年。のち岩波現代文庫、二〇一〇年）、『丸山眞男――リベラリストの肖像』（岩波新書、二〇〇六年。サントリー学芸賞受賞）、『鏡のなかの薄明』（幻戯書房、二〇一〇年。毎日書評賞受賞）、『歴史という皮膚』（岩波書店、二〇一一年）など著書多数。

基点としての戦後
政治思想史と現代

二〇二〇年二月一〇日　初版第一刷発行

著者　苅部直

発行者　千倉成示

発行所　株式会社　千倉書房
〒一〇四－〇〇三一
東京都中央区京橋二－四－一二
〇三－三二七三－三九三一（代表）
http://www.chikura.co.jp/

印刷・製本　精文堂印刷株式会社

写真　安掛正仁

造本・装丁　米谷豪

ISBN 978-4-8051-1184-0　C3021

「死の跳躍」を越えて

佐藤誠三郎 著

西洋の衝撃という未曾有の危機に、日本人は如何に立ち向かったか。近代日本の精神構造の変遷を描いた古典的名作。

❖Ａ５判／本体　五〇〇〇円＋税／978-4-8051-0925-0

天皇の近代

御厨貴 編著

天皇が自らその位を去った平成。明治百五十年と平成三十年の歩みを対比しつつ、国民と天皇の距離を探る試み。

❖四六判／本体　三二〇〇円＋税／978-4-8051-1159-8

表象の戦後人物誌

御厨貴 著

戦後史を表象する人物の足跡をたどり、わたしたちの人生をすっぽりと覆う、長い「戦後」の変遷と変質に迫る。

❖四六判／本体　二四〇〇円＋税／978-4-8051-0912-0

千倉書房

表示価格は二〇二〇年二月現在